V&R

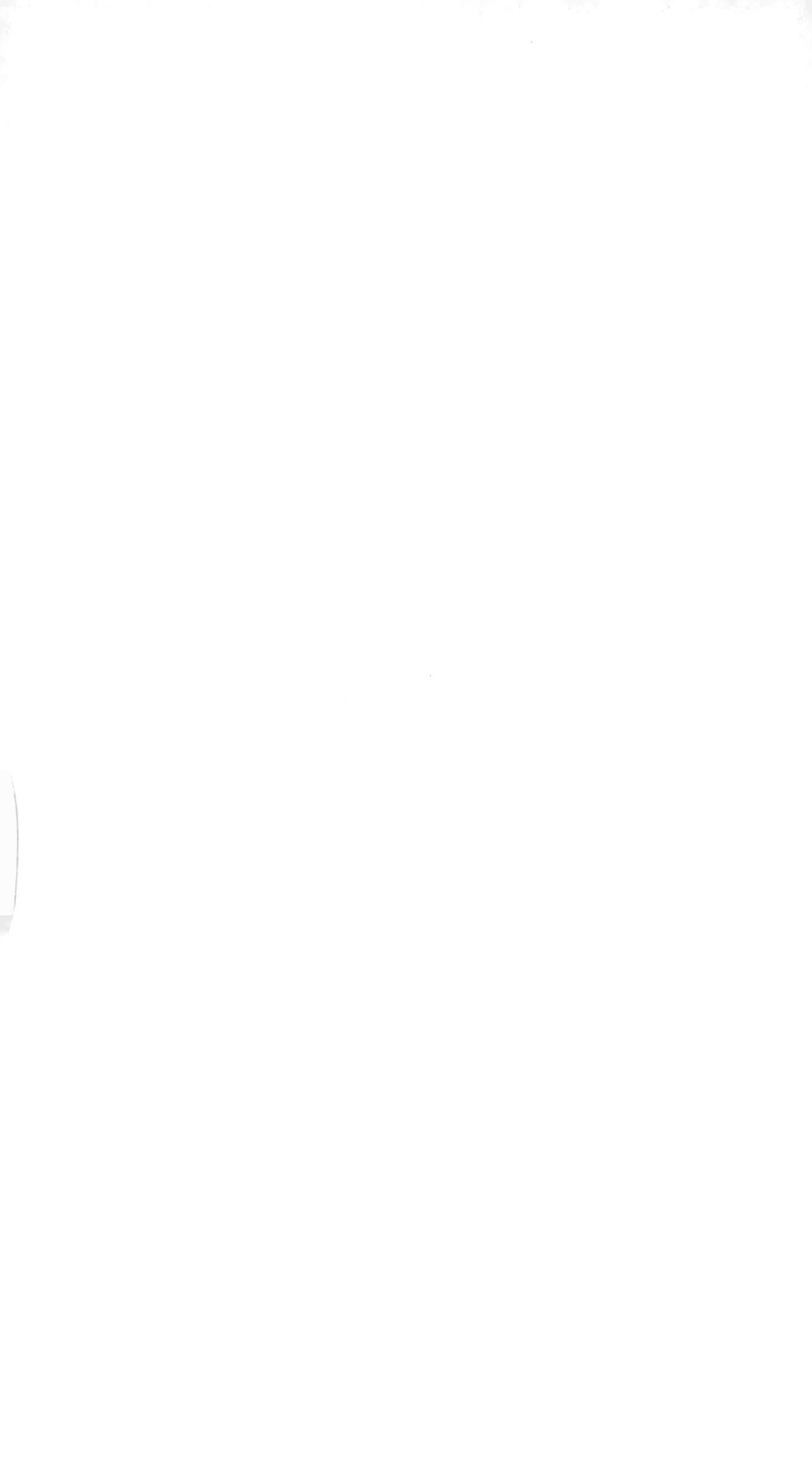

Ulrich H. J. Körtner

Wohin steuert die Ökumene?

Vom Konsens- zum Differenzmodell

Vandenhoeck & Ruprecht

Bibliografische Information der Deutschen Bibliothek

Die Deutsche Bibliothek verzeichnet diese Publikation in der Deutschen Nationalbibliografie; detaillierte bibliografische Daten sind im Internet über <http://dnb.ddb.de> abrufbar.

ISBN 3-525-60420-3

Umschlagabbildung: Salvationist Holding Sign
© Hulton-Deutsch Collection/Corbis

Satz: Satzspiegel, Nörten-Hardenberg
Druck und Bindung: Hubert & Co., Göttingen

Gedruckt auf alterungsbeständigem Papier.

Inhalt

Vorwort

Wenn nicht alles täuscht, vollzieht sich in der ökumenischen Theologie ein Paradigmenwechsel, der sich als Übergang vom Modell der Konsensökumene zu demjenigen einer Differenzökumene charakterisieren läßt. Es handelt sich dabei keineswegs nur um einen innerprotestantischen Richtungsstreit um den weiteren Weg der Ökumene, wie z. B. Walter Kardinal Kasper, der Präsident des Päpstlichen Rates zur Förderung der Einheit der Christen vermutet, sondern um eine konfessionsübergreifende Neuorientierung. Verbleibende theologische Grunddifferenzen zwischen den Konfessionen haben offenbar stärkeres Gewicht als man in der ökumenischen Aufbruchsstimmung der sechziger und siebziger Jahre des vergangenen Jahrhunderts für möglich hielt.

Bezeichnend ist, daß auch in den offiziellen bi- und multilateralen Dialogen inzwischen vom „differenzierten Konsens" gesprochen wird. Angestrebt wird ein „Konsens in Grundwahrheiten", der aber unterschiedliche Auslegungen erlauben soll. Wie weit man im Einzelfall dann überhaupt von einem Konsens sprechen kann, ist allerdings umstritten. Ein prominentes Beispiel für die Methode des differenzierten Konsenses und ihre Kritik ist der Streit um die 1999 unterzeichnete Gemeinsame Erklärung zur Rechtfertigungslehre, die von ihren Befürwortern als Meilenstein der Ökumene, von ihren Kritikern aber als Indiz für das Scheitern der bisherigen Auffassung von Konsensökumene bewertet wird.

Ich sehe in Begriff und Methodik des „differenzierten Konsenses" eher ein Krisensymptom der Konsensökumene. Unter der Hand schiebt sich selbst in der Formel vom differenzierten Konsens der Differenzbegriff in den Vordergrund.

Notwendig ist offenbar eine neue Theorie der Verhältnisbestimmung von Einheit und Differenz im Christentum, welche hinreichend komplex und zugleich theologisch fundiert ist, um der künftigen ökumenischen Arbeit realistische Perspektiven zu weisen. Versöhnung und Differenz müssen kein Widerspruch sein. Die Frage lautet vielmehr, wie mit fortbestehenden Differenzen, die offenbar den Kern konfessioneller Identitäten berühren, produktiv umgegangen werden kann, ohne dabei die Wahrheitsfrage zu relativieren. Darum soll es in diesem Buch gehen.

Im Mittelpunkt stehen offene Fragen einer ökumenischen Hermeneutik. Für den Dialog der Konfessionen ist eine hermeneutische Theorie, welche nicht nur die Grundlagen des gemeinsamen Verstehens schafft, sondern auch das Verständnis für das jeweilige Andersverstehen fördert, unumgänglich. Bislang ist eine ökumenische Hermeneutik allerdings ein Desiderat der ökumenischen Bewegung geblieben. Das vorliegende Buch möchte einige weiterführende Perspektiven aufzeigen.

In der Ökumene konzentriert sich die hermeneutische Debatte traditionellerweise auf das Schriftverständnis, also auf die Auslegung der Bibel, welche für alle Kirchen und Konfessionen gemeinsame Quelle und Norm des Glaubens und der theologischen Urteilsbildung ist. Seit den Anfängen der ökumenischen Bewegung wird über das Verhältnis von Schrift und Tradition, von wissenschaftlicher Exegese und kirchlichem Lehramt diskutiert. In jüngster Zeit wird aber die hermeneutische Fragestellung erweitert. Ökumenische Hermeneutik befaßt sich inzwischen auch mit der Hermeneutik von Symbolen, Riten und Bräuchen, d. h. mit den unterschiedlichen Lebensformen und Glaubenspraxen des christlichen Glaubens. Auch hier wächst das Bewußtsein für die theologische Bedeutung verbleibender Differenzen, ohne welche konfessionelle Identitäten und ihre Vielfalt nicht verständlich werden.

Bisweilen konnte in der Vergangenheit der Eindruck entstehen, als würde die Bedeutung theologischer oder dogmatischer Fragen schwinden, je mehr eine ethische Ökumene entstehe. Die gemeinsame Lebenspraxis, der gemeinsame

Einsatz für Gerechtigkeit, Frieden und die Bewahrung der Schöpfung würde zur Überwindung der konfessionellen Trennungen beitragen. Nicht selten stand und steht hinter solchen Überlegungen die Idee eines moralisch interpretierten bzw. eines undogmatischen Christentums, die zum Erbe der Aufklärung gehört. So wichtig das gemeinsame Zeugnis und Handeln der Kirchen in ethischen Fragen auch ist – erinnert sei nur an die Charta Oecumenica aus dem Jahr 2001 –, so wenig läßt sich der christliche Glaube auf ein bestimmtes Ethos oder ein soziales Programm reduzieren. Schon die zweite Europäische Ökumenische Versammlung in Graz 1997, die unter dem Thema der Versöhnung stand, zeigte, wie nach dem Ende des Ost-West-Konfliktes neue und alte Spannungen zwischen den Kirchen Europas auftraten. Und auch die bioethischen Debatten der letzten Jahre haben gezeigt, daß auf ethischem Gebiet zwischen den verschiedenen konfessionellen Traditionen, z. T. aber auch quer über Konfessionsgrenzen hinweg, Differenzen bestehen, die letztlich bis in die Anthropologie hineinreichen und folglich wiederum auf dogmatische Unterschiede verweisen. Eine ökumenische Ethik, wie sie seit langem gefordert wird, ist also nicht die Lösung für die Probleme einer ökumenischen Hermeneutik, sondern ein Teil derselben. Dementsprechend muß das Konzept einer Differenzökumene auch für das Gebiet der Ethik durchbuchstabiert werden.

Zu den ungelösten Problemen im ökumenischen Dialog gehört vor allem die Frage der kirchlichen Ämter. Auf diesem Gebiet liegen nach wie vor die größten Hindernisse auf dem Weg zur Versöhnung und wechselseitigen Anerkennung der Kirchen. Wie tiefgreifend gerade in der Ämterfrage die theologischen Differenzen zwischen den Konfessionen sind, wird deutlich, wenn man sie im Kontext des jeweiligen Kirchenverständnisses und der unterschiedlichen Kirchenverfassungen betrachtet. Auch die Frage des römisch-katholischen Papstamtes bzw. eines Amtes der Einheit der Kirche muß in diesem Kontext diskutiert werden.

An der Ämterfrage brechen die unterschiedlichen und z. T. gegensätzlichen Auffassungen vom Wesen der Kirche und ihrer Einheit auf. Gerade die Diskussion über die Ämterfrage gibt Anlaß, die weithin ungeprüfte Leitidee der ökumenischen Bewegung, ihr Ziel sei die sichtbare Einheit der Kirchen, zu überdenken. Der Paradigmenwechsel von der Konsensökumene zur Differenzökumene bedeutet nichts geringeres, als daß die Idee einer sichtbaren Einheit der Kirchen auf dem Prüfstand steht.

Danken möchte ich Frau Irmtraud Aigner, Herrn Mag. theol. Martin Fischer, Herrn stud. theol. Bernhard Petri-Hasenöhrl und Herrn Dr. theol. Andreas Klein, für ihre Mithilfe bei der Literaturrecherche und bei den Korrekturen.

Wien, im März 2005 *Ulrich H. J. Körtner*

1 *Von der Konsensökumene zur Differenzökumene*

Krise und Verheißung der ökumenischen Bewegung am Beginn des 21. Jahrhunderts

1.1 Ökumene im Umbruch

Das 20. Jahrhundert war das Jahrhundert des ökumenischen Aufbruchs. Doch wohin der Weg im neuen Jahrtausend gehen soll, ist unklar. Die ökumenische Bewegung hat viel von ihrem Schwung verloren. Auch die Impulse des 2. Vatikanischen Konzils drohen, unbeschadet des ökumenischen Engagements von Papst Johannes Paul II. und seinem Nachfolger Benedikt XVI., zu erlahmen. Von Krise oder zumindest von Stagnation ist die Rede, auch wenn Kirchenführer und Ökumeniker beides immer wieder wortreich dementieren.[1]

Was den 1948 gegründeten Weltrat der Kirchen betrifft, so hat die Vollversammlung 1998 in Harare aus Anlaß seines 50jährigen Bestehens gezeigt, daß dieser von einer neuen Aufbruchsstimmung weit entfernt ist. Im Gegenteil scheint es, als würden seit dem 1989 eingetretenen Ende der nach dem 2. Weltkrieg entstandenen Nachkriegsordnung die Zentrifugalkräfte zwischen den Kirchen an Stärke gewinnen.[2] Daß die orthodoxen Kirchen derzeit ihre Mitgliedschaft ruhen lassen, ist ein alarmierendes Signal. Unverkennbar hängen die Konflikte innerhalb der Ökumene mit politischen Entwicklungen zusammen, welche uns schmerzvoll erkennen lassen, daß die Teilung Europas in Ost und West noch lange nicht überwunden ist, sondern sogar in neuer Form fortzubestehen droht. Aber auch die

1 Zum Folgenden vgl. U. Körtner, Konsensökumene; ders., Paradox Catholicity, sowie ders., Vielfalt und Verbindlichkeit, S. 46ff.79ff.

2 Vgl. die Berichte und Texte in ÖR 48, 1999, H.1.

westlichen Kirchen tun sich mit der Überwindung konfessioneller Spaltungen nach wie vor schwer. Gerade das Drängen auf sichtbare Einheit und theologischen Konsens erzeugt ein neues Klima des Mißtrauens und konfessionelle Identitätsängste. Ganz offensichtlich melden sich solche Identitätsängste vor allem auf evangelischer, vereinzelt aber auch auf katholischer Seite in der Diskussion über die GER. Durch die Erklärung der römischen Glaubenskongregation „Dominus Iesus" und die in ihr enthaltenen Aussagen über die reformatorischen Kirchen ist die verbleibende Distanz erneut spürbar geworden.[3]

Offenkundig befindet sich die sogenannte Konsensökumene in einer Sackgasse. Beispielsweise können die Kompromißformeln, die zu guter Letzt doch noch die Unterzeichnung einer gemeinsamen Erklärung von Lutherischem Weltbund und römisch-katholischer Kirche ermöglicht haben, über die theologischen Fragwürdigkeiten und die begrenzte Tragfähigkeit des Dokumentes nicht hinwegtäuschen.[4] Daß derart schillernde Texte wie die Gemeinsame Erklärung (GER) und die „Gemeinsame offizielle Feststellung" (GOF) allen Ernstes für eine tragfähige Basis künftiger ökumenischer Arbeit und einer weiteren Annäherung der Kirchen gehalten werden kann, zeugt m. E. nicht von echten theologischen Fortschritten, sondern ist eher ein Indiz dafür, „daß Lehren wie die zur Rechtfertigung, Eucharistie und Amt schon deswegen ihre kirchentrennenden Wirkung verloren haben, weil sie – allen feierlichen Beteuerungen zum Trotz – doch faktisch die Bedeutung verloren

3 Vgl. dazu Dominus Iesus Nr. 15–16.

4 Die Literatur zur „Gemeinsamen Erklärung zur Rechtfertigungslehre (GER)" und zur am 31. Oktober 1999 in Augsburg unterzeichneten „Gemeinsamen Offiziellen Feststellung (GOF)" samt ihrem „Annex" ist inzwischen uferlos. Zu Pro und Contra siehe die Aufsatzsammlung „Zur Rechtfertigungslehre" (ZThK.B 10), Tübingen 1998, mit Beiträgen von L. Grane, R. Schwarz, Th. Kaufmann, J. Ringleben, W. Härle, D. Wendebourg, J. Wallmann u. E. Jüngel, sowie die kontinuierliche Dokumentation in epd-Dokumentation, v. a. die Hefte 43/99 und 45/99. Vom Vf. siehe u. a. U. Körtner, Gut gedacht – schlecht gemacht.

haben, die ihnen vom Wesen des Christlichen her zukäme"[5].

1.2 Differenzierter Konsens?

Die Verfechter von GER und GOF betonen, zwischen Lutheranern und Katholiken sei in der Rechtfertigungslehre keineswegs ein völliger, sondern ein „differenzierter Konsens" erzielt worden.[6] Dieser von dem lutherischen Theologen Harding Meyer geprägte Begriff[7] zeigt noch deutlicher als die nicht minder dehnbare Formulierung der GER, die von einem „Konsens in den [!] Grundwahrheiten" spricht, mit dem „die unterschiedlichen Entfaltungen in den Einzelaussagen [...] vereinbar" seien[8], das Dilemma, in welches die bisherige Konsensökumene geraten ist. Nicht erst die Behauptung, unterschiedliche Entfaltungen in Einzelaussagen würden den erzielten Konsens nicht tangieren, sondern schon die postmodern anmutende Rede von „Grundwahrheiten" im Plural stellt die übliche Semantik des Begriffes „Konsens" in Frage. Völlig zu Recht hat E. Jüngel den Terminus des differenzierten Konsenses als eine „begriffliche Mißgeburt" kritisiert.[9]

Sein Erfinder definiert den Begriff folgendermaßen: Ein in sich differenzierter Konsens enthalte im Blick auf die jeweils erörterte Lehrfrage stets zwei Konsensaussagen: „eine Aussage der Übereinstimmung in dem, was in dieser Lehrfrage

5 R. Schenk, Ökumene des Einspruchs, S. 233.

6 Vgl. Vorwort zu MdKI 50, 1999, S. 81.

7 Siehe v. a. H. Meyer, Gestalt, bes. S. 626ff. Vgl. schon ders., Sündige Kirche?, sowie die Beiträge in: H. Wagner (Hg.), Einheit – aber wie?

8 GER Nr. 14; anders Nr. 40, wo eingangs von einem „Konsens in Grundwahrheiten" (ohne bestimmten Artikel!), am Schluß aber vom Konsens in den Grundwahrheiten gesprochen wird. J. Track, Ein guter Grund, S. 42 hält sich bezeichnenderweise nur an die erste Formulierung aus GER Nr. 40 und lehnt die Rede vom Konsens in den Grundwahrheiten ausdrücklich ab. Daß er sich damit selbst von der GER distanziert, ist ihm offensichtlich gar nicht bewußt!

9 E. Jüngel, Amica Exegesis, S. 258, Anm. 15.

gemeinsam als das Grundlegende oder Wesentliche erachtet wird und eine gemeinsame Aussage darüber, daß und warum die verbleibenden Verschiedenheiten in dieser Lehrfrage als zulässig und legitim gelten können und die Übereinstimmung im Grundlegenden oder Wesentlichen nicht in Frage stellen."[10]

Der katholische Dogmatiker Harald Wagner geht noch einen Schritt weiter und verknüpft die Idee des differenzierten Konsenses mit dem Programm einer „Hermeneutik für die Einheit" der Kirche, welches die Kommission Faith and Order in ihrem Papier „A Treasure in Earthen Vessels" skizziert hat.[11] Ganz unverblümt erklärt Wagner: „Nur wenn der Wille zur Kircheneinheit als Grundvoraussetzung und Grundimpuls akzeptiert ist, kann auch das Instrument des ‚differenzierten Konsenses' erfolgreich sein."[12] Zudem behauptet er, faktisch sei ein solcher Weg in der katholischen Kirche immer schon praktiziert worden, er entspreche aber zugleich der Idee einer „Einheit von [!] versöhnter Verschiedenheit", die ja im Luthertum entstanden ist.[13]

Das nennt man Verunklarung. Die „immer schon" von der katholischen Kirche praktizierte Methode, zur sichtbaren *Einheit* der Kirche(n) zu gelangen, ist mit dem Verständnis evangelischer Kirchen von einer *Gemeinschaft* der Kirchen in versöhnter Verschiedenheit keineswegs deckungsgleich. Nicht minder problematisch ist die Idee einer „Hermeneutik für die Einheit", wie im 3. Kapitel noch ausführlich darzulegen sein wird. Das zitierte Dokument von Faith and Order operiert mit einem überaus unklaren Hermeneutikbegriff. Soviel ist immerhin deutlich, daß nämlich Hermeneutik als kir-

10 H. Meyer, Die Prägung einer Formel. Ursprung und Intention, in: H. Wagner (Hg.), Einheit – aber wie?, S. 55 (= H. Meyer, Gestalt, S. 629). Ausdrücklich bezeichnete auch U. Kühn, Zum evangelisch-katholischen Dialog, S. 20ff den differenzierten Konsens als Ziel ökumenischer Verständigung.

11 A Treasure in Earthen Vessels. An Instrument for an Ecumenical Reflection on Hermeneutics. Deutsche Übersetzung: D. Heller (Hg.), Ein Schatz in zerbrechlichen Gefäßen.

12 H. Wagner, Schlußgedanken, S. 137.

13 H. Wagner, Dogmatik, S. 254.

chenpolitisches Instrument mißbraucht wird, das man in den Dienst einer klerikalen Idee von „sichtbarer Einheit" der Kirchen stellt, die ganz grundsätzlich in Frage zu stellen ist. Durch die Verknüpfung mit dem ideologisch-klerikalen Programm einer „Hermeneutik für die Einheit" wird der Unbegriff eines „differenzierten Konsenses" endgültig diskreditiert.

Peinlicherweise taucht der Begriff des differenzierten Konsenses in der GER selbst gar nicht auf. Ihn hat man erst nachträglich zur Erklärung dessen, was angeblich in der GER stattgefunden hat, angeboten.[14] Dieser Vorgang ist schon diskussionsstrategisch beschämend. Vor allem aber betreffen verbleibende Differenzen, von denen selbst die kirchenleitenden Befürworter der GER sprechen, keineswegs nur die dogmatische Entfaltung von Einzelaussagen der Rechtfertigungslehre – also „Unterschiede in der Sprache, der theologischen Ausgestaltung und der Akzentuierung"[15] –, sondern in hohem Maße die christliche und die kirchliche Praxis, wie etwa der für das sogenannte Heilige Jahr 2000 vom Papst ausgerufene Ablaß, der vom Vatikan erwirkte Ausstieg der katholischen Bistümer aus der Schwangerenkonfliktberatung in Deutschland oder auch die Reaktion der katholischen Amtskirche auf die Forderungen des sogenannten Kirchenvolksbegehrens in Österreich zeigen. Wenn der heutige Ablaß, wie der katholische Dogmatiker Peter Neuner insinuiert[16], zum vermeintlichen Grundkonsens in der Rechtfertigungslehre tatsächlich nicht im Widerspruch stehen sollte,[17] sollten die im lutherischen Weltbund vereinigten Kirchen samt ihren Sympathisanten in der EKD und Arnoldshainer Konferenz die Übereinstimmung ihres Verständnisses der Rechtfertigungslehre mit den Bekenntnisschriften der Reformation vielleicht doch noch einmal

14 Auf diesen Umstand weist auch E. Jüngel, Amica Exegesis, S. 257f, Anm. 15, hin.

15 GER Nr. 40.

16 P. Neuner, Ablaß. Siehe auch den ausführlichen Beitrag von D. Sattler, Ablass-Streit.

17 Dagegen Th. Kaufmann/M. Ohst, Unvereinbar; dies., Gerechtfertigter Ablaß?

überprüfen. Sind sie aber der Ansicht, wie z. B. der frühere Catholica-Beauftragte der VELKD, Bischof Knuth, die damaligen Ausführungen von Papst Johannes Paul II. zum Ablaß seien für die lutherischen Kirchen „ausgesprochen problematisch“[18], hätten – zumindest teilweise – „überhaupt nichts mit der Rechtfertigungslehre zu tun, die in der GE zum Ausdruck kommt“, und seien „ärgerlich – eine Rekonstruktion, die der Rechtfertigungsbotschaft Gewalt antut“[19] –, dann sollten sie vielleicht ihren Gebrauch des Wortes „Konsens“ und die Konsistenz ihrer Argumentation noch einmal überdenken.[20] Sollten verbleibende Unterschiede, die z. B. die Ablaßpraxis und -theologie betreffen, tatsächlich im Sinne der GER „tragbar“[21] sein, ohne daß jede theologische Rationalität in sich zusammenbricht? Welche Bedeutung hat dann aber noch der Begriff „Wahrheit“? Und was hat man sich wahrheitstheoretisch gar unter einer Pluralität von „Grundwahrheiten“ vorzustellen? Will Theologie, auch eine ökumenische Theologie, ihren wissenschaftstheoretisch ohnehin angesprochenen Wahrheits- und Geltungsanspruch und damit auch ihren öffentlichen Glaubwürdigkeitsanspruch nicht endgültig verspielen, sollte sie die wahrheitstheoretischen Probleme, welche durch Formeln wie „differenzierter Konsens in Grundwahrheiten“ und die offenkundigen Spannungen, die zwischen Intention, Durchführung und praktischen Konsequenzen der GER bestehen, sehr ernst nehmen.

Die Verfechter der bisherigen Konsensökumene wähnen sich mit den in Augsburg unterzeichneten Dokumenten auf dem vorläufigen Höhepunkt ihrer jahrzehntelangen Arbeit, die nun endlich scheinbar erste Früchte trägt. Man kann die Vorgänge um die GER freilich auch gegenläufig lesen. Das bilaterale Konsensdokument, seine offiziell verbindlichen Ergänzungstexte (GOF und Annex), aber auch die von seinen Verfassern, Unterzeichnern und Unterstützern gegebe-

18 H. C. Knuth, Bericht, S. 18.

19 H. C. Knuth, Bericht, S. 19.

20 Siehe dazu A. Birmelé/H. Meyer (Hg.), Grundkonsens – Grunddifferenz.

21 GER Nr. 40.

nen Interpretationen zeigen in Wahrheit, daß das ursprüngliche Ziel der Konsens-Ökumene nicht nur noch nicht erreicht worden ist, sondern offenbar gar nicht erreicht werden kann. In einem Atemzug kann semantisch völlig unscharf von einem „differenzierten Konsens" und geradezu affirmativ von verbleibenden Differenzen gesprochen werden, die zwar nicht länger Gegenstand von Lehrverurteilungen seien, mitnichten aber ihre kirchentrennende Bedeutung verloren hätten. Im deutlichen Unterschied zum innerevangelischen Konsensbegriff, der z. B. dem „Leuenberger Prozeß" zugrundeliegt, wird der Gedanke eines Konsenses vertreten, der nicht die Herstellung – besser gesagt Gewährung! – von Kirchengemeinschaft zur Folge hat.[22] Ja, nicht einmal die sofortige wechselseitige Anerkennung der Verhandlungspartner als Kirchen – nicht lediglich im soziologischen Sinne des Wortes, wie es in Anm. 9 zur GER der Fall ist[23] – ist erreicht oder auch nur beabsichtigt worden! Alle zur Verteidigung der GER und zur Beschwichtigung ihrer Gegner vorgebrachten Argumente sind ein Lehrbeispiel für die Aporie des Konsens- oder konvergenzökumenischen Theorieansatzes, weil sie sich nun doch wieder um die Herausstellung heterogener Ansätze bemühen müssen – und damit das ökumenische Gespräch ungewollt verlängern. Außerdem platzt die „künstliche Harmonisierung [. . .] spätestens dann, wenn nach dem bilateralen Gespräch wieder multilateral verhandelt werden muß"[24].

Wenn nicht alles täuscht, vollzieht sich in der ökumenischen Theologie ein Paradigmenwechsel, der sich als Übergang vom Modell der Konsensökumene zu demjenigen einer Differenzökumene charakterisieren läßt.[25] Die Versuche,

22 Vgl. W. Neuser, Leuenberger Konkordie, S. 38.

23 Die Anmerkung lautet: „In dieser Erklärung [= GER] gibt das Wort ‚Kirche' das jeweilige Selbstverständnis der beteiligten Kirchen wieder, ohne alle damit verbundenen ekklesiologischen Fragen entscheiden zu wollen." Zur Kritik vgl. auch E. Jüngel, Amica Exegesis, S. 270, Anm. 61.

24 R. Schenk, Ökumene des Einspruchs, S. 231f.

25 Vgl. dazu auch die äußerst lesenswerte Untersuchung von P. Lüning, Offenbarung. Wiewohl Lüning eine „‚hermeneutische' Bewegung

dem Konsensbegriff im ökumenischen Gespräch einen neuen Sinn zu unterlegen, sind ein wichtiger Indikator dafür, daß sich in Wahrheit ein Paradigmawechsel von der Konsens- oder Konvergenzökumene zu einer neuen Form der Differenzökumene vollzieht.

Walter Kardinal Kasper, der Präsident des Päpstlichen Rates zur Förderung der Einheit der Christen, hält den im Streit um die GER deutlich gewordenen Unterschied zwischen einer Konsens- und einer Differenzökumene lediglich für eine innerevangelische Angelegenheit. Solange dieser innerprotestantische Streit nicht beigelegt sei, werde die römisch-katholische Kirche „mit den Kirchengemeinschaften der reformatorischen Tradition keinen substantiellen Fortschritt erzielen können“[26]. Der Einheitsrat hat dem Lutherischen Weltbund vorgeschlagen, diesen Themenkomplex im Blick auf die Fünfhundertjahrfeier des Beginns der Reformation im Jahre 2017 weiter zu diskutieren. Der Vorschlag ist zu begrüßen. Jedoch handelt es sich beim Paradigmenwechsel von der Konsens- zur Differenzökumene keineswegs nur um eine innerevangelische Angelegenheit, wie Kasper meint. Vielmehr vollzieht sich auch im Ökumenischen Rat der Kirche ein krisenhafter Prozeß der Neuorientierung, den die weiter gepflegte Einheitsrhetorik kaum mehr verbergen kann.

Bei aller Kritik, die man an der Unterzeichnung von GER und GOF äußern kann – und auch ich habe meine Bedenken nicht verschwiegen – kann man ihr doch etwas Positives abgewinnen. Das angeblich gute Ende, das die Bemühungen, die GER vor dem Scheitern zu retten, im Oktober 1999 in Augsburg gefunden haben, ist in Wahrheit das „Ende eines ökumenischen Umweges“, welches nun gerade „nicht mit dem Ende der ökumenischen Bewegung schlechthin gleichzusetzen“ ist,[27] sondern den Weg zu einem Neubeginn öku-

vom Begriff der Einheit zum Begriff der Differenz hin“ diagnostiziert (1), operiert auch sein eigenes differenztheoretisches ekklesiologisches Konzept mit dem problematischen Begriff des „differenzierten Konsenses“ (S. 21.50ff.330).

26 W. Kasper, Kein Grund, S. 609.

27 R. Schenk, Ökumene des Einspruchs, S. 240.

menischer Theologie öffnet. Es ist dies der Weg einer neuen ökumenischen Hermeneutik, der Weg einer am Begriff der Differenz orientierten neuen ökumenischen Ekklesiologie, die davon ausgeht, „daß die eigentliche Problematik heutiger Ökumene nicht so sehr in der Einebnung, als vielmehr in der Zuordnung des Unterschiedlichen liegt, so sehr auch diese nur aufgrund grundsätzlicherer Identität zu denken ist“[28].

Ein wichtiges Indiz dafür, daß sich tatsächlich ein Paradigmawechsel ankündigt, ist das in der GOF formulierte Ziel, „zu voller Kirchengemeinschaft, zu einer Einheit in Verschiedenheit zu gelangen, in der verbleibende Unterschiede miteinander ‚versöhnt‘ würden und keine trennende Kraft mehr hätten“[29]. Zugegebenermaßen ist diese Formulierung nicht minder unscharf als diejenige eines „differenzierten Konsenses“. Die lutherische Seite interpretiert sie im Sinne ihres ökumenischen Konzeptes der Einheit in versöhnter Verschiedenheit.[30] Die von mehr als 250 evangelischen theologischen Hochschullehrern und –lehrerinnen unterzeichnete Stellungnahme gegen GER und GOF hält dagegen, im Kontext der GOF beziehe sich die Formel von der versöhnten Verschiedenheit lediglich auf die Basis des im Sinne der römisch-katholischen Interpretation erreichten Konsenses und gelte daher nur innerhalb dieses Rahmens.[31] So strikt muß man die Dinge wohl nicht sehen. Aber die in der GOF gewählten Formulierungen lassen durchaus offen, ob die angestrebte volle Kirchengemeinschaft nach dem lutherischen Modell von Ökumene bzw. demjenigen der Kirchengemeinschaft der Leuenberger Konkordie oder aber nach dem alternativen Modell des römisch-katholischen Ökumenismus gedacht ist, das Kirchengemeinschaft mit unierten orientalischen Kirchen als eine Form der Inkorporation kennt. Wer die frühe-

28 R. Schenk, Ökumene des Einspruchs, S. 234.
29 GOF Nr. 3.
30 Vgl. dazu z. B. J. Track, Ein guter Grund, S. 44.
31 Stellungnahme theologischer Hochschullehrer zur Gemeinsamen Offiziellen Feststellung (GOF) zur GER, epd-Dokumentation 43/99, S. 67, bzw. epd-Dokumentation 45/99, S. 23.

ren katholischen Vorbehalte gegen die Formel von der „Einheit in versöhnter Verschiedenheit“ kennt, wird es allerdings zu schätzen wissen, daß sie nun überhaupt einmal in einem bilateralen Dokument aufgegriffen wird.[32] Doch kommt nun alles darauf an, wie diese Formel künftig interpretiert wird.

Es erscheint dringend geboten zu klären, was künftig unter der Ökumene und der sichtbaren Einheit der Kirchen verstanden werden soll. Die derzeitige Krise der ökumenischen Bewegung hängt nicht zuletzt damit zusammen, daß die Zielperspektive der verschiedenen Einigungs- und Verständigungsprozesse unklar bleibt.[33] Im folgenden soll der Versuch gemacht werden, den Gedanken der Einheit in versöhnter Verschiedenheit im Sinne des sich abzeichnenden Paradigmawechsels von der Konsens- zur Differenzökumene neu zu fassen.

1.3 Einheit und Vielfalt der Kirche(n)

Der Begriff der Einheit, genauer gesagt der sichtbaren Einheit der Kirchen, wird recht unterschiedlich gefaßt. Abgesehen davon, daß es innerhalb der durch den Weltrat der Kirchen repräsentierten ökumenischen Bewegung unterschiedliche Einheitsmodelle gibt, besteht zwischen diesen und dem römisch-katholischen Einheitskonzept nach wie vor ein fundamentaler Unterschied. „Ökumenische Bewegung“ und „Ökumenismus“ im römisch-katholischen Sinne stehen für unterschiedliche, um nicht zu sagen gegensätzliche Auffassungen von Ökumene, an deren Grunddifferenz sich trotz aller Modifikationen, die innerhalb der römisch-katholischen Ekklesiologie und derjenigen der übrigen Kirchen in den vergangenen Jahrzehnten – als Folge des ökumenischen Dialogs! –

32 Vgl. J. Track, Ein guter Grund, S. 44.

33 Zur Debatte über die Ziele der ökumenischen Bewegung siehe u. a. K. Raiser, Ökumene im Übergang; M. Weinrich, Ökumene am Ende?; H. Meyer, Ökumenische Zielvorstellungen; P. Neuner, Ökumenische Theologie, Darmstadt 1997; C. Dahling-Sander/T. Kratzert (Hg.), Leitfaden.

stattgefunden haben, im Kern nichts geändert hat. Die einschlägigen Passagen in „Dominus Iesus“ und die Kritik z. B. der Synode der EKD vom November 2000, die dem Dokument der Glaubenskongregation „manifeste theologische Irrtümer“ vorhält[34], machen das ganz deutlich. Ekklesiologische Konzepte, welche die Pluralität der christlichen Kirchen als organische, jedoch unaufhebbare Vielfalt interpretieren, und dasjenige einer Weltkirche, welche diese Vielfalt zentralistisch organisiert, konkurrieren miteinander, statt sich zu ergänzen.

Andererseits gibt es zur Ökumene der Kirchen keine Alternative. Denn die multireligiöse Situation nicht nur auf Weltebene, sondern auch in den Einzelgesellschaften – einschließlich der fortgeschrittenen Säkularisierung in Europa – zwingt die Kirchen dazu, das Gemeinsame über das Trennende zu stellen, freilich nicht um den Preis der Wahrheit. Gleichzeitig sind sie angesichts der missionarischen Kraft anderer Religionen herausgefordert, sich auf ihre gemeinsame missionarische Aufgabe zu besinnen, ohne daß die Mission gegen den notwendigen Dialog der Religionen und eine friedliche Konvivenz ausgespielt werden darf.[35]

Freilich stehen nicht nur die verschiedenen Religionen, sondern auch die christlichen Konfessionen nach wie vor zueinander in einer Konkurrenzsituation. Gerade weil die Autonomie auch auf dem Gebiet der Religion im modernen demokratischen Rechtsstaat ein hohes Gut darstellt und Religionsfreiheit – einschließlich der Entscheidung, gar keiner Religion angehören zu wollen – zu den grundlegenden Menschenrechten gehört, Religion also eine Frage der persönlichen Wahl der Individuen ist, ist ein gewisses Maß an konfessioneller Konkurrenz unvermeidbar. Die Frage lautet aber, wie diese Konkurrenz so gestaltet werden kann, daß sie nicht auf einen für die Kirchen letztlich selbstzerstörerischen Exklusivismus partikularer Wahrheitsansprüche hinausläuft, der die christliche Botschaft von der universalen Liebe Gottes zu allen Menschen letztlich unglaubwürdig macht.

34 Beschluß der 5. Tagung der 9. Synode der EKD (epd-Dokumentation 49/00).

35 Vgl. U. Körtner, Reformiert und ökumenisch, S. 140–164.

Die Antwort kann wohl nur in einer von konstruktiver Toleranz getragenen Ökumene des wechselseitigen konfessionellen Respekts bestehen. Diese Option besagt, daß sich die Kirchen unbeschadet der vorhandenen Differenzen wirklich *als Kirchen* anzuerkennen haben, und daß diese Anerkennung nicht erst das Ergebnis, sondern die Voraussetzung künftiger ökumenischer Gespräche ist.[36] Zwischen den protestantischen Kirchen und der römisch-katholischen Kirche fehlt diese Voraussetzung, solange die katholische Kirche die anderen lediglich als „getrennte" bzw. „kirchliche Gemeinschaften" ansieht.[37] Betont sei, daß die wechselseitige Anerkennung der Kirchen als Kirchen, die z. B. auch in der Gemeinsamen Erklärung zur Rechtfertigungslehre nicht vollzogen wird,[38] keineswegs schon die volle Kirchengemeinschaft bedeuten muß.[39] Der theologische Grund für die vorausgehende Anerkennung aber, der hier mit „konstruktiver Toleranz" bezeichnet wird,[40] liegt in dem gemeinsamen Glauben an die allen Menschen und auch den Kirchen zuvorkommende Gnade Christi, der nicht für die Gerechten, sondern für die Gottlosen und um ihrer Sünden willen gestorben ist. Das ist nun näher zu begründen.

Die Aufgabe ökumenischer Theologie besteht nicht nur darin, eine ekklesiologische Bestimmung des Verhältnisses von Einheit und Vielfalt der Kirchen zu geben, sondern auch darin, die Einheit und Differenz von Kirchen und universaler Christenheit zu reflektieren. Es gehört zu den grundlegenden Wandlungen, die sich in der Moderne in der Geschichte des Christentums vollzogen haben, daß sich zwischen dem kulturellen Erbe der modernen Gesellschaften und den Kirchen

36 Vgl. G. Hennig, „Aus der Traum", S. 59. Siehe auch B. J. Hilberath, Rechtfertigen und Rechthaben.

37 Auch das Ökumenismus-Direktorium von 1993 (Direktorium zur Ausführung der Prinzipien und Normen über den Ökumenismus, Verlautbarungen des Apostolischen Stuhls 110, hg. v. Sekretariat der Deutschen Bischofskonferenz, Bonn 1993) unterscheidet zwischen Kirchen und (defizitären) kirchlichen Gemeinschaften.

38 Vgl. oben Anm. 23.

39 Vgl. E. Jüngel, Amica Exegesis, S. 279.

40 Vgl. U. Körtner, Versöhnte Verschiedenheit, S. 105ff.

als organisierter Gestalt christlicher Religion eine Differenz auftut. Die Grenzen des Christlichen lassen sich nicht mehr mit den Grenzen einer Kirche, auch nicht ihrer ökumenischen Summe, zur Deckung bringen. Darin besteht die Herausforderung des Christentums gegenüber einer Gesellschaft, die nicht nur säkular, sondern zugleich multireligiös geworden ist. Die Identität des Christentums ist also nicht nur im Verhältnis der Kirchen zueinander zu bestimmen, sondern zugleich im Gegenüber zur säkularen Gesellschaft, zu den nichtchristlichen Religionen wie auch gegenüber neuen Strömungen einer synkretistischen Religiosität.

Entsprechend stark variiert heute der Begriff der Ökumene. Der ökumenische Gedanke hat sich von einer ekklesialen Bewegung zu einer Weltanschauung ausgeweitet, in welcher Einheit als Leitidee für die Zukunft der Menschheit insgesamt fungiert. Daher spricht man neben der konziliaren Ökumene, welche die Einheit der Kirchen zum Ziel hat, nicht nur von einem transkonfessionellen, sondern auch von einem säkularen und einem interreligiösen Ökumenismus, wobei die verschiedenen Ökumenebegriffe keineswegs miteinander ausgeglichen sind.[41]

Gegenüber seiner Ausweitung bis ins Konturenlose soll die Diskussion um den Begriff der Ökumene im folgenden auf das Problem von Identität und Vielfalt des Christentums zurückgelenkt werden, ohne die berechtigten Anliegen des interreligiösen Dialogs oder einer am Gedanken des Reiches Gottes ausgerichteten säkularen Ökumene auszublenden. Aber die mit den Stichworten einer multireligiösen und multikulturellen Gesellschaft sowie den globalen Gefährdungen des Überlebens der Menschheit benannten Probleme lassen sich nur dann angemessen diskutieren – ob sie zu lösen sind, steht noch dahin –, wenn man sich der Mühe begrifflicher Unterscheidungen unterzieht und Analyse und Engagement nicht ständig miteinander verwechselt.

41 Zum Begriff des Ökumenismus und seinen verschiedenen Bedeutungen vgl. auch A. Birmelé/E. Fahlbusch, Art. Ökumenismus; R. Frieling, Art. Ökumene; H. Petri/H.-A. Raem, Art. Ökumenismus; D. Sattler, Art. Ökumenische Bewegung.

So muß es in der ökumenischen Theologie heute zunächst weniger um die pragmatische Diskussion über eine Veränderung ökumenischer Strategien, als vielmehr um den Versuch der Problembeschreibung und der Analyse gehen. Bevor neue ökumenische Visionen entworfen und Strategien zur Mobilisierung ökumenischer Kräfte diskutiert werden, ist zu erörtern, ob die Fragen als solche überhaupt richtig gestellt sind. Ohne gegen die ökumenische Praxis ausgespielt werden zu dürfen, handelt es sich primär um das Problem einer Theorie der Ökumene, um die Frage also, mit welchen Begriffen das Problem von Einheit und Vielfalt der ökumenischen Christenheit angemessen zu erfassen ist. Dann zeigt sich freilich schnell, daß das Hauptproblem einer als ökumenische Theologie bezeichneten Theorie der Ökumene derzeit sie selbst ist, weil mit dem Begriff des Ökumenischen gar keine begrifflich ausgearbeitete Theorie, sondern das von einer solchen zu bearbeitende Problem von Einheit und Vielfalt des Christentums benannt ist. Folglich genügt es nicht, lediglich den Begriff der Einheit oder Strategien zur Erreichung derselben zu diskutieren. Es bedarf vielmehr einer theologischen Theorie, in welcher der Begriff der Einheit überhaupt erst eine sinnvolle Funktion bekommt. Wenn es gegenwärtig eine Stagnation der ökumenischen Bewegung gibt, so liegen ihre Ursachen nicht nur in einer Erschöpfung des ökumenischen Engagements und nicht nur (gewiß auch!) an Abgrenzungsbedürfnissen innerhalb von Kirchenleitungen, welche auf ein verstärktes Selbsterhaltungsbedürfnis zurückzuführen sind, sondern auch an einem Mangel an Theorie bzw. an Tendenzen zu ihrer Ideologisierung.

Der Begriff der Ökumene bezeichnet also das Problem von Vielfalt und Einheit der Christenheit. Doch es stellt sich schon die Frage, ob deren Komplexität mit der begrifflichen Unterscheidung von Einheit und Vielfalt zureichend bezeichnet ist. Eine mit diesen Begriffen operierende ökumenische Theologie bzw. Ekklesiologie gehört erkenntnistheoretisch dem Typus einer am Begriff des Gegenstandes orientierten Theorie und Ontologie an, welcher die europäische Philosophie- und Theologiegeschichte nachhaltig bestimmt hat. Es handelt sich um die theologische Variante des antiken Denkschemas vom Ganzen und seinen Teilen, welches in der Ekklesiologie mit der Metapher vom Leib Christi und seinen Gliedern verknüpft ist. Dieses Modell leidet jedoch an der Schwierigkeit, daß es die Einheit bzw. Ganzheit der Kirche bzw. der Christenheit doppelt denken muß, nämlich einerseits als Einheit, andererseits aber als Gesamtheit der Teile. So läßt sich zwar sagen, das Ganze, nämlich die geglaubte Kirche, von welcher die altkirchlichen Glaubensbekenntnisse sprechen, sei mehr als die bloße Summe seiner Teile, doch besteht das Problem der Ekklesiologie bei diesem Theorieansatz bekanntlich darin, wie die Ganzheit der Kirche auf der Ebene ihrer Teile als Einheit zur Geltung gebracht werden kann. Im Grunde zeigt sich das angesprochene Problem bereits in den Schriften des Neuen Testaments, wo die Kirche einerseits als der Leib Christi, Christus andererseits als Haupt nochmals von seinem Leib unterschieden wird.[42] Einerseits ist das Haupt ein Teil des Leibes, andererseits wird es als organisierendes Prinzip seiner Ganzheit gedeutet. Doch sowohl die gesellschaftlichen und die erkenntnistheoretischen Voraussetzungen als auch die Strukturen der Kirche haben sich mit dem Übergang zur modernen Gesellschaftsform so grundlegend geändert, daß sich von hier aus die Frage nach der ekklesiologischen Suffizienz der Metapher vom Leib Christi stellt, abgesehen davon, daß sie namentlich bei Paulus keineswegs die zentrale Rolle spielt, die ihr in der exegetischen Literatur durchgängig unterstellt wird.[43]

Die Unklarheit des gegenstandsorientierten Theoriekonzepts von der aus Teilen bestehenden Ganzheit wird an der Unklarheit der in der ökumenischen Diskussion verwendeten Begriffe der unitas und der communio bzw. koinonia sowie ihrer ungeklärten Verhältnisbestimmung ganz offenkundig. Neuere Ansätze ökumenischer Theologie versuchen,

42 Man vergleiche 1Kor 12,1ff; Röm 12,4; Eph 4,4 und Kol 3,15 mit Eph 1,22f; 4,15.

43 Vgl. dazu A. Lindemann, Die Kirche als Leib; H. Merklein, Entstehung; Th. Söding, Christi Leib. Die ausdrückliche Rede vom Leib Christi findet sich bei Paulus übrigens nur in 1Kor 12, 27!

das Problem der Einheit von Ganzheit und Vielfalt mit Hilfe des Begriffs der Gemeinschaft statt desjenigen der Einheit zu lösen. Verbunden mit einem Wechsel von einer christologischen zu einer trinitarischen Begründung der Ekklesiologie rückt so an die Stelle der Metapher des Leibes Christi diejenige von der Tisch- bzw. Hausgemeinschaft Gottes, welche in der Feier der Eucharistie realsymbolische Gestalt gewinnt.[44] Abgesehen von der theologischen Problematik der Übertragung der immanenten Trinitätslehre in den Bereich der Ekklesiologie[45], stellt sich auch hier die Frage nach der Tauglichkeit des begrifflichen Instrumentariums. Denn die Vorstellung eines Hauswesens, dessen Glieder regelmäßig um den Tisch des Hauses versammelt sind, gehört in eine vormoderne Gesellschaftsform, welche mit der heutigen nichts mehr gemein hat. Während nämlich die vormodernen Gesellschaften in Schichten differenziert sind, verbunden mit einer Differenz zwischen Zentrum und Peripherie (bzw. Stadt und Land), ist die moderne Gesellschaft durch die Ausdifferenzierung funktionaler Systeme gekennzeichnet, wie sie m. E. – ungeachtet gewisser theorieimmanenter Aporien – in den Grundzügen überzeugend von der Sozialtheorie N. Luhmanns beschrieben wird.[46] Auch wenn man theologischerseits nicht unbedingt den soziologischen Ratschlägen Luhmanns zur künftigen Organisation des Christentums wird folgen wollen, läßt sich doch die Stichhaltigkeit seiner Analyse der Transformationsprozesse, denen das Christentum und die Kirchen in der Neuzeit ausgesetzt sind, nicht von der Hand weisen. In den modernen Gesellschaften fallen die Selbstbeschreibung der Kirche als Hausgemeinschaft Gottes und ihre sozialwissenschaftlich beschreibbare Realität auseinander. Ekklesiales Ideal und kirchliche Wirklichkeit lassen sich nicht zur Deckung bringen.

44 Vgl. K. Raiser, Ökumene im Übergang, S. 143ff.

45 Kritisch dazu W. Schöpsdau, Trinitarische Ekklesiologie; D. Ritschl, Paradigmenwechsel.

46 Siehe vor allem N. Luhmann, Soziale Systeme. Zur kritischen Auseinandersetzung mit Luhmann siehe W. Krawietz/M. Welker (Hg.), Kritik.

Die fehlende Erklärungsleistung einer am Begriff des Haushalts ausgerichteten Ekklesiologie bzw. Theorie der Ökumene wird von ihren Vertretern selbst geahnt, ohne daß dies zu einer angemessenen Theoriebildung führen würde. K. Raiser beispielsweise interpretiert die ökumenische Bewegung als ökologische Bewegung und interpretiert den Begriff der Ökumene als theologische Bezeichnung des einen Haushalts des Lebens.[47] Unversehens tritt dann freilich die Metaphorik eines „Geflecht(es) von wechselseitigen Beziehungen“ an die Stelle des traditionellen Bildes vom Haushalt Gottes. Der Rückgriff auf die immanente Trinitätslehre soll eine Ekklesiologie begründen, die „von ‚Beziehungen‘ ausgeht und nicht so sehr von Strukturen oder zielgerichteten Prozessen“[48]. Hier wird deutlich, daß über die Trinitätslehre der Anschluß ekklesiologischer Theoriebildung an die heutige allgemeine Systemtheorie gesucht wird, welche sich als erkenntnistheoretische Basistheorie zu etablieren scheint, ohne daß dieser Vorgang freilich explizit thematisiert und theologisch angemessen reflektiert wird. Entsprechend unklar bleibt daher auch der Begriff der Ökologie im Rahmen der jüngsten Debatte um das Selbstverständnis der ökumenischen Bewegung.

Meine These lautet nun, daß das ekklesiologische Problem von Identität und Differenz im Christentum nicht, wie es in der gegenwärtigen Diskussion häufig geschieht, vom Gedanken der immanenten Trinität oder von einem einseitigen „Ökumenismus des Heiligen Geistes“ aus zu bestimmen ist, sondern inkarnations- und kreuzestheologisch. Grundlegend für eine künftige ökumenische Ekklesiologie ist daher nicht ein undialektischer Begriff von Einheit, sondern ein theologischer Begriff von *Differenz*. Entsprechend der Unterscheidung von sichtbarer und unsichtbarer Kirche besteht die eine Kirche Jesu Christi *im Glauben*.[49] Zumindest nach evangelischem Verständnis ist daher *die Katholizität der Kir-*

47 Vgl. K. Raiser, Ökumene im Übergang, S. 125ff.
48 K. Raiser, Ökumene im Übergang, S. 127.
49 Vgl. J. Calvin, Inst. IV,1,3.

che Jesu Christi als kreuzestheologisch begründetes Paradox zu deuten.[50]

Namentlich die Ekklesiologie Calvins verbindet konsequent die Konzentration auf das christologisch bestimmte Wesen der Kirche mit ökumenischer Weite, wobei Calvin im Blick auf die sichtbare Kirche zwischen der allgemeinen Kirche (ecclesia universalis), die aus der aus allen Völkern erwählten, jedoch räumlich getrennt lebenden Schar der Erwählten besteht, den einzelnen Ortskirchen (singulae ecclesiae) und den einzelnen Menschen unterscheidet, die aufgrund ihres Glaubens auch dann zur Kirche gehören können, wenn sie in Wirklichkeit außerhalb einer bestimmten Kirche stehen.[51] Zwar wird wie die Christologie auch die Ekklesiologie bei Calvin trinitarisch fundiert, jedoch von der ökonomischen Trinität her in christologischer Konzentration. So ist nach Calvin die Kirche die Gemeinschaft derer, „die aus der Freundlichkeit Gottes, des Vaters, durch die Wirkungskraft des Heiligen Geistes in die Gemeinschaft *mit Christus* gelangt sind“[52]. Dementsprechend werden bei Calvin auch die notae ecclesiae – nämlich die reine Verkündigung des Evangeliums und die stiftungsgemäße Verwaltung der Sakramente[53] – christologisch bestimmt. Das kreuzestheologische Paradox der Ekklesiologie Calvins aber besteht in seiner Aussage, „daß Christi Tod seine Frucht trägt und daß Gott seine Kirche auf wundersame Weise gleichsam in dunkler Verborgenheit bewahrt“[54].

Systemtheoretisch gesprochen handelt es sich bei der Einheit der Kirche um die Einheit einer unaufhebbaren Differenz, d. h. um eine paradoxe Einheit. Sie ist nicht uniforme *Einheit*, sondern eine in sich differente und komplexe *Gemeinschaft*. Theologisch ist diese paradoxe Einheit nun zwar sehr wohl pneumatologisch, d. h. als *Gemeinschaft des Hei-*

50 Darin scheint mir eine Pointe zumindest reformierter Ekklesiologie zu bestehen.Vgl. auch J.D. Pasztor, Zukunft und Katholizität; L. Vischer, Kirche, S. 295–321.

51 Inst. IV,1,9.

52 Inst. IV,1,3 (Hervorhebung von mir).

53 Inst. IV,1,8ff.

54 Inst. IV,1,2.

ligen Geistes zu bestimmen. Der Geist Gottes aber muß seinerseits christologisch bestimmt werden.[55] D. h. es ist *der Geist des gekreuzigten und auferweckten Christus*,[56] der Gemeinschaft stiftet und bestehende Widersprüche miteinander versöhnt. Die eine Kirche als Gemeinschaft seines Geistes ist nur im Glauben gegeben. Die im Glauben erfahrbare Kirche Jesu Christi aber existiert nur in, mit und unter den Bedingungen ihrer Ausdifferenzierung in Konfessionen und Denominationen, die ihrerseits einer weiteren Binnendifferenzierung ausgesetzt sind.

Eine *theologische* Bestimmung des Differenzbegriffes beginnt ihrerseits mit einer Unterscheidung, nämlich mit der Differenz zwischen Unterscheidung, Unterschied und Trennung, zwischen Verschiedenheit, Vielfalt und Gegensätzlichkeit, zwischen Differenz und Antithese. Andernfalls wird die Existenz der verschiedenen Kirchen entweder einseitig als bloße Negation der einen Kirche Jesu Christi bzw. als Resultat menschlicher Sünde oder aber, nicht minder verkürzend, ausschließlich als lebendige Vielfalt eines Lebens aus dem Geist Gottes interpretiert. Beide Antworten sind gleichermaßen unzureichend und werden der geschilderten Komplexität der Differenz von Identität und Differenz im Christentum nicht gerecht.

1.4 Die Kirchen und das Judentum

Zur Differenz von Identität und Differenz im Christentum, die es kreuzestheologisch zu reflektieren gilt, gehört freilich in besonderer Weise die mit dem Begriff des Volkes Gottes thematisierte Differenz und Einheit von Kirche und Judentum.[57] So ist also nicht nur zwischen Kirche und Christentum, sondern nochmals zwischen Kirche und Volk Gottes zu

55 Siehe dazu U. Körtner, Gemeinschaft.

56 Zur Näherbestimmung des Geistes Gottes als Geist (Jesu) Christi vgl. Act 16,7; Röm 8,9; Phil 1,19; 1Petr 1,11.

57 Siehe dazu u. a. W. Kraus, Volk Gottes; A. Lindemann, Israel; U. Körtner, Versöhnte Verschiedenheit, S. 29ff.

unterscheiden. Das Verhältnis der Kirchen zum Judentum ist das eigentliche Kernproblem der Ökumene, weil die dem Christentum eigentümliche Konfessionalität nicht erst in der innerchristlichen Ausdifferenzierung von Einzelkirchen, sondern bereits in der Trennung von Kirche und Synagoge zutage tritt.

Jedes Verständnis ökumenischer Einheit, welches das Judentum unterschiedslos unter die nichtchristlichen Religionen subsumiert und die Differenz von Kirchen und Volk Gottes übergeht, wird der Problematik von Identität und Differenz im Christentum nicht gerecht. Angesichts der leidvollen Geschichte des Verhältnisses zwischen Christen und Juden und christlicher Judenfeindschaft durch die Jahrhunderte hindurch gewinnt die Formel von der versöhnten Verschiedenheit ihre eigentliche theologische Brisanz. Nirgendwo ist ökumenische Versöhnung so dringend zu ersehnen wie zwischen Christenheit und Judentum. Doch nirgendwo ist auch die Gefahr des ideologischen Mißbrauchs des Versöhnungsgedankens größer als hier.

Es ist m. E. ein gravierender Mangel der bisherigen Konzeptionen und Lehrbücher der Konfessionskunde bzw. einer ökumenischen Kirchenkunde, dieses Problem weithin zu vernachlässigen. Aber auch als das entscheidende Thema einer ökumenischen Theologie ist seine Vorrangstellung noch keineswegs allgemein anerkannt. Doch hat sich gerade die reformierte Theologie dieses Themas in den letzten Jahrzehnten in besonderer Weise angenommen.

Die Beziehung der Christenheit zum Judentum ist keineswegs eine bloß historisch-genetische, sondern eine durch die fortdauernde Existenz des jüdischen Volkes aufgeworfene dogmatische Frage von allererstem theologischem Rang.[58] Das fortexistierende Judentum berührt nämlich substantiell das Selbstverständnis der Kirche als Volk Gottes, stellen doch sein Fortbestand und seine Ablehnung der Messianität Jesu die herkömmlichen ökumenischen Einheitsvisionen in

58 Vgl. die Textsammlung von R. Rendtorff/H. Henrix (Hg.), Die Kirchen und das Judentum. Unter den neueren Dokumenten sei nur erwähnt: Christen und Juden II.

Frage. Diesen Umstand und die Anfänge des Christentums im Judentum auszublenden, wenn über die Konfessionalität des Christentums, ihr Wesen und ihre historischen Gründe sowie über das Ziel einer sichtbaren Einheit der Christenheit nachgedacht wird, ist ein Symptom der Israel-Vergessenheit der Kirchen in Geschichte und Gegenwart.

Die Einbeziehung des Judentums in die konfessionskundliche Fragestellung stößt uns neben der bereits angesprochenen Differenz von Kirche und Christentum auf eine weitere, nämlich auf diejenige zwischen Kirche und Volk Gottes.[59] Die Anfänge des Christentums sind verbunden mit dem zunächst noch ganz innerjüdischen Streit darüber, wer zum Volk Gottes gehört und was das wahre Gottesvolk ist. Die neutestamentlichen Schriften zeigen, wie sehr die Trennung von Kirche und Synagoge zur Anfechtung des christlichen Glaubens an die Universalität des in Jesus von Nazareth erschienenen Heils und die in seinem Geschick eingetretene Erfüllung alttestamentlicher Verheißungen wurde. Nicht die Einheit der Kirche, von deren Vision die ökumenische Bewegung erfüllt ist, sondern die sichtbare Einheit des Volkes Gottes, dessen Identität mit der Kirche erst in dem Moment behauptet werden konnte, als das Judentum christlicherseits zu einer endgültig vergangenen Größe erklärt wurde, ist das grundlegende Problem der Ökumene und einer ökumenischen Ekklesiologie. So ist denn auch die herkömmliche Vision von der sichtbaren Einheit der Kirchen mit ihrer Programmatik: „eine Kirche und eine Menschheit, auf daß die Welt glaube", solange ideologisch, wie angesichts der Fortexistenz des Judentums die von Paulus in Röm 9–11 thematisierte Differenz von Gottesvolk und Kirche unterschlagen wird. Das gilt es zu beachten, wenn heute der Begriff des Volkes Gottes verstärkt als Grundbegriff der Ekklesiologie verwendet wird.

59 Zum Begriff des Volkes Gottes in der Ekklesiologie und zur Verhältnisbestimmung von Kirche und Volk Gottes siehe u. a. W. Pannenberg, Systematische Theologie, Bd. 3, S. 469ff.501ff. Zur Verwendung des Begriffes bei Calvin siehe z. B. Inst. IV,1,9.

Es ist daher notwendig, den christlich-jüdischen Dialog als konstitutives Element in das Programm einer ökumenischen Kirchenkunde und Theologie einzubeziehen. Zweierlei ist allerdings hinzuzufügen. Ebenso wie eine ökumenische Theologie, welche die Differenz von Kirche und Volk Gottes übersieht, ist eine Israel-Theologie zu kritisieren, welche die von Paulus in Röm 9–11 nicht minder herausgearbeitete Differenz zwischen Volk Gottes und empirischem Judentum unterschlägt. Zum anderen muß man sich darüber klar werden, daß eine Ekklesiologie, welche das Judentum in ihre Fragestellung einbezieht, die ökumenische Idee der sichtbaren Einheit des Gottesvolkes endgültig in den Bereich des Utopischen verweisen muß. Denn welche Strategie wäre denkbar und theologisch zu verantworten, um die sichtbare Einheit der Christenheit mit dem Judentum herzustellen? Das Programm einer Judenmission scheidet allein schon aus historischen Gründen aus.[60] Einerseits ist es in seiner bisherigen Form als gescheitert zu betrachten, andererseits durch die Geschichte der fortgesetzten Judenverfolgungen, die im Holocaust ihren grausigen Höhepunkt gefunden hat, schwer belastet. Doch auch die heute von manchen im christlich-jüdischen Gespräch engagierten Theologen und Theologinnen vertretene Theorie der zwei Heilswege,[61] welche dem Auftrag zur christlichen Mission unter den Juden eine theologisch grundsätzliche Absage erteilt, führt nicht weiter. Zum einen läßt sie sich m. E. biblisch nur schwer begründen. Zum anderen läuft sie doch erst recht darauf hinaus, daß die sichtbare Einheit von Kirche und Synagoge keine realistische historische Perspektive, sondern bestenfalls eine eschatologische Hoffnung ist.

Gerade die bußfertige Auseinandersetzung mit der weithin herrschenden Israelvergessenheit der Kirche bringt die *eschatologische* Perspektive aller Ekklesiologie neu zu Be-

60 Zum Problem der Judenmission siehe u. a. H. Kremers/E. Lubahn, Mission an Israel.

61 Zur Theorie der zwei Heilswege siehe z. B. F. Mußner, Traktat; N. Lohfink, Der niemals gekündigte Bund. Kritisch dagegen E. Gräßer, Zwei Heilswege?

wußtsein, die mit dem Symbol des *Reiches Gottes* bezeichnet wird. Die Existenz der Kirche und jede denkbare Form der Einheit bzw. der Gemeinschaft steht unter eschatologischem Vorbehalt. Jede Erfahrung von geschenkter Gemeinschaft ist aber eben auch ein Vorschein der vollendeten Gemeinschaft im Reiche Gottes. Wo der eschatologische Sinn der Verheißung der Gemeinschaft des Heiligen Geistes außer Acht gelassen wird, verkommt jede denkbare Formel ökumenischer Theologie zur Ideologie. Wer die Klärung des Verhältnisses der Kirchen zum Judentum als eine vorrangige Aufgabe ökumenischer Konfessionskunde und Theologie betrachtet, wird die Ziele im ökumenischen wie im christlich-jüdischen Dialog weitaus bescheidener stecken als es zumeist in kirchlichen Verlautbarungen und ökumenischen Grundsatzprogrammen geschieht.

Meine These lautet, daß Konfessionalität und konfessionelle Partikularität nicht erst die Innenseite des Christentums kennzeichnen, sondern bereits mit seinen Anfängen im Judentum gegeben sind. Angesichts ihres polemogenen Potentials kann aber die Konfessionalität des Christentums nicht einseitig pneumatologisch als Ausdruck der Vielfalt geistlicher Charismen gesehen werden. Sie ist nicht minder kreuzestheologisch als Gestalt sündiger Trennung zu betrachten, die der Vergebung und Verwandlung bedarf. Eben dies kommt recht verstanden in der Formel von der versöhnten Verschiedenheit zum Ausdruck, sofern diese nicht ideologisch als eine dauerhafte Zustandsbeschreibung der Ökumene, sondern als Hoffnungsgut des christlichen Glaubens begriffen wird.

1.5 Versöhnte Verschiedenheit

Damit komme ich auf die in der GOF aufgegriffene Formel für die differente Einheit von Identität und Differenz im Christentum zurück, welche diese als versöhnte Verschiedenheit beschreibt. Sie ist zu Beginn der siebziger Jahre des vergangenen Jahrhunderts von lutherischen Theologen geprägt worden, um die Einheit der Kirchen unter der Voraussetzung der theologischen Legitimität konfessioneller Verschiedenheit zu bestimmen.[62] Entsprechend unserer bisherigen Überlegungen ist sie einerseits auf die Differenz zwischen Kirchen und Christentum hin zu erweitern, zugleich aber auch gegen ihren ideologischen Mißbrauch zur Legitimation ökumenischer Stagnation abzusichern. Versöhnung ist, wie im Rückblick auf das an Grausamkeiten wahrlich nicht arme 20. Jahrhundert schmerzvoll deutlich wird, kein Besitz, sondern eine beständige Aufgabe, vor allem aber eine Gabe, die nach christlicher Überzeugung wohl verheißen ist, sich aber nicht erzwingen läßt. Soll der Begriff der Versöhnung nicht ideologisch verflachen, gilt es die Zweideutigkeit aller Differenzen theologisch zu bedenken. Dazu scheint es mir erforderlich, die heute von manchen kritisierte Christozentrik ökumenischer Ekklesiologie auf neue Weise zur Geltung zu bringen und den Gedanken einer *Ökumene im Zeichen des Kreuzes* zu formulieren.[63]

Als ein Stück weltlicher Wirklichkeit partizipiert die Kirche an deren Antagonismen und ihrer inneren Zerrissenheit. Die Botschaft von der Versöhnung, welche sie in Wort und Tat, in Martyria, Diakonia und Leiturgia der Welt verkündigen soll, ist ihr zuvor selbst gesagt und immer neu zu predigen. Wie die Pluralität der Welt, so ist auch die Vielfalt und Verschiedenheit innerhalb der geglaubten einen Kirche Jesu Christi wie innerhalb der verschiedenen Konfessionen und Denominationen in höchstem Maße zweideutig. Sie kann eben deshalb nicht unmittelbar aus der Perichorese der immanenten Trinität hergeleitet werden, weil sie nicht nur die lebendige Vielfalt geistgewirkten Lebens, sondern auch die Zerstörung lebendiger Beziehungen durch die Macht der Sünde repräsentiert. Die Kirche ist daher weder societas perfecta noch in sich stabilisierte Harmonie, sondern sie existiert unter dem eschatologischen Vorbehalt, von dem schon die Rede war. *Die* Gemeinschaft des heiligen Geistes, in der

62 Zum ekklesiologischen Modell der Einheit in versöhnter Verschiedenheit siehe WCC Exchange No. 3/97, 4ff; H. Meyer, Einheit.

63 Vgl. U. Körtner, Versöhnte Verschiedenheit, bes. S. 79ff. Siehe auch F. Fleinert-Jensen, Kreuz.

Gott sein wird alles in allem,[64] ist uns als Verheißung gewiß, aber sie steht noch aus. Wie für die einzelnen Glaubenden, so gilt auch von der Kirche, daß noch nicht offenbar ist, was wir sein werden.[65]

Es gehört zu den unaufhebbaren Ambivalenzen der Kirche, daß jedes Bemühen um sichtbare Einheit, gleichgültig welche Form sie annimmt, zu neuen Polarisierungen und Trennungen führt und an der Trennung zwischen Kirche und Synagoge an seine schmerzlichen Grenzen stößt. Wo beispielsweise konfessionelle Grenzen überwunden oder zumindest durchlässig werden, brechen in Gestalt kontextueller Theologien wie traditionalistischer Fundamentalismen neue Partikularitäten auf. Weder im kirchlichen Einheitsstreben noch für die Gestaltung der menschlichen Lebenswelt gibt es endgültige Lösungen und Zustände. Auch das gesellschaftliche und ökologische Engagement der Kirchen hat daher ambivalente Folgen.

So steht die Ökumene, nämlich die bewohnte Erde und mit ihr die Kirche, unter dem Zeichen des Kreuzes Christi, das gleichermaßen das Zeichen des göttlichen Gerichtes wie der Gnade ist. Fernab jedes doketischen Triumphalismus ist eine in diesem Sinne kreuzestheologisch begründete ökumenische Theologie eine Theologie des Leidens, nicht zuletzt des Leidens an bestehenden kirchlichen Trennungen, sowie an der Trennung zwischen Christenheit und Judentum. Koinonia, Gemeinschaft der Kirche ist, wie von Paulus zu lernen ist, Teilhabe an den Leiden Christi. Was Paulus von den Aposteln schreibt, gilt ebenso von der Gemeinde und den getrennten Kirchen: „Wir tragen allezeit das Sterben Christi an unserem Leibe, damit auch das Leben Jesu an unserem Leibe offenbar werde. Denn wir, die wir leben, werden immerdar in den Tod gegeben um Jesu willen, damit auch das Leben Jesu offenbar werde an unserem sterblichen Fleisch“ (2Kor 4,10f). Erinnert sei an dieser Stelle an die Aussage von John Williamson Nevin (1803–1886), dem Vordenker der sogenannten „Mercersburg Theology“: „Jesus trat im Gebet für die Einheit der Kirche ein.

64 Vgl. 1Kor 15,28.
65 Vgl. 1Joh 3,2.

Wenn das der Geist Christi war, muß der Geist der Kirche mit ihm übereinstimmen. Die ganze Kirche seufzt in sich selbst über ihre Spaltungen, als ob Christus selbst von der Trennung betroffen war und nicht ruhen könnte, bis diese unnatürliche Gewalttat ein Ende nimmt."[66]

In diesem kreuzestheologischen Sinn ist m. E. das reformatorische „ecclesia semper reformanda" zu verstehen und in die ökumenische Diskussion über die Einheit der Kirchen einzubringen. Kreuzestheologisch gewendet steht der Grundsatz der „ecclesia semper reformanda" sowohl jedem totalitären Einheitsstreben als auch einer pluralistischen Ekklesiologie, deren pneumatologischer Enthusiasmus die Fülle des in Christus erschienenen neuen Lebens von der geschöpflichen Vielfalt geschichtlicher Individuationen nicht zu unterscheiden weiß,[67] in gleicher Weise kritisch gegenüber.

Welche Perspektiven ergeben sich aus den bisherigen Überlegungen für die künftige ökumenische Arbeit? Eine erste Konsequenz ist die schon eingangs angesprochene *Grundeinstellung des konfessionellen Respekts*. Wechselseitige Anerkennung als gleichwertige Gesprächspartner ist eine notwendige Voraussetzung für jeden Dialog, der diesen Namen verdient. Wer sich allein im Vollbesitz der Wahrheit wähnt, führt mit anderen keinen der gemeinsamen Wahrheitssuche dienenden Dialog, sondern will das Gegenüber diskursiv über die ihm fehlende Wahrheit belehren. Demgegenüber gründen Anerkennung und konstruktive Toleranz in dem gemeinsamen Glauben an die allen Menschen und auch den Kirchen zuvorkommende Gnade Christi, der nicht für die Gerechten, sondern für die Gottlosen und um ihrer Sünden willen gestorben ist. Daher ist, worauf kürzlich der evangelische Theologe Gerhard Sauter aufmerksam gemacht

66 Zitiert nach L. Vischer, Kirche, S. 309 (= J. H. Nichols, The Mercersburg Theology, New York 1966, S. 43).

67 Vgl. F. Heyer, Konfessionskunde, S. 4: „Ja es ist zu fragen, ob unter dem Begriff ‚Leben', das sich in ‚Lebensäußerungen' äußert, wirklich das in Christus neue Leben verstanden sei oder ob nicht darin noch immer der von Schleiermacher und Marheinecke zur Erklärung der Konfessionsvielfalt angewandte Begriff der ‚geschichtlichen Individuation' versteckt sei."

hat, die Rechtfertigungslehre nicht nur als gemeinsamer Glaubensinhalt, sondern auch als Dialogregel des ökumenischen Gespräches neu zu entdecken.[68]

Was die Ökumene ferner braucht, ist eine *ökumenische Hermeneutik*, welche der unaufhebbaren Vielfalt von Glaubensweisen, Liturgien, theologischen Begriffssystemen und Denkstilen Rechnung trägt.[69] Grundbegriff einer solchen Hermeneutik, die bislang allenfalls in Umrissen erkennbar ist, hätte derjenige der *Differenz* zu sein, dessen ekklesiologischer Gehalt bereits erörtert wurde. Hermeneutisch ist zunächst zwischen sprachlichem Ausdruck und bezeichneter Sache zu unterscheiden, andererseits freilich zu bedenken, daß die intendierte Sache nie ohne ihren konkreten sprachlichen Ausdruck präsent ist. Eine ökumenische Hermeneutik hat ihr Ziel nicht schon dann erreicht, wenn man einander und den jeweils maßgeblichen Lehrtraditionen wechselseitig gute Absichten unterstellt, sondern wenn es zu gemeinsamen Erkenntnisfortschritten in der *Sache* kommt, die sich nur dann zeigen, wenn man zu einer neuen, gemeinsamen *Sprache* findet. Konsense und neue Formen des gemeinsamen Bekennens sind also nicht grundsätzlich ausgeschlossen. Das „consentire" in den Grundzügen der Evangeliumsverkündigung und in der Verwaltung der Sakramente bleibt für die Kirchengemeinschaft nach evangelischem Verständnis notwendig und hinreichend.[70] Angesichts der Vielfalt sprachlicher und liturgischer Ausdrucksformen ist das consentire

68 Vgl. G. Sauter, Rechtfertigung, bes. S. 42ff.

69 Zum Desiderat einer ökumenischen Hermeneutik siehe K. Raiser, Tradition; ders., Hermeneutik; M. Haudel, Vergessene Kriterien; H. Vorster, Gotteskindschaft; J. Track, Überlegungen; U. Kühn, Zum evangelisch-katholischen Dialog, S. 15ff. Innerhalb der ökumenischen Bewegung stehen derzeit unterschiedliche Konzepte wie dasjenige einer „kontextuellen Hermeneutik" und das (orthodoxe) einer „Hermeneutik der Tradition" im Konflikt. Diskutiert wird in den letzten Jahren das Modell einer „Hermeneutik der wachsenden Koinonia", welches die Einheit im Glauben als Gemeinschaft der bleibend Verschiedenen interpretiert. Doch existiert noch immer kein ausgebautes theoretisches Konzept.

70 Vgl. CA VII.

aber offensichtlich neu zu bestimmen,[71] nämlich als *Kohärenz des unaufhebbar Differenten.*[72] Für die Bestimmung solcher Kohärenz müssen hermeneutische Kriterien erst noch entwickelt werden. Theologische Erkenntnisfortschritte sind jedenfalls nur zu erwarten, wenn die in der bisherigen Konsensökumene praktizierte Hermeneutik des Entgegenkommens durch eine solche des Einspruchs ergänzt und relativiert wird, welche den ökumenischen Gesprächspartner zur Selbstprüfung und Profilierung zwingt – und zwar aufgrund der gemeinsamen Einsicht, einander wechselseitig als bleibend Anderer zu bedürfen, weil die Wahrheit des Glaubens nur in der unaufhebbaren Pluralität aufscheint.[73] Die Kirchen sind wechselseitig auf den Einspruch von außen angewiesen. Solcher Einspruch kann sich fallweise, muß sich aber nicht in allen Fragen als dauerhaft nötig erweisen. Die Gemeinschaft der Kirchen muß sich also nicht im wechselseitigen Einspruch erschöpfen, sondern kann – ubi et quando visum est Deo! – auch dazu führen, daß eine Glaubenslehre „allen Kirchen *gleichermaßen einleuchtet*"[74], so daß es zu einem ganz neuen *gemeinsamem* Bekennen, Lehren und Feiern kommt. Diese Hoffnung läßt sich aber nur *pneumatologisch* begründen, ist es doch nicht menschlicher Wille, sondern allein der Geist Gottes, der uns zu neuer Erkenntnis der Wahrheit führt.

Wo freilich die konfessionelle Verschiedenheit einseitig als Wesenszug aller Gemeinschaft hervorgehoben wird, ist in Erinnerung zu rufen, daß mit dem Wort von der Versöhnung die kirchliche Vielfalt von Gott nicht etwa nur anerkannt, sondern doch auch unter sein Gericht gestellt ist. Die Ambi-

71 Siehe dazu schon A. Houtepen, Koinonia.

72 Vgl. K. Raiser, Tradition, S. 431.

73 Vgl. auch R. Schenk, Ökumene des Einspruchs, S. 247: „Gemäß der Hierarchie praktischer Wahrheiten besteht die wohl dringlichste Aufgabe der Ökumene heute nicht so sehr in gegenseitiger Annäherung, sondern vielmehr im Zugeständnis, daß man einander braucht, um zur Ganzheit zu kommen; dieses füreinander und für das Ganze Notwendigsein ist eine ausgezeichnete Note von ekklesialer Bedeutung und ekklesialem Selbststand."

74 E. Jüngel, Um Gottes willen – Klarheit!, S. 406.

valenz der Verschiedenheit bzw. der Einheit von Identität und Differenz besteht darin, daß sie nicht nur legitime Vielfalt, sondern auch schuldhafte Trennung bedeutet. Die Sündhaftigkeit des denominationellen Pluralismus wird dort offenbar, wo es keine Abendmahlsgemeinschaft gibt. Das Ziel einer sichtbaren Einheit der Kirchen ist daher zumindest insoweit eine notwendige Perspektive der ökumenischen Bewegung, als mit ihm die Ermöglichung von Interkommunion gemeint ist. Echte Versöhnung zielt daher nicht bloß auf gegenseitiges Geltenlassen, sondern auf wechselseitige Buße und Erneuerung. Das bedeutet praktisch, daß im Geschehen der Versöhnung historisch gewachsene konfessionelle Identitäten gleichermaßen anerkannt wie verwandelt und unter Umständen sogar überwunden werden. Eine „Ökumene des Einspruchs“[75] ist zu verstehen als *mutuum consolatio fratrum* der Kirchen und schließt die Bereitschaft aller Kirchen zur Selbstkorrektur und Reform ein. Zur *ökumenischen* Methode aber wird der Einspruch dann, wenn man nicht nur an einer anderen Teilkirche im Geist der Liebe wie der Wahrhaftigkeit Kritik übt, sondern vor allem bereit ist, „den geäußerten Einspruch einer anderen Teilkirche zum Zweck der Selbstkorrektur in der eigenen Gemeinde zu Gehör zu bringen“[76].

75 R. Schenk, Ökumene des Einspruchs, passim.

76 R. Schenk, Ökumene des Einspruchs, S. 236. Vgl. auch E. Herms, Die ökumenischen Beziehungen, S. 22ff, der als Ziel der Ökumene nicht die „Herbeiführung eines einheitlichen Wahrheitsbewußtseins“, sondern den „Respekt vor dem Wahrheitsbewußtsein des anderen“ formuliert. Eine solche „Ökumene der Konfessionen“ könne dazu führen, daß Protestanten durch das katholische Gegenüber dazu herausgefordert werden, „aus spezifisch evangelischen Gründen“ z. B. neu über Sonntagspflicht und Abendmahlspraxis nachzudenken, wie umgekehrt Katholiken lernen könnten, „aus spezifisch katholischen Gründen“ mit dem Getauftsein und Christenstatus der Evangelischen ernstzumachen. Während Herms aber deshalb auf jeden Konsens glaubt verzichten zu können, weil eine Ökumene der Konfessionen auf der Anerkennung eines unaufhebbaren Gegensatzes konfessionsbildender Prinzipien bestehe, ist m. E. ein dynamischer Begriff von Konfessionalität zu entwickeln, der die geschichtliche Veränderung konfessioneller Identitäten be-

Gleichwohl werden die konfessionelle und die kontextuelle Pluralität der geglaubten einen Kirche Jesu Christi fortbestehen, weil sie ihren Grund keineswegs nur in der menschlichen Sünde, sondern auch in der schöpfungsgemäßen anthropologischen und soziokulturellen Vielfalt hat.[77] Das ekklesiologische Konzept der organischen Einheit, das auf die Union von Kirchen drängt, bzw. das römisch-katholische Konzept eines Ökumenismus der Re-Integration der nicht-katholischen in die römische Kirche,[78] neigt dazu, diese Realität zu negieren. Das demgegenüber wirklichkeitsgerechtere Modell der Einheit in versöhnter Verschiedenheit, das in Europa in der Kirchengemeinschaft der Leuenberger Konkordie sichtbare Gestalt angenommen hat, kann freilich dazu mißbraucht werden, den Selbstbehauptungswillen bestehender Organisationen und kirchlicher Machtstrukturen gegen den bußfertigen Wandel auszuspielen. Sowenig die Auflösung jeglicher konfessioneller Identitäten das Ziel von Versöhnung ist, sowenig das unbedingte Festhalten an gewachsenen Strukturen und Glaubensweisen. Vom Modell der organischen Einheit bleibt daher zu lernen, daß auch eine versöhnte Verschiedenheit nur um den Preis des Mit-Christus-Sterbens zu haben ist, so daß konfessionelle Identitäten nicht nur relativiert, sondern auch transformiert werden können.

Die Formel von der versöhnten Verschiedenheit, welche das Problem der Einheit von Identität und Differenz in der Christenheit benennt, ist nur dann theologisch vertretbar, wenn sie

rücksichtigt. Ökumenische Entwicklungen lassen sich nicht aufgrund einer fundamentaltheologischen Prinzipienlehre prognostizieren oder von vornherein ausschließen. Dafür ist doch schon allein die Entwicklung des Protestantismus und seiner konfessionellen Identitäten in der Moderne ein wichtiges Gegenbeispiel. Zur Kritik an Herms siehe ausführlich E. Jüngel, Amica Exegesis, S. 275–277, Anm. 78. Zur von Herms eingenommenen Position siehe schon E. Herms, Einheit der Christen. Dieses Buch reagiert auf H. Fries/K. Rahner, Einigung der Kirchen.

77 Vgl. E. Fahlbusch, Abschied, bes. S. 478ff.483ff; ders., Kirchenkunde, S. 13ff.274ff.

78 Vgl. das Ökumenismusdekret des 2. Vatikanums „Unitatis redintegratio“ (Decretum de Oecumenismo), Text in: LThK.E 2, 1967, S. 40–126.

nicht statisch, sondern dynamisch verstanden wird. Das aber geschieht nur, wenn die ekklesiologischen Konsequenzen dessen bedacht werden, was im Neuen Testament Nachfolge heißt. Wie jeder einzelne Christ und jede Christin, so stehen auch die Kirchen unter dem Wort Christi, das Mahnung und Verheißung zugleich ist: „Wer mir nachfolgen will, der verleugne sich selbst und nehme sein Kreuz auf sich und folge mir nach. Denn wer sein Leben retten will, wird es verlieren; wer aber sein Leben verliert um meinetwillen und um des Evangeliums willen, der wird es retten" (Mk 8,34f).

Sowenig die Auflösung jeglicher konfessioneller Identitäten das Ziel von Versöhnung ist, sowenig ist es das unbedingte Festhalten an gewachsenen Strukturen und Glaubensweisen. Die eigentliche Hoffnung, von der alle ökumenische Arbeit getragen wird, ist aber nicht die sichtbare Einheit der irdischen Kirche, sondern das Reich Gottes, in welchem die Schöpfung ihre Vollendung finden soll. Nicht um die Einheit der Kirche, sondern um das Kommen des Reiches wird im Vaterunser gebetet. Die sichtbare Einheit der Kirche(n), was auch immer darunter verstanden werden mag, ist jedenfalls keine Vorbedingung für das Kommen des Reiches Gottes.

2 „Sola Scriptura"

Schrift und Kirche aus evangelischer Sicht

2.1 Schrift und Kirche im ökumenischen Dialog

Das Verhältnis von Schrift und Kirche gehört zu den wichtigen Themen des ökumenischen Dialogs. Zur Diskussion steht nicht nur das Verhältnis von Heiliger Schrift und kirchlicher Tradition oder das Problem eines kirchlichen Lehramtes und seines Auslegungsprivilegs, sondern auch die grundlegende Auffassung vom Wesen der Kirche und ihres geschichtlichen Auftrags.

In der Geschichte des Christentums haben sich drei klassische Positionen herausgebildet. Während die orthodoxen Kirchen die grundlegende Einheit von Schrift und Tradition behaupten, wobei die maßgebliche Tradition diejenige der Alten Kirche ist, erweitert sich dieses Schema in der römisch-katholischen Tradition zur dreistelligen Relation von Schrift, Tradition und kirchlichem Lehramt. Demgegenüber besteht die klassische reformatorische Position auf dem unbedingten Primat der Heiligen Schrift gegenüber kirchlicher Tradition und Schriftauslegung und fordert, daß auch die Gestalt des Amtes biblisch zu begründen und seine Autorität durch die Schrift allein zu begrenzen ist.

Die geschichtlichen Umbrüche der vergangenen Jahrhunderte, aber auch die verschiedenen bilateralen ökumenischen Dialoge der letzten Jahrzehnte haben seit dem 16. Jahrhundert bestehende Verhärtungen der konfessionellen Positionen aufweichen können und zu theologischen Annäherungen geführt.[1] Die gemeinsame Anerkennung der Bibel als

1 Vgl. H. Kirchner, Wort Gottes; W. Pannenberg/Th. Schneider (Hg.),

maßgeblicher Urkunde der göttlichen Offenbarung bzw. des Wortes Gottes ist heute im Grundsatz unumstritten und hat sogar dazu geführt, daß das reformatorische „sola scriptura" – in traditionsspezifischen Modifikationen – auch von anderen Konfessionen vertreten werden kann. Insbesondere die römisch-katholische Theologie hat im Zusammenhang mit dem II. Vatikanischen Konzil ihre traditionelle, von reformatorischer Seite vehement bekämpfte Deutung der kirchlichen bzw. lehramtlichen Tradition als einer eigenständigen Offenbarungsquelle *neben* der Heiligen Schrift deutlich korrigiert. Die Annahme einer mündlichen Tradition, die von der Schrift unabhängig ist und diese sogar ergänzt, ist schon von katholischen Theologen wie K. Rahner[2], Y. Congar[3] und K.-H. Ohlig[4] kritisiert worden und seit dem II. Vaticanum im Grundsatz hinfällig.[5] Allerdings führt der unverkennbare Kompromißcharakter, den die Konzilsbeschlüsse tragen, aus evangelischer Sicht zu Mehrdeutigkeiten, die eine endgültige Klärung des kontroverstheologischen Problems bislang verhindern. Bemerkenswert ist aber, daß die Ökumene-Enzyklika „Ut unum sint" des Papstes Johannes Paul II. aus dem Jahre 1995 zwischen der „heiligen Tradition als unerläßlicher Interpretation des Wortes Gottes" und diesem selbst unterscheidet, die Heilige Schrift als „oberste Autorität in Sachen des Glaubens" bezeichnet und die früher gängige Subsumierung der Tradition unter den Begriff des Wortes Gottes vermeidet.[6]

Umgekehrt ist auf seiten des Protestantismus die ihm innewohnende Gefahr eines ahistorischen Biblizismus erkannt worden. Ferner sieht sich die evangelische Theologie durch die Krise des reformatorischen – besser gesagt: des altprote-

Verbindliches Zeugnis, Bd. I u. Bd. III; J. Lauster, Prinzip und Methode, bes. S. 346ff.363ff.

2 K. Rahner, Schrift und Tradition.

3 Y. Congar, Tradition.

4 K.-H. Ohlig, Woher nimmt die Bibel ihre Autorität?

5 Vgl. W. Kasper, Glaube und Geschichte; ders., Schrift und Tradition.

6 Johannes Paul II., Ut unum sint, Nr. 79. Vgl. dazu auch H. Kirchner, Wort Gottes, S. 154f.

stantischen![7] – Schriftprinzips, die durch das moderne Geschichtsverständnis und die Aufklärung ausgelöst wurde, zu einer Neubewertung der Tradition und der Einbindung der Schrift in einen umfassenden Überlieferungsprozeß genötigt.

Dementsprechend hat sich die kontroverstheologische Diskussionslage in den letzten Jahrzehnten grundlegend verändert. „Brachen die Dissense bisher zwischen den Konfessionen auf – teilweise ja unmittelbar im Prozeß ihrer Profilierung und daran maßgeblich beteiligt – oder aber innerhalb einer Kirche oder Konfession, so verlaufen die Bruchlinien heute weitgehend quer durch die Konfessionen und Kirchen."[8] Die traditionelle Frage nach der Bedeutung von Wort Gottes, Schrift und Tradition und ihrem Verhältnis zueinander hatte die fraglose Akzeptanz kanonischer Texte und überschaubarer Autoritätsstrukturen zur Voraussetzung. „Davon kann schon seit geraumer Zeit nicht mehr ausgegangen werden."[9] Auch die persönliche Bibellektüre besitzt längst nicht mehr den Stellenwert, den sie einmal – zumindest im Protestantismus – für das Glaubensleben und die Kirche hatte. Diese gestalten sich heute keineswegs mehr selbstverständlich „im bewußten und womöglich ausschließlichen Rückgriff auf die Bibel"[10].

Außerdem ist außerhalb Europas eine Reihe von kontextuellen Theologien entstanden, welche die Autorität der abendländischen Tradition des Christentums als alleiniger Norm für Theologie und Kirche bestreiten. Je radikaler und konsequenter solche Ansätze vertreten werden, desto deutlicher wird die Kluft zwischen einer Hermeneutik der (abendländischen) Tradition und einer pluralistischen Hermeneutik permanenter Inkulturation in eine Vielzahl von Kontexten.[11] Hinzu kommt die Begegnung des Christentums

7 Dazu, daß es sich vor allem um die Krise des altprotestantischen Schriftprinzips handelt, s. u. Kap. 7, § 2.

8 H. Kirchner, Wort Gottes, S. 162. Siehe dazu auch U. Körtner, Versöhnte Verschiedenheit, bes. S. 9ff.61ff.85ff.

9 H. Kirchner, Wort Gottes, S. 11.

10 Ebd.

11 Siehe dazu auch U. Körtner, Theologie in dürftiger Zeit, S. 20–42. Vgl. auch H. Kirchner, Wort Gottes, S. 160ff.

mit anderen Religionen, die eine Vielzahl von zum Teil gegensätzlichen Entwürfen einer Theologie der Religionen hervorgebracht hat.[12] Umso dringlicher stellt sich das Problem einer neuen ökumenischen Hermeneutik.[13]

Die bisherige ökumenische Diskussion läßt jedoch noch viele Fragen offen. Sie betreffen zunächst das Verhältnis der westlichen zur östlichen Tradition. Bisher sind die ökumenischen Dialoge mit Vertretern der orthodoxen Kirchen über einen gewissen Punkt der Annäherung nicht hinausgelangt, weil das beeindruckend geschlossene orthodoxe Modell der prinzipiellen Einheit von Schrift und Tradition an einer vorneuzeitlichen und vorkritischen Position festhält und die Moderne und die Tradition der europäischen Aufklärung prinzipiell ablehnt.[14] Stellt man sich aber den durch die Aufklärung und das neuzeitliche Geschichtsbewußtsein aufgeworfenen Fragen, stößt die den bisherigen ökumenischen Dialogen zugrunde liegende „Hermeneutik der Tradition, welche die Tradition des apostolischen Glaubens, wie er von der frühen Kirche bekannt worden ist, als normatives Kriterium für die ökumenische Kommunikation akzeptiert“[15], an die Grenzen ihrer Leistungsfähigkeit. Die im Zusammenhang mit der Lehre vom Wort Gottes zu beantwortende Frage betrifft dann nämlich nicht mehr Schrift und *Kirche* als einander statisch gegenüberstehende Größen, sondern den dynamischen Prozeß, in welchem sich Schrift und *Geschichte* befinden.[16]

Es ist dieser dynamische Prozeß, der unter anderem zur Krise des sogenannten protestantischen Schriftprinzips ge-

12 Siehe dazu U. Schön, Denkwege; R. Bernhardt, Absolutheitsanspruch; R. Schwager (Hg.), Christus allein?

13 Zur gegenwärtigen Diskussion vgl. A. Houtepen, Ökumenische Hermeneutik; K. Raiser, Hermeneutik; U. Körtner, Konsensökumene. Siehe ferner das Dokument des Ökumenischen Rates der Kirchen (WCC) „A Treasure in Earthen Vessels. An Instrument for an Ecumenical Reflection on Hermeneutics“. Deutsche Übersetzung: D. Heller (Hg.), Ein Schatz in zerbrechlichen Gefäßen. Kritisch dazu I. U. Dalferth, Weg der Ökumene, S. 245–278, bes. S. 257ff.

14 Vgl. H. Kirchner, Wort Gottes, S. 148f.

15 K. Raiser, Synkretismus, hier S. 159.

16 So mit Recht H. Kirchner, Wort Gottes, S. 151.

führt hat. Wenn im folgenden das Verhältnis von Heiliger Schrift und Kirche aus evangelischer Sicht dargestellt werden soll, sind dabei die Transformationsprozesse mit zu berücksichtigen, denen die evangelische Lehre vom Wort Gottes in den vergangenen zwei Jahrhunderten unterworfen war.[17]

2.2 Die Kirche als Geschöpf des Evangeliums

„Nach Gottes Wort reformiert", so bezeichnen sich die evangelischen Kirchen der reformierten Tradition. In dieser Selbstbezeichnung der reformierten Kirchen kommt das Selbstverständnis der gesamten Reformation des 16. Jahrhunderts zum Ausdruck. Gottes Wort, wie es in der Bibel als Heiliger Schrift bezeugt wird, ist demnach die alleinige Quelle und Norm des christlichen Glaubens und der Kirche als Gemeinschaft der Glaubenden, wobei nach reformiertem Verständnis auch die äußere Ordnung der Kirche dieser Norm zu entsprechen hat. Als „Gottes Wort" wird in den reformatorischen Kirchen übereinstimmend das Evangelium von Jesus Christus bezeichnet. Dieses ist kirchengründend und identitätsstiftend. Zur Bewahrung ihrer christlichen Identität aber gehört es, daß die Kirche immer wieder gemäß der Ordnung des Evangeliums (J. Calvin) reformiert wird.[18]

Nach reformatorischer Auffassung ist die Kirche eine Wort-Schöpfung, nämlich „creatura Euangelii" (Luther)[19], d. h. ein Geschöpf des Evangeliums bzw. eine Schöpfung des Wortes Gottes.[20] Sie ist, wie Luther schreibt, „nata ex ver-

17 Siehe dazu ausführlich U. Körtner, Theologie des Wortes Gottes.

18 Die bekannte Formel: „Ecclesia, quia reformata, semper reformanda", stammt vermutlich aus Hugenottenkreisen und wurde vom frühen niederländischen Pietismus rezipiert. Vgl. J. Weerda, Art. Reformierte Kirche, Sp. 884.

19 WA 2,430,6–8.

20 Die Wendung „creatura verbi" als Bezeichnung für die Kirche läßt sich für Luther nicht nachweisen. Es gibt aber Zitate, die dieser Bezeichnung zumindest nahekommen, z. B. WA 6,560,36–561,1;

bo"[21], wobei es sich bei der Geburt der Kirche aus dem Wort Gottes nicht um einen einmaligen Vorgang in der Vergangenheit, sondern um ein beständiges Geschehen handelt. Ähnlich, wie der Christenmensch nach Luther täglich aus der Tauf neu herauskriecht,[22] so wird auch die Kirche als Gemeinschaft der Glaubenden stets aufs Neue aus dem Wort geboren.

Das aber geschieht vor allem und konkret im Gottesdienst. In ihm findet nach evangelischem Verständnis die Kirche ihre grundlegende Gestalt, wird diese doch bestimmt als „Versammlung aller Glaubigen, bei welchen das Evangelium rein gepredigt und die heiligen Sakrament lauts des Evangelii gereicht werden (congregatio sanctorum, in qua evangelium pure docetur et recte administrantur sacramenta)"[23]. Man beachte hierbei die passivischen Wendungen, in denen die Confessio Augustana (CA VII) vom Gottesdienst als Wortgeschehen spricht: Die Kirche ist nicht das Subjekt, sondern das Objekt von Wort und Sakrament. Sie besitzt nicht, sondern sie empfängt Gottes Wort in Gestalt der Sakramente und der Evangeliumsverkündigung. „Wie das Leben der einzelnen Glaubenden – deren Versammlung sie ist, aber zu deren Gegenüber im strikten Sinne sie niemals wird – stellt sich ihr Leben zur Hauptsache als *vita passiva* dar."[24]

Im Sinne von CA VII ist die primäre Gestalt des Evangeliums allerdings die Predigt, nicht die Bibel, wenngleich alle Predigt nach evangelischem Verständnis schriftgebunden zu sein hat. Dennoch: Wenn die Kirche als creatura Evangelii bzw. als creatura verbi Divini bezeichnet wird, ist dies nicht mit der Behauptung gleichzusetzen, die Kirche wäre eine creatura scipturae. Das könnte nur ein unevangelischer Biblizismus behaupten wollen. So gewiß auch die Bibel eine Gestalt des Wortes Gottes ist bzw. dieses bezeugt, so deutlich muß

WA.B 5,591,49– 57. Vgl. dazu M. Trowitzsch, Die nachkonstantinische Kirche, S. 4, Anm. 6.

21 WA 42,334,12.

22 M. Luther, Kleiner Katechismus (BSLK 516,30–38).

23 CA VII (BSLK 61, 4–7).

24 M. Trowitzsch, Die nachkonstantinische Kirche, S. 5.

doch nach evangelischem Verständnis zwischen Bibel und Wort Gottes auch unterschieden werden. Schrift ist nach Luther zunächst die Gestalt des Gesetzes, nicht des Evangeliums. Das nämlich ist „mündlich Geschrei", also Predigt und mündlicher Zuspruch (promissio) der Sündenvergebung.[25]

Das *Wort* Christi bzw. das Evangelium oder *Kerygma* will sich in mündlicher Kommunikation Gehör verschaffen. Aber es bezieht sich auf die *Schrift*, d. h. zunächst auf die jüdische Bibel (und zwar nicht nur in ihrer hebräischen, sondern auch in ihrer griechischen Version). Es kommt zur Sprache bzw. zu *Gehör*, indem die Schrift *gelesen* und ausgelegt wird. Dieser Umstand nötigt dazu, hermeneutisch wie theologisch über die Zuordnung von Hörsinn und Sehsinn, von Hören und Lesen nachzudenken.

Der theologische Zusammenhang von Hören und Lesen hat Konsequenzen für den Begriff des Glaubens.[26] R. Bultmann hat zu Recht gesagt, der Glaube sei eine Weise des Verstehens.[27] Glauben im christlichen Sinne heißt, sich selbst neu zu verstehen, wobei dieses Selbstverständnis aus einem Verstandenwerden und Verstandensein resultiert, als dessen Subjekt Gott zu denken ist.[28] Aber es ist nun offenbar der christliche Glaube nicht einfach ein Hören, sondern *ein Hören der Schrift*, d. h. der im Akt des Lesen applizierten biblischen Texte. Als heilige Schrift kann sich die Bibel nur dann Gehör verschaffen, wenn sie gelesen bzw. vorgelesen wird. Bultmanns durchaus zutreffende Formel „Glauben und Verstehen" ist folglich nicht einfach mit der Formel „Hören und Verstehen" gleichzusetzen, sondern muß komplementär durch „Lesen und Verstehen" interpretiert werden.

25 WA 12,259,8ff. – Zu Luthers Begriff der promissio siehe O. Bayer, Promissio.

26 Zum christlichen Glaubensbegriff siehe auch die grundlegende Arbeit von D. Lührmann, Glaube. Lührmann kritisiert mit Recht die neuprotestantische Abtrennung der Fides qua von der Fides quae und verortet den Glauben in der Spannung zwischen schriftgemäßem Bekenntnis und Welterfahrung (S. 85ff).

27 Vgl. R. Bultmann, Glauben und Verstehen. Siehe auch D. Lührmann, Auslegung, S. 68ff.

28 Vgl. 1Kor 13,12.

Zu unterscheiden ist aber nicht nur zwischen Wort und Schrift, sondern auch zwischen Heiliger Schrift und Bibel. „Bibel" ist ein deskriptiver religions- oder literaturwissenschaftlicher Begriff für die Sammlung jener Schriften, die im Christentum kanonischen Rang haben. „Heilige Schrift" ist demgegenüber ein dogmatisch-normativer Terminus, mit welchem der theologische Geltungsanspruch dieser Schriften innerhalb des Christentums bzw. innerhalb der Kirche zum Ausdruck gebracht wird. Zur Heiligen Schrift wird die Bibel jedoch erst durch ihren kirchlichen Gebrauch. „Schrift" ist die Bibel stets nur als gelesene und ausgelegte. Insofern ist nun aber auch der normative Status der Bibel als Heiliger Schrift rückgebunden an ihren gottesdienstlichen Gebrauch, d. h. an ihre Funktion im Rahmen jener Versammlungen, in welchen nach CA VII das Evangelium rein gepredigt und die Sakramente recht verwaltet werden.

2.3 Schrift und Gottesdienst

Auch wenn die Botschaft des Glaubens, mit Luther gesprochen, in erster Linie „mündlich Geschrei" ist, ist doch das Christentum in einem eminenten Sinne Buchreligion, wie aus der zentralen Rolle der Bibel als Medium der Verkündigung und als eines heiligen Gegenstandes im Gottesdienst ersichtlich ist.[29] „Es läßt sich sogar die These vertreten, daß die Geschichte des christ[lichen] Gottesdienstes am angemessensten als Geschichte der B[ibel] in der Versammlung der Kirche untersucht wird."[30]

So findet im orthodoxen Gottesdienst im Rahmen der sogenannten Katechumenenliturgie der feierliche „Kleine Einzug" mit dem Evangelienbuch statt. Geführt von Leuchtenträgern, treten der Diakon mit hocherhobenem Evangeliar und nach ihm der Priester aus der nördlichen (vom Kirchenraum aus gesehen linken) Tür der Ikonostase in das Mittelschiff der Kirche. Sie durchschreiten den Kirchenraum und

29 Zum folgenden vgl. U. Körtner, Gestalten des Wortes.
30 G. Lathrop, Art. Bibel, hier Sp. 1433.

kehren durch die Königliche Pforte in den Altarraum zurück. Dieser Ritus ist selbst schon ein Akt der Verkündigung, nämlich die dramatische Reinszenierung des Weges Christi zu seiner irdischen Predigtwirksamkeit, die von Epistel- und Evangelienlesung gefolgt wird. Im evangelischen Gottesdienst kommt die zentrale Stellung der Bibel dadurch zur Geltung, daß die aufgeschlagene Bibel stets auf dem Altar liegt. Hierin findet die fundamentale Akzentverschiebung von der kirchlichen zur biblischen Autorität, die sich in der Reformation gegenüber der katholischen Lehre vollzog, ihren sinnbildlichen Ausdruck.

Von Beginn der Kirchengeschichte an besteht zwischen der Entstehung der christlichen Bibel und dem Gottesdienst ein Wechselverhältnis. Hierbei ist zu beachten, daß zwischen „Bibel“ als deskriptivem Begriff für die Sammlung der kanonischen, heiligen Texte des Christentums – welche die Sammlung der kanonischen Texte des Judentums einschließt – und „Heiliger Schrift“ als normativem Begriff für die religiöse Geltung und den religiösen Gebrauch dieser Texte im Christentum unterschieden werden muß. „Die Abgrenzung zwischen der B[ibel] als einer Sammlung von Büchern mit symbolischer Bedeutung und dem christl[ichen] Gottesdienst als Geschehen sind weder klar noch undurchdringlich.“[31] Wie das Beispiel des Canon Muratori zeigt, wurde sogar der – in Umfang und Aufbau variierende – biblische Kanon selbst, d. h. die Aufzählung der biblischen Bücher, gelegentlich als eine liturgische Liste verstanden, welche die Gemeinde in ihren Gottesdiensten mit Recht liest. Darüber hinaus lassen sich zahlreiche Verbindungslinien zwischen den biblischen Texten und den gottesdienstlichen Vollzügen nachweisen, so daß das darstellende Handeln des christlichen Gottesdienstes insgesamt als Ausführung eines biblischen Auftrags und als symbolische Darstellung biblischer Sinngehalte verstanden werden kann. Und schließlich ist die gottesdienstliche Sprach- und Bildwelt in Liedern, Gebeten, Predigt und Sakramenten oft direkt der Bibel entnommen.

31 G. Lathrop, Art. Bibel, Sp. 1432.

Das gilt auch für den grundlegenden Aufbau des christlichen Gottesdienstes in seinen unterschiedlichen Spielarten. „Von frühchristl[icher Zeit] an gehören zur Liturgie die beiden Pole Wort und Tisch."[32] Seinen Ursprung hat dieses Schema möglicherweise in der Emmaus-Erzählung Lk 24,13–35. Die Feier der Eucharistie aber ist eine kultische Inszenierung des letzten Abendmahles Christi mit seinen Jüngern bzw. seiner schon im Neuen Testament bezeugten stetigen kultischen Wiederholung, die Überlieferung und bleibender Auftrag ist (1Kor 11,23–26). Die grobe Unterteilung der Liturgie in Wortgottesdienst und Eucharistie ist gemeinsames Erbe aller Traditionen bzw. Konfessionen des Christentums, wenngleich die Ausgestaltung und das Schwergewicht auf Wort oder Sakrament in Geschichte und Gegenwart recht unterschiedlich ausfallen. Die innere Einheit von Wort und Sakrament symbolisiert in evangelischen Kirchen die aufgeschlagen auf dem Altar bzw. dem Abendmahlstisch liegende Bibel.

Die konstitutive Rolle der Schrift als Gestalt des Wortes im christlichen Gottesdienst verdeutlicht systematisch die grundlegende Dialektik von Oralität und Literalität im Christentum und verweist historisch auf die Anfänge des christlichen Gottesdienstes im jüdischen Synagogengottesdienst. Wenngleich die Teilnahme am jüdischen Gottesdienst im Jerusalemer Tempel und in Synagogen nur von kurzer Dauer war, übernahm doch das Christentum Symbole aus dem Tempel und von der Synagoge Organisation, Formen des Gebets und die Praxis des Lesens und Auslegens der Heiligen Schrift. Auch wenn sich im Christentum ein eigenständiger, zweigeteilter Kanon herausbildete, bleibt es historisch-genetisch wie systematisch-theologisch bedeutsam, daß die sich zeitgleich mit der Entstehung des Christentums entwickelnde bzw. verfestigende jüdische Bibel bleibender Bestandteil des christlichen Kanons wurde.

Lesung und Auslegung alttestamentlicher Texte gehörte zum Gottesdienst des frühen Christentums. Von Beginn an bezog sich die zunächst ausschließlich mündliche Verkündi-

32 G. Wainwright, Art. Gottesdienst, Sp. 1201.

gung des Evangeliums von Jesus Christus auf Schrift, nämlich auf die heiligen Schriften Israels. Paradigmatisch ist es Jesus selbst, der im Synagogengottesdienst die Schrift auslegt.[33] Auch bei Paulus bezieht sich das Wort Christi bzw. das Evangelium oder Kerygma, das sich in mündlicher Kommunikation Gehör verschaffen will, auf die Schrift, d. h. die jüdische Bibel – und zwar nicht nur in ihrer hebräischen, sondern auch in ihrer griechischen Version.[34] Das Kerygma – und damit Gott selbst – kommt zur Sprache bzw. zu Gehör, indem die Schrift (vor)gelesen und ausgelegt wird. Das für den christlichen Glauben grundlegende Hören ist das Hören eines schriftgemäßen Wortes bzw. ein Hören der Schrift, d. h. der schon im Akt des Lesens – und nicht erst des Auslegens – applizierten biblischen Texte.

Paulus ist freilich auch der erste christliche Verkündiger, der seinerseits neue Texte verfaßt hat, aus denen das Bewußtsein apostolischer Vollmacht spricht und die nach seiner eigenen Anweisung in den Versammlungen der Gemeinden verlesen werden sollten.[35] Gottesdienstliche Lesung und Kanonisierung frühchristlicher Schriften, die ihrerseits z. T. alttestamentliche Texte zitieren und interpretieren, bedingen sich wechselseitig. Neben der öffentlichen Lektüre stand aber auch die private Lektüre.[36]

Im Akt der gottesdienstlichen Rezitation wird die Bibel zur Heiligen Schrift, und d. h. immer schon auch zur ausgelegten und applizierten Schrift. Schon die bloße Verlesung eines Bibeltextes ist „ein Stück Auslegung, Aktualisierung: Der Verlesende spricht dieses Wort immer auf seine Weise in eine konkrete Situation hinein, die über die Rezeption, das Verständnis, die Wirkung des verlesenen Wortes aktuell mitbestimmt“[37]. Auslegung sind auch die jeweils verwendete Übersetzung, die Auswahl des zur Verlesung kommenden Textes durch den Liturgen und die Situierung der Lesung in

33 Lk 4,16–30; dort Jes 61,1f in Kombination mit Jes 58,6.
34 Vgl. z. B. Röm 10,11.16 oder auch Röm 9,33.
35 1Thess 5,27; vgl. auch in den Deuteropaulinen Kol 4,16.
36 Vgl. Mk 13,14; Mt 24,15; Act 8,28.30; Apk 1,3; 22,18f.
37 K.-H. Bieritz, Lesungen, S. 111.

einem konkreten liturgischen Ablauf, in welchem sich die verschiedenen Texte gegenseitig auslegen und sinnbereichern. Diese Form von liturgischer Intertextualität ist ein praktisches Beispiel für den Zuwachs an Textsinn im Prozeß der Rezeptionsgeschichte, den die theologische Tradition mit der Lehre vom sensus plenior zu erfassen versucht hat.

Liturgiewissenschaftlich ist hierbei die kreative Funktion der Hörenden im Akt des Hörens zu bedenken. Analog zu rezeptionsorientierten Texttheorien, welche die Rolle des Lesers beim Zustandekommen eines Textsinns im Akt des Lesens analysieren, ist auch eine Theorie des Zustandekommens von Textsinn im Akt des Hörens zu entwickeln. Daß das Hören zum existentiellen Verstehen, d. h. aber zum Glauben führt, läßt sich letztlich nur pneumatologisch als Wirken des Heiligen Geistes bzw. als testimonium spiritus sancti internum deuten.

Gegenüber Tendenzen zur Individualisierung oder Pädagogisierung des sonntäglichen Gottesdienstes verweist die Praxis eines festen Jahreszyklus von Grundlesungen darauf, daß der einzelne Liturg wie auch die einzelnen Gottesdienstbesucher eingebunden sind in die Kirche als Auslegungsgemeinschaft und ihre Rezeptionsgeschichte der Bibel und des durch diese bezeugten Evangeliums.

Die zweite Grundgestalt christlicher Verkündigung im Gottesdienst neben den biblischen Lesungen ist die Predigt. In ihr wird das Ineinander wie die Unterscheidung von Gotteswort und Menschenwort besonders virulent. Die Predigt ist menschliche Rede, die als Wort Gottes vernommen werden soll. Die berühmte Marginalie H. Bullingers aus der Confessio Helvetica Posterior (1562): „Praedicatio verbi Dei est verbum Dei“, ist als pneumatologisch begründete Glaubensaussage zu verstehen. Sie unterscheidet zwischen äußerer Verkündigung und innerer Erleuchtung und wahrt so den Unterschied zwischen Gotteswort und Menschenwort, wenngleich bei Bullinger eine nicht unproblematische Nähe zu einem spiritualistischen Wortverständnis besteht.

Worin aber besteht nun genau die praedicatio verbi Dei? Offenbar unterscheidet sich die Predigt des Wortes Gottes von prophetischer Rede, auch wenn der Predigt eine prophetische Dimension zugeschrieben wird. In der Regel wird der Prediger seine Aussagen nicht mit der Wendung: „So spricht der Herr“, beginnen. Im Normalfall handelt es sich bei der Predigt um eine textgebundene Rede, welche die Auslegung eines Bibeltextes zum Ziel hat. Da auch der biblische Text nicht unmittelbar Wort Gottes ist, läßt sich die These Bullingers offenbar nur so verstehen, daß die menschliche Predigt ein indirektes, nämlich in doppelter Weise vermitteltes Gotteswort ist, das im Akt des Hörens für den Rezipienten zum Wort Gottes, d. h. zur göttlichen Anrede werden kann und in der Perspektive des Glaubens unter der Verheißung steht, tatsächlich Wort Gottes im Hier und Heute werden zu sollen.

Als religiöse Rede ist die Predigt nach evangelischem Verständnis Wort des Glaubens im doppelten Sinn des Begriffs: Sie will Glauben wecken und ist zugleich bekenntnishafter Ausdruck desselben. Nach evangelischer Auffassung hat die Predigt die Struktur der Zusage, des Zuspruchs, der promissio, bzw. hat sie in der Kategorie der promissio ihr Kriterium. Als Sprechakt des Zuspruchs hat die Predigt wiederum sakramentalen Charakter. Besser gesagt ist das Wesen des Sakraments nach evangelischem Verständnis von seiner Promissio-Struktur her zu begreifen. Dementsprechend läßt sich von der Predigt sagen, daß sie ihrer Funktion nach der performative Zuspruch der Sündenvergebung ist und seiner Vergewisserung dient. Sie ist also in ausgezeichneter Weise das, was E. Lange als „Kommunikation des Evangeliums“ bezeichnet hat.[38]

Zum Wort Gottes aber wird die Predigt nicht schon allein im Akt des Redens, sondern – ubi et quando visum est Deo – erst im Akt des Hörens. Dementsprechend versuchen neuere Ansätze evangelischer Predigtlehre, die unterschiedlichen Konzeptionen einer rezeptionsorientierten Texthermeneutik homiletisch fruchtbar zu machen. Dies bedeutet aber, daß nicht nur der Prediger, sondern auch die Hörer als Medium des Wortes Gottes begriffen werden müssen und daß die Auslegung der Bibel im Predigtgeschehen von Prediger und

38 E. Lange, Predigen als Beruf, S. 11.

Hörern gemeinsam vollzogen wird. Die Kompetenz der Gottesdienstgemeinde darf also nicht auf die Fähigkeit zur Beurteilung der Lehre beschränkt werden, die ihr Luther zugesprochen hat. Sie „erstreckt sich auch auf die Tätigkeit der Gemeinde, sich im buchstäblichen Sinne eigene Verse auf die Predigt zu machen, die wiederum zu hundert Prozent vom Evangelium und zu hundert Prozent von ihrer Situation motiviert sind“[39].

Allerdings besteht heute die Gefahr einer Ästhetisierung der Predigt, welche die Frage nach der Wahrheit und Verbindlichkeit des gepredigten Wortes ausblende und mit einer Atomisierung der Hörerinnen und Hörer bzw. einer „homiletischen *Vereinsamung*“[40] einhergeht. Grundlegend für die Verhältnisbestimmung von Text und Predigt ist die Autonomie, welche der Text im Zuge seiner Verschriftung und Auslegung sowohl gegenüber dem Autor als auch gegenüber seinen Lesern und Hörern gewinnt. Die Predigt soll nicht die Fiktion erzeugen, als spreche der Autor des biblischen Textes unmittelbar durch den Prediger. Der Prediger, die Predigerin ist nicht der Bauchredner des Autors, sondern ein Leser, eine Leserin, die im Akt des Lesens selbst zu einem eigenverantwortlichen Autor, einer Autorin werden.

Die Predigt ist also nicht die Wiederholung des biblischen Textes, sondern ein diesem gegenüber neuer Text, zwar ein vom biblischen Text provozierter und inspirierter, jedoch ein eigenständiger Text. Sie gewinnt ihrerseits im Akt des Predigens und Hörens Autonomie gegenüber ihrem Autor, dem Prediger. Das bedeutet nun keineswegs die Wahrheitsfrage in der Predigt zu suspendieren. Aber „Garant der Wahrheit“ der biblischen Schriften „kann nur der Leser oder Hörer, d. h. die einzelne christliche Person sein – unabhängig von ihrem kirchlichen oder theologischen Status“[41], so gewiß die Struktur christlicher Wahrheit subjektbezogen und bekenntnisbezogen ist.

39 W. Engemann, Unser Text sagt, S. 480.
40 G. A. Krieg, Rede, S. 225.
41 O. Wischmeyer, Thesen, S. 72.

Zu beachten ist auch, daß sich die Predigt über neutestamentliche Texte hermeneutisch keineswegs von selbst versteht. Die neutestamentlichen Texte selbst sind nämlich „weder von ihrer Struktur noch von ihrer Aussage her genuin applikative Texte, die erst in der Anwendung ihren eigentlichen Sinn entfalten oder von vornherein dieser Anwendung bedürfen. Sie ‚wollen' nicht gepredigt werden. Ihre genuine Adaption ist nicht die Applikation, sondern die ἀνάγνωσις, die Lektüre – sei es die öffentliche Lektüre in der Versammlung [...] oder die persönliche Lektüre"[42]. „Predigttext" (Perikope) und neutestamentlicher Text sind also keinesfalls identisch, weshalb auch Liturgie und Predigt nicht voneinander getrennt oder gegeneinander ausgespielt werden dürfen. Andererseits werden biblische Einzeltexte durch die Predigt aus ihrem Kontext befreit und im Geschehen des Gottesdienstes in eine neue Situation versetzt, wo sie neue selbständige Wirkungsmöglichkeiten entfalten können. Zugleich weitet die Predigt die ursprüngliche Reichweite des Textes aus und kann im besten Fall gegenwärtige Dimensionen eines sachlichen Textverstehens eröffnen. Dies setzt allerdings voraus, daß die Autonomie des Textes vom Prediger geachtet wird, statt daß dieser den Text als Vehikel seiner unreflektierten Subjektivität mißbraucht.

2.4 Kirche und Kanon

Wie die Funktion der Bibel als Heilige Schrift läßt sich auch die Idee des Kanons vom Gottesdienst aus verständlich machen. Nicht nur der komplexe Prozeß der Kanonisierung der einzelnen biblischen Bücher, der hier nicht im einzelnen nachgezeichnet werden kann,[43] sondern auch die Idee des Kanons als einem Gesamtwerk ist das Resultat gläubiger Rezeption und Applikation. Dabei ist zwischen der äußeren und der

42 O. Wischmeyer, Thesen, S. 74.

43 Siehe dazu W. Künneth, Art. Kanon. Zum theologischen Problem des Kanons und seiner Relevanz für die Exegese siehe Jahrbuch für Biblische Theologie 3 (Zum theologischen Problem des Kanons).

inneren Einheit des Kanons zu unterscheiden. Das Wort „Kanon“ bedeutet soviel wie „Regel“ oder „Richtschnur“. Zunächst einmal läßt sich feststellen, daß schon der Aufbau des Kanons bzw. seiner beiden Teile – des Alten und des Neuen Testaments – literarisch und theologisch höchst belangvoll ist. Betrachtet man unter diesem Blickwinkel das Alte Testament, so fallen zwischen Umfang und Aufbau des hebräischen Tanach und der jüdischen und vom Christentum übernommenen Septuaginta erhebliche Unterschiede auf.

Nicht nur der Umfang, sondern auch der jeweilige Aufbau des Kanons ist eine Regel für die Lektüre, nämlich eine Leseanleitung und Lesestrategie, die bei der Lektüre der einzelnen Bücher und ihrer Texte beachtet werden soll. Allerdings zeigt die Variationsbreite bei der Abfolge der kanonisierten Bücher, daß nicht nur die Einzelexegese, sondern auch eine gesamtbiblische Lektüre für den einzelnen Leser wie für die Auslegungsgemeinschaft Spielräume läßt.

Eingedenk der Qualität der Bibel als heiliger, nämlich im Gottesdienst zu rezitierender und zu interpretierender Schrift spielt aber auch das jeweilige liturgische Jahr eine wichtige Rolle als Regel für eine kontinuierliche, synchrone Lektüre. Dieser Gesichtspunkt droht bei einer Lektüre der Bibel rein als Literatur unbeachtet zu bleiben. Die Einheit der Schrift wird also im Prozeß der gemeinschaftlichen Lektüre immer wieder neu hergestellt.

Gleichwohl behauptet die reformatorische Tradition, daß der Kanon nicht das Produkt der Kirche, die Kirche also nicht das Subjekt der Kanonbildung ist. Nur unter dieser Prämisse macht das reformatorische Schriftprinzip, das „sola scriptura“, wonach die Heilige Schrift allein Quelle und Norm des Glaubens und jedes kirchliche Auslegungsprivileg zurückzuweisen ist, Sinn. Inwiefern aber ist diese Behauptung unter den Bedingungen des modernen Geschichtsbewußtseins und der historisch-kritischen Forschung plausibel?

Zur Beantwortung dieser Frage werfen wir einen Blick auf die Verhältnisbestimmung von Kanon und Kirche in der Schriftlehre K. Barths. „Gerade an der Schriftlichkeit des Kanons, an seinem Charakter als *scriptura* sacra, hängt“ nach Barth „seine Selbständigkeit und Unabhängigkeit und also die Lebendigkeit der Sukzession."[44] Die Differenz zwischen Schriftlichkeit und Mündlichkeit christlicher Überlieferung habe deshalb theologisches Gewicht, weil die Kirche in der ungeschriebenen Tradition „nicht angeredet, sondern im Gespräch mit sich selbst begriffen" ist[45]. Einzig aufgrund seiner Schriftlichkeit hat der Kanon „den Charakter einer der Kirche unaufhebbar gegenübergestellten Autorität"[46].

Die Schriftlichkeit allein liefert für die Autorität des Kanons freilich keine hinreichende Begründung, gibt es doch die Fülle der schriftlich fixierten kirchlichen Tradition, deren Bekenntnisse und Dogmen ebenfalls Autorität beanspruchen, die – als eine abgeleitete – von Barth ausdrücklich anerkannt und gegen ihre historische Relativierung im Neuprotestantismus verteidigt wird.[47] Denn die Möglichkeit der individuellen Aneignung der Schrift, d. h. aber doch ihrer Wortwerdung, ist nach Barth „geschichtlich bedingt" nicht nur durch die „Freiheit des Einzelnen"[48], sondern auch durch „die Autorität der Kirche"[49] als der dem Individuum vorausgehenden Lese- und Interpretationsgemeinschaft.[50] Die Kanonisierung der biblischen Schriften, d. h. aber die Selektion und Auszeichnung eines Ausschnittes der christlichen Tradition bedarf folglich einer zusätzlichen Begründung.

Was nun das Verhältnis von Schrift und Kirche betrifft, faßt Barth die Kirche noch in seiner Dogmatikvorlesung von 1924 und in der „Christlichen Dogmatik im Entwurf" von 1927 als *Subjekt* der Kanonbildung und seiner Auslegung auf: „mit einem von einem fernen christlichen Geschlecht ausgewählten Kanon habe ich es zu tun."[51] Mehr noch, die Kirche hat den Kanon nicht nur ausgewählt, sondern „hergestellt"[52]! Daß der Kanon dennoch eine nicht von der Kir-

44 K. Barth, Kirchliche Dogmatik I/1, S. 107 (= KD).
45 Ebd.
46 Ebd.
47 K. Barth, Christliche Dogmatik, S. 473ff (§ 21).
48 K. Barth, Unterricht, S. 305 (§ 10).
49 K. Barth, Unterricht, S. 276 (§ 9).
50 Vgl. dazu K. Barth, Christliche Dogmatik, S. 475ff.
51 K. Barth, Unterricht, S. 282.
52 K. Barth, Unterricht, S. 283.

che abzuleitende Autorität besitzt, daß nicht die Kirche die Bibel beglaubigt, sondern umgekehrt die Bibel die Kirche „und damit – in der Tat damit, daß sie die Kirche des Glaubens und Gehorsams schafft – sich selber", führt Barth 1927 darauf zurück, daß es sich bei den biblischen Schriften um das Zeugnis der Apostel und der Propheten handelt, die ein unmittelbares Verhältnis zu Offenbarung hatten, während die Kirche stets nur ein mittelbares Verhältnis zu ihr hat.[53]

Gegen dieses Argument läßt sich freilich einwenden, daß es historischer Kritik insofern nicht standhält, als die biblischen Schriften keineswegs alle von Propheten oder Aposteln geschrieben wurden und die Gemeinde des alttestamentlichen Israel bzw. des ältesten Christentums an ihrer Entstehungs-, Redaktions- und Überlieferungsgeschichte aktiv beteiligt war. Nicht nur der – nach Barth grundsätzlich nicht fixierte – Umfang, sondern auch der Aufbau des Kanons bzw. der beiden Testamente, dessen nicht unerhebliche Variationen theologisches Gewicht haben, sind das Werk der bereits bestehenden Kirche bzw. nachapostolischer Editoren. Wenn Luther und die Reformation die Kirche als creatura verbi divini bzw. creatura Evangelii bestimmt haben, so ist doch das kirchengründende *Wort* – wie Barth selbst darlegt! – nicht mit der *Bibel* gleichzusetzen. Bleibt das Wort selbst der Kirche gegenüber stets autonom, so hat sich doch die *Schriftwerdung* desselben nicht außerhalb der Gemeinde und ohne diese vollzogen. Barths These in der „Christlichen Dogmatik", die *Bibel* schaffe die Kirche, ist sowohl historisch wie systematisch eine Verkürzung und fällt hinter die von Barth selbst vorgenommenen Differenzierungen zurück.

Die genannten Schwierigkeiten versucht Barth in der „Kirchlichen Dogmatik" dadurch zu beseitigen, daß er die Schrift selbst als Subjekt betrachtet, das Macht hat und handelt[54], zugleich den Subjektcharaker der Kirche abschwächt. Nun wird der Kanon nicht länger primär als Ergebnis eines menschlichen Selektionsaktes betrachtet, sondern als autopoietisches Subjekt: „Die Bibel macht sich selbst zum Ka-

53 K. Barth, Christliche Dogmatik, S. 444.
54 Vgl. K. Barth, KD I/2, S. 754.756.

non. Sie ist Kanon, weil sie sich als solcher der Kirche imponiert hat und immer wieder imponiert."[55] Sie imponiert sich[56] der Kirche aber nicht aufgrund ihrer formalen Bestimmung als Zeugnis der Propheten und Apostel, sondern *kraft ihres besonderen Inhalts*, der in dem Namen Jesu Christi zusammengefaßt ist: „Immanuel! Gott mit uns!"[57] Einzig dieser Inhalt begründet den Unterschied der biblischen Schriften von aller sonstigen Literatur und macht sie zur *heiligen* Schrift. Die Autorität *der Kirche*, von der noch die „Christliche Dogmatik" sprach, wird abgeschwächt zur Autorität *unter dem Wort*,[58] und der Kanon wird von der Kirche nicht *her*gestellt, sondern lediglich in Form eines Bekenntnisaktes *fest*gestellt.[59]

Auch hinsichtlich der Rolle des Lesers lassen sich von 1924 bis zur „Kirchlichen Dogmatik" gedankliche Verschiebungen beobachten. Barth behandelt die Produktivität des Lesers bei der Aneignung oder Applikation biblischer Texte unter dem Begriff der Freiheit, die in der „Christlichen Dogmatik" 1927 als „Freiheit des Gewissens" näher bestimmt wird. Ausführlich beschreibt Barth jene „Faktoren, die das Hören des Wortes zu meiner selbständigen, verantwortlichen Tat machen, bei der ich mir letztlich von keinem Menschen dreinreden lassen kann"[60]. Das eigenständige und aneignende Bibellesen bedeutet ein Nachdenken, Mitdenken und Selberdenken und ist eine *Kunst.*[61] Barth betont die Subjektivität nicht nur der individuellen Bibellektüre, sondern auch jeder historisch-kritischen Exegese. Die Annahme, es könne eine von erkenntnistheoretischen oder philosophischen Voraussetzungen bzw. eine von der Auslegungsgeschichte freie Lektüre geben, entlarvt Barth als Illusion.

55 KD I/1, S. 110.
56 W. Krötke vermutet, wie er mir mündlich mitgeteilt hat, daß Barths ungewöhnliche Wendung „sich imponieren" durch eine Bemerkung Goethes über Rom in seiner „Italienischen Reise" beeinflußt ist.
57 KD I/1, S. 110.
58 KD I/2, S. 652ff.
59 Vgl. KD I/2, S. 666ff.
60 K. Barth, Unterricht, S. 305 (§ 10; im Original kursiv).
61 K. Barth, Unterricht, S. 309ff; ders., Christliche Dogmatik, S. 511ff.

Auch die Reformatoren brachten solche Voraussetzungen in den Akt des Lesens mit.[62] Zustimmend zitiert Barth den Vers, den der Basler Theologe Samuel Werenfels auf die Bibel gemacht hat: „Hic liber est, in quo quaerit dogmata quisque,/ Invenit et pariter dogmata quisque sua."[63] Und Barth schreckt nicht vor der Behauptung zurück, jede Exegese, auch die historisch-kritische, müsse dem Text eine zweite Bedeutung unterlegen, die er von sich aus nicht besitze. „In diesem Sinne treiben wir alle allegorische Exegese."[64]

Nach Barth ist die Autonomie des Bibellesers freilich begrenzt. Das Verstehen und die Aneignung der biblischen Texte hängt ganz vom Wirken des göttlichen Geistes ab. Der Hinweis auf den Leser und seine Subjektivität ist, wie Barth schon in der „Christlichen Dogmatik" betont, lediglich auf die genetische, nicht auf die prinzipielle Wirklichkeit der Offenbarungsvermittlung zu beziehen.[65] Dieser Gesichtspunkt wird in der „Kirchlichen Dogmatik" stärker akzentuiert. So wird, wie schon im Fall der Kirche, auch im Fall des einzelnen Hörers bzw. Lesers der Subjekt- und Tatcharakter zugunsten desjenigen der Schrift abgeschwächt. Wo Barth früher von der Freiheit des Gewissens sprach, redet er nun, um Mißverständnisse zu vermeiden, von der „Freiheit unter dem Wort".[66] Dementsprechend betont Barth, „daß wir die Bibel zu verstehen von uns aus gar nicht in der Lage sind. Es kann nur darum gehen, daß die Bibel sich uns zu verstehen *gibt*, daß wir die Bibel als Gottes Wort zu hören *bekommen*"[67]. Der früher von Barth ganz unbefangen gebrauchte Begriff der Aneignung ist vor dem Mißverständnis zu schützen, als werde durch ihn die Alleinwirksamkeit der Gnade Gottes in Frage gestellt. Nun betont Barth, daß es keine *Aneignung*

62 Barth hält nicht nur Calvin, sondern auch Luther für Platoniker, wenngleich den einen für einen Alt-, den anderen für einen Neuplatoniker. Siehe K. Barth, Christliche Dogmatik, S. 523; ders., KD I/2, S. 817.

63 K. Barth, Christliche Dogmatik, S. 524.

64 K. Barth, Christliche Dogmatik, S. 525.

65 K. Barth, Christliche Dogmatik, S. 511.

66 KD I/2, S. 780.

67 KD I/1, S. 119.

ohne vorhergehende *Zueignung* gibt, die wiederum nur als Ereignis der Gnade faßbar ist. Unbeschadet der Subjektivität des beteiligten Lesers hat die Aneignung der Schrift den Charakter eines Geschenkes, nicht eines Werkes.[68] Die damit angesprochene Inspiration der Hörerinnen, Hörer, Leserinnen und Leser bzw. deren subjektive Freiheit im Akt des Lesens hat folglich den Charakter „einer Befreiung dieser Menschen" und bedeutet ihre „Begabung mit einer Möglichkeit, die sie zuvor nicht hatten und die sie aus sich selbst nicht haben könnten"[69].

Die aus der „Christlichen Dogmatik" übernommenen Passagen zum Problem der Aneignung werden nun mit einer anderen Tendenz versehen. Zwar übernimmt Barth das Werenfels-Zitat, jedoch nicht mehr zustimmend, sondern mit der gegenteiligen Bemerkung, daß zu derartigem Skeptizismus kein Anlaß bestehe.[70] Wahr sei der Spruch lediglich als „fatale(s) Naturgesetz" aller Bibelauslegung, neben dem es freilich „ein ganz anderes, ein *Geistgesetz* der Bibelauslegung" gebe.[71] Zwar sei die Schrift „dem Verständnis und Mißverständnis der Welt ausgesetzt, aber darum *nicht ausgeliefert*. Die Schrift ist in der Hand, sie ist aber *nicht in der Macht* der Kirche."[72]

In der Auseinandersetzung mit postmodernen Texttheorien und Versuchen, diese auf die Bibel zu übertragen, sollten Barths kritische Hinweise zur relativen Autonomie des Lesers ernsthaft bedacht werden. Sofern man U. Ecos Begriff der *intentio operis* für triftig hält, läßt sich Barths Position, die er in der „Kirchlichen Dogmatik" einnimmt, starkmachen. Kritisch bleibt aber anzumerken, daß Barth nun zugunsten der Betonung der Alleinwirksamkeit der Gnade die 1924 bzw. 1927 klar erkannte Aktivität des Lesers im Akt der aneignenden Lektüre, d. h. aber seine produktive Mitwirkung beim Zustandekommen von Sinn tendenziell ver-

68 Vgl. KD I/2, S. 784ff.
69 KD I/2, S. 781.
70 KD I/2, S. 764.
71 Ebd.
72 Ebd.

schleiert. Neuere systematisch-theologische Entwürfe versuchen demgegenüber, leserorientierte bzw. rezeptionsästhetische Texttheorien für die Lehre von der Heiligen Schrift theologisch fruchtbar zu machen.[73]

Man wird sogar noch einen Schritt weiter gehen und sagen können, daß schon der biblische Kanon eine literarische Montage ist. Indem die alttestamentlichen und die neutestamentlichen Schriften aus einer umfangreicheren religiösen Literatur ausgesondert und – in verschiedenen Varianten – zu einem Kanon komponiert wurden, entstand ein neuer Makrotext, in welchem der einzelne Leser und die Interpretationsgemeinschaft, der er angehört, immer neue Sinnbezüge entdecken können und sollen. Als Regel oder Richtschnur, wie das griechische Wort zu übersetzen ist, ist der Kanon nicht nur ein Leitfaden des Glaubens, sondern eine Anweisung zum permanenten Lesen, die Einladung zu einer literarischen Entdeckungsreise. „Die Schrift" ist aber nicht etwa nur das Resultat individueller Leseakte, sondern die Frucht einer gemeinschaftlichen Lesetradition frühchristlicher und altkirchlicher Gemeinden. Zugleich ist sie eine Anleitung zu fortgesetzter gemeinschaftlicher, synchroner Lektüre der in ihr zusammengestellten Texte. Die Einheit der Schrift läßt sich also weder formal im Sinn einer Kanonsliste – von denen es bis heute mehrere gibt – noch durch die lehramtliche Dogmatisierung eines Sinnbestandes bestimmen. Sie entsteht vielmehr immer wieder neu durch fortgesetzte Lektüre.

Die entscheidende Frage lautet nun aber, ob der Kanon lediglich formal kohärent oder auch inhaltlich kohärent ist, und wenn ja, ob seine inhaltliche Kohärenz lediglich durch seine Leser im Akt der Lektüre erzeugt wird, oder ob diese einer inhaltlichen Anweisung der kanonisierten Schriften folgt. Wenn es einen einheitsstiftenden Bezugspunkt aller bi-

73 Im deutschsprachigen Raum siehe v. a. O. Bayer, Autorität und Kritik; K. Huizing, Homo legens; ders., Ästhetische Theologie, Bd. I; K. Huizing/U. Körtner/P. Müller, Lesen und Leben; U. Körtner, Der inspirierte Leser; ders., Theologie des Wortes Gottes, passim; H. Timm, Sage und Schreibe.

blischen Schriften gibt, so ist es Gott, der Gott Israels und Vater Jesu Christi, von dem in diesen Büchern auf vielfältige Weise geredet und dessen Reden in ihnen bezeugt wird. Gott ist, wie P. Ricœur zu bedenken gibt, zugleich das Maß und der Grund für die Unvollkommenheit aller verschiedenartigen Gottesrede in der Bibel. „Das Wort Gott zu verstehen heißt, dem Richtungspfeil seines Sinnes zu folgen. Unter dem Richtungspfeil seines Sinnes verstehe ich seine zweifache Fähigkeit, alle aus den Einzelreden hervorgegangenen Bedeutungen zu vereinen und einen Horizont zu eröffnen, der sich dem Abschluß der Rede entzieht."[74]

Das Wort „Gott" erfährt aber in der christlichen Bibel seine letztgültige Bestimmung erst dadurch, daß es zum Namen Jesu Christi in Beziehung gesetzt wird. Im Neuen Testament interpretieren sich das Wort „Gott" und der Name Christi wechselseitig. Gott ist der Vater Jesu Christi. Der Vater Jesu Christi aber ist der Gott Israels, den die Schriften des Alten Testamentes bezeugen. Der christliche Kanon versetzt die Schriften des Alten und des Neuen Testamentes in einen hermeneutischen Zirkel, in welchem sich diese wechselseitig interpretieren. Erst in diesem von Altem und Neuem Testament gebildeten hermeneutischen Zirkel erschließt sich also nach christlicher Auffassung der Sinn des Wortes „Gott" bzw. des christlichen Bekenntnisses, daß der Gott Israels der Vater Jesu Christi und als solcher als Geist gegenwärtig ist. Implizit hat der christliche Kanon demnach eine trinitarische Struktur.

Das Wort „Christus" bzw. die Wortverbindung von „Gott" und „Christus" verstehen, heißt dem Richtungspfeil ihres Sinnes zu folgen. Dieser Pfeil aber schießt, um bei der Metapher zu bleiben, über den Wortlaut jedes biblischen Einzeltextes hinaus. „Hermeneutik" – so O. Marquard – „ist die Kunst, aus einem Text herauszukriegen, was nicht drinsteht."[75] Wie bei allen Texten, so ist auch an einem biblischen Text wichtig nicht allein das Gesagte oder Geschriebene, sondern auch das Ungesagte und Ungeschriebene, die Leerstellen zwischen den

74 P. Ricœur, S. 42.
75 O. Marquard, Frage, S. 117.

Wörtern und Zeilen.[76] Auch die neutestamentlichen Aussagen über Christus weisen über sich hinaus, nicht nur zurück zu den Texten des Alten Testaments, sondern auch über die Grenzen des Kanons hinaus, zumal dieser in mehreren Versionen vorliegt und an den Rändern offen ist. Die Wirklichkeit, die mit dem Wort „Christus" im Neuen Testament in ganz unterschiedlichen Wortverbindungen bezeichnet wird, nämlich das Vonwoher gläubiger Existenz in der Gemeinschaft der Glaubenden, findet sich nicht in den Texten selbst, sondern ist zwischen den Zeilen je und je neu, im Ereignis des Lesens und Verstehens, zu entdecken.

2.5 Die Kirche als Auslegungsgemeinschaft

Wie Barth schrieb, ist die Schrift in der Hand, nicht aber in der Macht der Kirche.[77] Im Unterschied zu Barth kann man darin sehr wohl ein Ausgeliefert- und nicht nur ein Ausgesetztsein erkennen. Die Schriftwerdung des Wortes läßt sich inkarnationstheologisch so deuten, daß sich Gott selbst dem Konflikt der Interpretationen ausgeliefert hat. Der evangelische Neutestamentler E. Käsemann hat die These vertreten, der neutestamentliche Kanon begründe nicht die Einheit der Kirche, sondern die Vielfalt der Konfessionen.[78] Zwar kann man einwenden, daß diese These ein schiefe Alternative aufstellt. W. Härle modifiziert sie dahingehend, daß der Kanon „als solcher in der Vielzahl der Konfessionen bzw. kirchlichen Richtungen die Einheit der Kirche (sing!) bewahrt"[79]. Gleichwohl hat Käsemann richtig gesehen, daß Pluralität im Christentum nicht erst eine Folge von Spaltungen, sondern schon für das älteste Christentum charakteristisch war. Der neutestamentliche Kanon aber repräsentiert diese Pluralität, die zur geglaubten Einheit der Kirche theologisch in ein angemessenes Verhältnis zu setzen ist.

76 Vgl. U. Eco, Lector in fabula, S. 61ff.
77 K. Barth, KD I/2, S. 764.
78 E. Käsemann, Kanon.
79 W. Härle, Dogmatik, S. 134.

Schriftauslegung geschieht nicht nur unvermeidlich plural, sondern ist auch niemals voraussetzungslos, hat sie doch ihren Ort in der Kirche bzw. den einzelnen Konfessionen als Auslegungsgemeinschaften.[80] Insoweit leuchtet das Postulat einer kirchlichen Hermeneutik ein, welches heute als „Hermeneutik des Einverständnisses“ (P. Stuhlmacher)[81] diskutiert wird. Einverständnis mit dem biblischen Text kann freilich bestenfalls das Resultat des Verstehensvorgangs, keinesfalls die Prämisse sein. Folglich kann es nach evangelischem Verständnis auch kein kirchliches bzw. lehramtliches Auslegungsprivileg geben, das die Pluralität des prinzipiell unabschließbaren Auslegungsprozesses steuern und domestizieren soll. Zudem existiert die Kirche geschichtlich nur in der Pluralität der Konfessionen, so daß auch die Idee einer kirchlichen Hermeneutik das Pluralitätsproblem nicht entschärfen kann.

Der biblische Kanon ist wie das reformatorische Schriftprinzip „in entscheidender Hinsicht nicht ein Textabgrenzungsprinzip, sondern ein hermeneutisches Prinzip“[82]. Überhaupt ist nach Luther streng genommen nicht die Schrift als solche, sondern die Klarheit der Schrift das „principium“ aller Theologie.[83] Erst die protestantische Theologie des 19. Jahrhunderts hat das reformatorische Schriftprinzip zu einem Formalprinzip verkürzt und ihm die Rechtfertigungslehre als Materialprinzip des Protestantismus zur Seite gestellt. Es ist die von Luther vorausgesetzte äußere, die Sprache und den Sinn betreffende, wie die innere, die Bedeutung betreffende, Klarheit der Schrift, welche seine These, die Schrift sei ihr eigener Interpret, überhaupt erst plausibel macht. In diesem Sinne besagt das reformatorische Schriftprinzip, daß keinem kirchlichen Lehramt, sondern der Theologie selbst die Aufgabe zufällt, „die Schrift daraufhin zu befragen und auszulegen, was als Glaubensartikel zu gelten

80 Zum Begriff der Auslegungs- bzw. Interpretationsgemeinschaft siehe S. Fish, Is There a Text in This Class?

81 P. Stuhlmacher, Vom Verstehen des Neuen Testaments, bes. S. 205ff.

82 G. Ebeling, Dogmatik I, S. 34.

83 WA 7,97,26ff; 7,317. Vgl. auch B. Rothen, Klarheit.

hat. Indem die Vorschaltung des kirchlichen Lehramts entfällt, ist die Theologie der Wucht des hermeneutischen Problems ausgesetzt, wie der Schrift Glaubensartikel zu entnehmen sind."[84]

Hinter diese Einsicht darf die Theologie nach evangelischer Überzeugung nicht zurückfallen. Zu kritisieren ist daher auch das Konzept einer ökumenischen „Hermeneutik der Einheit", wie es in dem Faith-and-Order-Dokument „A Treasure in Earthen Vessels" vertreten wird.[85] Dieses basiert nämlich auf der aus evangelischer Sicht höchst fragwürdigen Idee einer sichtbaren Einheit der Kirche, das weder historisch-genetisch, noch systematisch-theologisch der konstitutiven Pluralität des Christentums wie aller Verstehensprozesse gerecht wird.

Nach reformatorischer Tradition ist die Kirche, konkret die gottesdienstliche Gemeinde, nicht das Subjekt, sondern das Objekt der Auslegung. Eben in diesem Sinne ist sie creatura verbi. Das evangelische Verständnis von der Kirche als Geschöpf des Evangeliums bringt die Erfahrung zum Ausdruck, daß das menschliche Bemühen um die Auslegung der Schrift in die pneumatologische Erfahrung umschlägt, umgekehrt vom Text der Schrift ausgelegt zu werden. Entsprechend ist die klassische Inspirationslehre vom Akt der Textproduktion auf den Akt des Lesens zu übertragen: Der „implizite Leser"[86] biblischer Texte ist ein solcher, der vom Geist Gottes im Akt des Lesens inspiriert wird und zu einem neuen Verständnis seiner selbst gelangt.[87]

Unbeschadet aller Annäherungen im ökumenischen Gespräch besteht an dieser Stelle weiterhin ein theoretischer Gegensatz zwischen protestantischer und römisch-katholischer Schriftauslegung. Nach katholischer Tradition ist nämlich die Heilige Schrift „eher ins Herz der Kirche als auf Pergament geschrieben"[88]. Die Schrift ist daher „in der lebendigen Über-

84 G. Ebeling, Dogmatik I, S. 31.
85 S. o. Anm. 13.
86 W. Iser, Der implizite Leser.
87 Vgl. U. Körtner, Der inspirierte Leser, S. 59ff.108ff.
88 Katechismus der Katholischen Kirche, Nr. 113.

lieferung der Gesamtkirche zu lesen"[89], was nichts anderes bedeutet, als daß alles, was die Art der Schrifterklärung betrifft, „letztlich dem Urteil der Kirche" untersteht[90]. Die wissenschaftliche Exegese hat sich also nach wie vor dem kirchlichen Lehramt unterzuordnen. Dagegen besagt nach evangelischer Auffassung das Faktum, daß in der Kirche die Bibel gelesen wird, daß zwischen dem göttlichen Wort und jeder menschlichen Interpretation desselben zu unterscheiden ist.[91] Das Einverständnis mit den biblischen Texten kann daher auch nicht zur Prämisse der Schriftauslegung erklärt werden, sondern realisiert sich je und je neu im Akt des Lesens als Überwindung der vorgängigen „Sünde im Verstehen"[92]. Erschwert wird das Verstehen der biblischen Texte nämlich keineswegs in erster Linie durch ihren historischen Abstand, sondern durch den Widerspruch in der Sache, den der ungläubige Mensch gegen die biblische Sicht der menschlichen Existenz vor Gott einlegt.[93]

Wie jede Einzelauslegung sind freilich auch die Konfessionen als Gesamtinterpretationen der biblischen Schriften[94] stets nur eine endliche Realisierung des biblischen Sinnpotentials. Dementsprechend ist heute eine ökumenische Hermeneutik zu entwickeln, welche sich nicht in der Aufgabe einer interkonfessionellen historisch-kritischen Bibelexegese erschöpft, sondern auf eine ökumenische Theologie zielt, die sich als dialogischer Versuch einer „konsequenten Exegese" (E. Jüngel)[95] versteht.

89 Ebd.
90 II. Vaticanum, Dei Verbum 12,3.
91 Vgl. K. Barth, KD I/1, S. 280.
92 H. Weder, Neutestamentliche Hermeneutik, S. 83ff.
93 Siehe dazu ausführlich U. Körtner, Der inspirierte Leser, S. 44ff.
94 Zum Verständnis der Konfessionen als Makrointerpretationen der christlichen Botschaft vgl. C. H. Ratschow, Art. Konfession/Konfessionalität, S. 424.
95 Diese treffende Wendung hat Jüngel auf die Theologie R. Bultmanns gemünzt. Vgl. E. Jüngel, Glauben und Verstehen, S. 22.

3 Offene Fragen einer ökumenischen Hermeneutik der Verschiedenheit

Zur Diskussion über eine Hermeneutik der Symbole, Riten und Bräuche[1]

3.1 A Treasure in Earthen Vessels

1998 veröffentlichte die Ständige Kommission Faith and Order ihren Entwurf einer ökumenischen Hermeneutik mit dem Titel „A Treasure in Earthen Vessels".[2] Dieses Dokument versucht, die bisherige Diskussion über die Fragestellungen und das Ziel einer ökumenischen Hermeneutik zu bündeln und Perspektiven für die weitere Arbeit am Thema aufzuzeigen. Dazu gehört das Desiderat einer Hermeneutik der Symbole, Riten und Bräuche, welche im Unterschied zu den bisherigen Konzeptionen ökumenischer Hermeneutik nicht ausschließlich textorientiert ist. Was darunter genau zu verstehen ist, wird in dem genannten Dokument jedoch nicht näher ausgeführt. Der vorliegende Beitrag stellt dazu eine Reihe von Fragen und formuliert einige Einsichten der literarischen Hermeneutik und der Rezeptionsästhetik, der Semiotik und der Sprachspieltheorie Wittgensteins, die für die weitere Diskussion über ökumenische Hermeneutik hilfreich sein könnten.

Ähnlich wie beim Begriff einer ökumenischen Theologie ist auch in der Diskussion über ökumenische Hermeneutik

1 Überarbeitete Fassung meines Vortrags „Towards an ecumencial hermeneutics of diversity. Some remarks on the hermeneutical challenges of the ecumenical movement" bei der Konsultation von Faith and Order „How the Divine Presence. God's presence is reflected in Symbols, Rites, Practices", Wien, 20.–26. April 2004.

2 A Treasure in Earthen Vessels. An Instrument for an Ecumenical Reflection on Hermeneutics. Deutsche Übersetzung: D. Heller (Hg.), Ein Schatz in zerbrechlichen Gefäßen.

zunächst unklar, was das Wort „ökumenisch" in diesem Kontext eigentlich genau bedeuten soll. Was also ist das Ökumenische an einer ökumenischen Hermeneutik? Das Dokument „A Treasure in Earthen Vessels" erklärt, ökumenische Hermeneutik sei eine „Hermeneutik für die Einheit der Kirche" („a hermeneutics for [!] the unity of the Church"; [§ 5]). Was darunter zu verstehen ist, erläutert der Text wie folgt: „Eine Hermeneutik für die Einheit sollte auf eine größere Kohärenz in der Interpretation des Glaubens und in der Gemeinschaft aller Gläubigen hinzielen, deren Stimmen sich im gemeinsamen Lobpreis Gottes vereinen; eine gegenseitig anerkennbare (Wieder-)Aneignung der Quellen des christlichen Glaubens ermöglichen und Möglichkeiten gemeinsamen Bekennens und Betens im Geist und in der Wahrheit vorbereiten" (§ 6). Allgemein gesprochen versucht eine Hermeneutik für die Einheit der Kirche, „die wesentliche Einheit des christlichen Glaubens und der christlichen Gemeinschaft zu bekunden" (ebd.).

Nun steht am Anfang der ökumenischen Bewegung freilich nicht die Erfahrung von Einheit, sondern die Erfahrung von Differenz. Einheit, *sichtbare* Einheit oder gar *volle* Einheit (full *koinonia*, § 61 u. 68) sowie die „volle Verwirklichung des gemeinsamen Lebens in Christus" (§ 45) sind das Ziel, dem sich die ökumenische Bewegung verschrieben hat, nicht aber der Ausgangspunkt. Das Dokument „A Treasure in Earthen Vessels" versteht ökumenische Hermeneutik als Instrument, um diesem Ziel näher zu kommen.

Gegenüber der klassischen Lehr- und Konsensökumene bemüht sich das Dokument allerdings, die Erfahrung von Differenz und Diversität stärker zu reflektieren. Dieses Bemühen kommt bereits im Titel des Dokuments zum Ausdruck, der 2Kor 4,7 zitiert. Die Einleitung spricht von den „Zweideutigkeiten der menschlichen Geschichte" und den „Herausforderungen des täglichen christlichen Lebens" (§ 2). Das wird wie folgt erläutert: „Daher ist der Glaube auch auf menschliche Ausdruck- und Interpretations-, Dialog- und Kommunikationsformen angewiesen, die alle zerbrechliche und allzu oft bruchstückhafte Darstellungen des offenbarten Geheimnisses sind und dieses nie vollständig erfassen können" (ebd.). Die Kirche selbst wird als „hermeneutische Gemeinschaft" charakterisiert (§ 7), d. h. als Auslegungs- und Interpretationsgemeinschaft, die sich beständig um das Verstehen der überlieferten Texte, Symbole und Praxen bemüht.

Neben den Begriff der Einheit (unity) tritt der Begriff der Kohärenz (coherence). Ökumenische Hermeneutik, so das Dokument, sei „eine Hermeneutik der Kohärenz" (§ 6), „die die positive Komplementarität der Traditionen aufzeigt" (§ 28). Offenbar dient der Kohärenzbegriff dazu, die Erfahrung von Differenz und Diversität in das traditionelle Konzept der sichtbaren Einheit der Kirchen zu integrieren. Eine ökumenische Hermeneutik soll aber nicht nur eine integrative, sondern auch eine kritische Funktion ausüben. Das Dokument übernimmt daher die Idee einer „Hermeneutik des Verdachts" (§ 6), die wiederum durch eine „Hermeneutik des Vertrauens" kontrastiert wird: „Dem anderen zuzuhören, heisst nicht notwendigerweise, zu übernehmen, was die anderen Kirchen sagen, aber mit der Möglichkeit zu rechnen, dass der Heilige Geist in und durch die anderen spricht. Dies könnte als ‚*Hermeneutik des Vertrauens*' bezeichnet werden. Eine Hermeneutik für die Einheit sollte zu einer ökumenischen Methode führen, durch die Christen aus verschiedenen Kulturen und Kontexten wie aus verschiedenen Konfessionen lernen, einander mit Respekt zu begegnen und offen zu sein für eine *metanoia*, die einen wahren ‚Gesinnungs-' und Herzenswandel darstellt" (§ 8). Die „Hermeneutik des Vertrauens" ist dem Ziel der sichtbaren Einheit verpflichtet: „Hermeneutik im Dienst der Einheit muß auch mit der Annahme arbeiten, dass jeder und jede von denen, die die christliche Tradition unterschiedlich auslegen, die ‚rechte Absicht des Glaubens' hat" (§ 30).[3]

Ich möchte hinzufügen: Das Vertrauen, welches überhaupt erst zum ökumenischen Dialog und seiner Fortsetzung motiviert, gründet im Glauben an den dreieinigen Gott und sein Handeln in der Geschichte der Kirche und der Menschheit. Wo solches Vertrauen entsteht, muß es als Wirken des

3 Der Text spielt auf das Lima-Dokument, A 52, an.

Heiligen Geistes verstanden werden, wie überhaupt das Verstehen im Glauben pneumatologisch begründet ist. Martin Luther hat es in seinem Kleinen Katechismus, der zu den Bekenntnisschriften des Luthertums gehört, in seiner Auslegung des dritten Artikels des Apostolicums folgendermaßen ausgedrückt: „Ich glaube, daß ich nicht aus eigener Vernunft noch Kraft an Jesus Christus, meinen Herrn, glauben oder zu ihm kommen kann; sondern der Heilige Geist hat mich durch das Evangelium berufen, mit seinen Gaben erleuchtet, im rechten Glauben geheiligt und erhalten; gleichwie er die ganze Christenheit auf Erden beruft, sammelt, erleuchtet, heiligt und bei Jesus Christus erhält im rechten, einigen Glauben"[4]. Gerade darin unterscheidet sich eine *theologische* Hermeneutik von aller sonstigen Hermeneutik, daß sie das Verstehen als Wirkung des Heiligen Geistes deutet.

Hieraus ergibt sich eine wichtige Frage für die weitere Arbeit am Projekt einer ökumenischen Hermeneutik: Welche Rolle spielt die Pneumatologie in der hermeneutischen Debatte? Welches Verhältnis besteht zwischen Hermeneutik und Spiritualität?

Das Dokument „A Treasure in Earthen Vessels" führt dazu aus: „Ökumenische Hermeneutik ist nicht ein menschliches Unternehmen, das ohne Hilfe dasteht. Es handelt sich um eine kirchliche Handlung, die vom Geist geleitet wird, und deshalb sollte sie in einer Atmosphäre des Gebets stattfinden" (§ 32). Doch wie verhält sich das Wirken des göttlichen Geistes, das sich jeder menschlichen Verfügungsgewalt entzieht, zur hermeneutischen, und das heißt auch methodisch kontrollierten Arbeit als einem menschlichen Bemühen? Welche Einstellung haben die verschiedenen Konfessionen und Traditionen zur alten Tradition einer geistlichen Exegese? Und wie ist das hermeneutische Potential der charismatischen Bewegung und der vielen charismatischen Kirchen zu bewerten? Bestehen hier Gesprächsmöglichkeiten? Oder herrscht zwischen charismatischem Christentum und moderner theologischer Hermeneutik ein massiver Konflikt? Welche Kriterien gibt es für das Wirken des Heiligen

4 BSLK 511,46–512,8 (sprachlich modernisiert).

Geistes? Wie beurteilen Mitgliedskirchen des Ökumenischen Rates, daß z. B. eine charismatische Kirche wie die afrikanische Church of the Lord (Aladura) unter Berufung auf eine Offenbarung, die ihrem Kirchengründer und Propheten Dr. Josiah Olunowo Ositelu zuteil geworden sei, einen Reinigungsritus praktiziert, der in ihrer Liturgie und Frömmigkeit eine zentrale Stellung einnimmt, in anderen Kirchen jedoch völlig unbekannt ist?

3.2 Was ist Hermeneutik?

Das Dokument „A Treasure in Earthen Vessels" ist z. T. scharf kritisiert worden. Der lutherische Theologe I. U. Dalferth würdigt zwar das Bemühen, „von einer vorneuzeitlichen Lehr-Ökumene zur einer neuzeitlichen Methoden-Ökumene" vorzustoßen.[5] Er kritisiert aber, daß das Dokument an der seiner Ansicht nach falschen Idee der sichtbaren Einheit der Kirchen festhalte. Solange die ökumenische Bewegung die „ekklesiozentrische[] Perspektive einer sichtbaren Lehr-, Amts- und Kircheneinheit" nicht aufgebe, könne man nicht davon sprechen, „daß die Ökumene damit in der Moderne angekommen ist"[6].

Dalferths Kritik führt uns zu der grundlegenden Frage, was in der ökumenischen Bewegung eigentlich unter Hermeneutik verstanden wird. Im Vordergrund des Dokuments „A Treasure in Earthen Vessels" steht die Frage, was das Wort „ökumenisch" im Begriff einer ökumenischen Hermeneutik bedeutet. Das Dokument beantwortet diese Frage mit dem Konzept einer „Hermeneutik für die Einheit", die in gleicher Weise eine Hermeneutik der Kohärenz, eine Hermeneutik des Verdachts und eine Hermeneutik des Vertrauens sei.

5 I. U. Dalferth, Weg der Ökumene, S. 257.

6 Ebd. – Anders dagegen U. Kühn, Zum evangelisch-katholischen Dialog, S. 17f, der meint, daß eine ökumenische Hermeneutik nicht eo ipso auf eine sichtbar verfaßte Einheit der Kirchen zielt. Daher sei ihr auch nicht unbedingt der Vorwurf zu machen, die Hermeneutik in jedem Fall kirchenpolitisch zu instrumentalisieren.

Ökumenische Hermeneutik, wie sie das Dokument „A Treasure in Earthen Vessels“ versteht, beschränkt sich nicht auf die Interpretation von Texten, sondern schließt „Symbole und Riten, Geschichten und Bräuche“ ein (§ 2). Sie wird verstanden als „ein dynamischer Prozess, der sich nicht nur mit geschriebenen Texten befaßt, sondern auch mit mündlicher Überlieferung. Ausser durch textuelle und mündliche Tradition wird Sinn auch durch nicht-verbale Symbole übermittelt: christliche Kunst und Musik, liturgische Gesten oder Farben, Ikonen, das Schaffen und der Gebrauch von geheiligtem Raum und Zeit, christliche Symbole oder Zeichen sind wichtige Aspekte der Art und Weise, wie die verschiedenen Dialogpartner ihren Glauben verstehen und kommunizieren“ (§ 35). Der Gegenstand von Hermeneutik wird also über das Verstehen von Texten hinaus erheblich erweitert.

Allerdings fällt auf, daß der Begriff „Hermeneutik“ im gesamten Dokument nicht wirklich präzisiert wird. Vage erfährt man, daß sich in letzter Zeit „die Definitionen von Hermeneutik in Philosophie und Theologie vervielfacht“ haben, „und die Bedeutung des Begriffs geht inzwischen über die Aufstellung von Auslegungsprinzipien für die Interpretation der Heiligen Schrift hinaus“ (§ 5). Weiter heißt es in § 5 lediglich: „Im vorliegenden Text soll der Begriff ‚Hermeneutik‘ sowohl *die Kunst der Interpretation und Anwendung* [application] *von Texten, Symbolen und Bräuchen in der Gegenwart und in der Vergangenheit als auch die Theorie über die Methoden einer solchen Interpretation und Anwendung* beinhalten.“ Eine Fußnote verweist nicht etwa auf einschlägige Konzeptionen heutiger Hermeneutik, sondern zitiert lediglich einige neuere Lexika zur Philosophie. Eine eigene Definition von Hermeneutik gibt das Dokument aber nicht. Das ist ein grundlegender Mangel, der auch die weitere Arbeit am Thema erschwert. Ohne eine klare Theorie der Hermeneutik und ihrer Methoden lassen sich im ökumenischen Dialog keine Fortschritte erzielen.

Das Dokument „A Treasure in Earthen Vessels“ legt großen Wert auf die Rolle von Erfahrung gegenüber jeder bloßen Theorie. Die Kirche wird als „eine hermeneutische Gemeinschaft“ charakterisiert, in der Hermeneutik nicht nur die Angelegenheit von Spezialisten ist. „Ökumenische Hermeneutik im Streben nach sichtbarer Einheit der Kirche ist zuerst und vor allem die Arbeit des ganzen Volkes, das sich in Glaubensgemeinschaften in verschiedenen Kontexten versammelt. Gläubige, Pfarrer, Theologen und biblische Exegeten haben alle ihre jeweils spezifischen Gaben in die hermeneutische Aufgabe einzubringen. Diese Gaben werden am angemessensten zusammengetragen und ausgeübt in den verschiedenen Zusammenhängen, in denen die Kirche ihre Arbeit als hermeneutische Gemeinschaft durchführt" (§ 50).

Es muß aber klar gesagt werden, daß Hermeneutik als Kunstlehre (F. Schleiermacher) von einfachen Verstehensprozessen unterschieden werden muß. Verstehen ist allerdings nicht nur die Aufgabe von Experten. Es gibt kein Leben ohne Verstehen. „Aber das heißt nicht, daß wir alle ‚hermeneutisch existieren', also permanent in der Arbeit expliziten Interpretierens und aktuell in die Unendlichkeit des hermeneutischen Verstehens von etwas als etwas als etwas ... eingespannt wären"[7]. Das Bedürfnis nach Hermeneutik als einer *Theorie* und *Methodenlehre* des Verstehens entsteht aus der Erfahrung des Nichtverstehens und des Nichtverstandenwerdens.[8] F. Schleiermacher, der Begründer der modernen Hermeneutik, unterscheidet zwischen zwei Auffassungen von der Aufgabe der Hermeneutik: „Die laxere Praxis in der Kunst geht davon aus, daß sich das Verstehen von selbst ergiebt: und drückt das Ziel negativ aus ‚Mißverständnis soll vermieden werden[']."[9] „Die strengere Praxis geht davon aus, daß sich das Mißverstehen von selbst ergiebt und daß Verstehen auf jedem Punkt muß gewollt und gesucht werden."[10]

Genau so läßt sich aber auch die Situation im ökumenischen Dialog beschreiben: Das Verstehen ergibt sich keineswegs von selbst, sondern muß gewollt und gesucht werden,

7 I. U. Dalferth, Weg der Ökumene, S. 247.

8 Zur Relevanz der Kategorie des Unverständnisses für die biblische Hermeneutik siehe U. Körtner, Der inspirierte Leser, S. 44–61.

9 F. Schleiermacher, Hermeneutik, S. 86.

10 Ebd.

wogegen sich das Mißverstehen zwischen den Konfessionen und Traditionen und den ihnen angehörenden Individuen von selbst ergibt. Wie jede Hermeneutik müßte also auch eine ökumenische Hermeneutik eine Theorie des Verstehens und seiner Methoden sein, welche sowohl die Bedingungen für gelingendes Verstehen als auch die Gründe für das Nichtverstehen reflektiert.

Allerdings gilt auch, daß sich das Verstehen im ökumenischen Dialog wie auch sonst im Leben nicht vorschreiben und normieren läßt. Auch kann es nicht als einsinniger Konsens festgeschrieben werden.[11] Das Dokument „A Treasure in Earthen Vessels" spricht diese Problematik an: „Eine praktische Anwendung ökumenischer Hermeneutik findet sowohl bei der Erarbeitung als auch bei der Rezeption ökumenischer Dokumente statt. Es ist jedoch wichtig, den wesentlichen Unterschied zwischen diesen beiden Sphären zu erkennen. Ökumenische Dokumente werden gemeinsam im Kontext aktiver Diskussionen *verfaßt* [*written*], bei denen die Dialogpartner einander im Blick auf die jeweiligen Interpretationen befragen, wobei sie die gegenseitigen Haltungen in Frage stellen und Einsichten entwickeln, die auf Konvergenz hinweisen. Andererseits werden ökumenische Dokumente von Menschen *gelesen*, die in einen Dialog eintreten müssen, ohne an der anfänglichen Diskussion beteiligt gewesen zu sein, und die keine Gelegenheit hatten, ihre eigenen Ansichten mit ihren eigenen Worten darzulegen oder ihre Wahrnehmungen der von anderen zum Ausdruck gebrachten Ansichten zu prüfen. Darüber hinaus kommen ökumenische Dokumente oft in multilateralen Dialogen zustande, während sie normalerweise aus der Sicht einer einzigen Tradition heraus gelesen werden. Deshalb ist es so wichtig, dass diejenigen, die ökumenische Dokumente verfassen, besondere Sorge dafür tragen, sicherzustellen, dass ein sinnvoller Austausch auf allen Ebenen ermöglicht wird, indem in angemessener Weise auf diejenigen Dimensionen der ökumenischen Hermeneutik geachtet wird, die zu genauer Vermittlung und Rezeption führen" (§ 66).

11 Vgl. I. U. Dalferth, Weg der Ökumene, S. 249.

Diese zutreffende Analyse macht freilich die Problematik der These, ökumenische Hermeneutik sei eine „Hermeneutik für die Einheit" offenkundig. Ich stimme I. U. Dalferth zu: Keine Hermeneutik, auch keine theologische, darf mit einem Einheitsprogramm verknüpft und kirchlich verzweckt werden. Sobald dies geschieht, hat jede Hermeneutik ihre kritische Funktion verloren, an der doch auch dem Dokument „A Treasure in Earthen Vessels" liegt. „Hermeneutik – das ist gegenüber allen ökumenischen Verzweckungstendenzen hermeneutischer Reflexion nachdrücklich zu betonen – hat es nur und ausschließlich mit *Verstehen* zu tun."[12] Verstehen aber läßt sich nicht herstellen und regulieren, sondern schließt immer die Freiheit des Andersverstehens ein. Folglich gilt auch für jede ökumenische Hermeneutik, daß es Gemeinsamkeiten allenfalls im *Verständnis*, nicht aber im *Verstehen* von etwas gibt.[13]

Nach Ansicht von „A Treasure in Earthen Vessels" soll eine ökumenische Hermeneutik „Möglichkeiten gemeinsamen Bekennens und Betens im Geist und in der Wahrheit vorbereiten" (§ 6). Doch ist jedes gemeinsame Bekenntnis ebenso wie jeder liturgische Akt wiederum dem unendlichen Prozeß des individuellen Verstehens und Andersverstehens ausgesetzt. Daher muß klar gesagt werden: Wenn die Voraussetzung für das gemeinsame Bekennen und die gemeinsame Feier des Gottesdienstes einschließlich des Abendmahls in multilateralen Konsenstexten gesehen wird, die auch noch ihre Rezeption normieren wollen, also ihr eigenes Verstandenwerden, dann wird die Ökumene ihr Ziel niemals erreichen können.

Nun läßt sich der christliche Glaube selbst als eine Weise des Verstehens charakterisieren.[14] Glauben heißt verstehen, wie wir von Gott verstanden sind (vgl. 1Kor 13,12). Der Glaube ist somit etwas anderes als ein normierter Lehrzusammenhang. Er schließt die Freiheit des individuellen An-

12 I. U. Dalferth, Weg der Ökumene, S. 262.
13 Vgl. I. U. Dalferth, Weg der Ökumene, S. 246.
14 Klassisch hat Anselm v. Canterbury diesen Sachverhalt auf die Formel „fides quaerens intellectum" gebracht.

dersverstehens ein, in welcher der Heilige Geist seine Wirkung entfaltet: „Der Herr ist der Geist, wo aber der Geist des Herrn ist, da ist Freiheit“ (2Kor 3,17). Eine ökumenische Hermeneutik ist in daher nach meinem Verständnis *nicht eine Hermeneutik für die Einheit, sondern eine Hermeneutik der Verschiedenheit, welche in Gott als der Fülle des Lebens ihren Grund hat.*

Auch darin stimme ich I. U. Dalferth zu: Hermeneutik ist kein theologisches Instrument zur Konsensbildung und zur Überwindung kirchlicher Spaltungen, weil ein bestehender Konsens oder sein Fehlen lediglich methodisch – und das heißt hermeneutisch – festgestellt, aber nicht hergestellt werden kann.[15] Eine ökumenische Hermeneutik, verstanden als eine Hermeneutik der Differenz und der Diversität, ist darum nicht die Fortsetzung der bisherigen Konsensökumene mit anderen Mitteln, sondern ihr kritisches Korrektiv.[16]

Traditionellerweise ist der Gegenstand von Hermeneutik das Verstehen von Texten. Schleiermacher hat dann die Reichweite der Hermeneutik erweitert und eine Entwicklung eingeleitet, die über Dilthey, Heidegger und Gadamer zum Konzept einer universalen Hermeneutik und hermeneutischen Philosophie geführt hat.

In diese Entwicklung reiht sich auch das Dokument „A Treasure in Earthen Vessels“ ein, insofern es neben Texten ausdrücklich auch Symbole, Riten und sonstige Formen gelebten Glaubens zum Gegenstand einer ökumenischen Hermeneutik erklärt. Auch die Texthermeneutik, insbesondere die Exegese der biblischen Schriften habe eine Fülle von Faktoren einzubeziehen, die keine Textgestalt haben. Dennoch kann ökumenische Hermeneutik, wie § 23 von „A Treasure in Earthen Vessels“ ausführt, „nicht auf den Gebrauch von exegetischen Hilfsmitteln und Methoden, die von der Fülle der Erfahrung der interpretierenden Gemeinschaft isoliert sind, reduziert werden. Eine Reihe von Faktoren sind in diese Fülle eingewoben und bilden den hermeneutischen Ort,

15 Vgl. I. U. Dalferth, Weg der Ökumene, S. 264ff.

16 Vgl. dazu oben Kapitel 1, sowie U. Körtner, Versöhnte Verschiedenheit.

an dem die Schrift interpretiert wird. Zu ihnen gehören mündliche Überlieferung, Erzählungen, Erinnerungen und Liturgien ebenso wie Leben, Lehren und ethische Entscheidungen der gläubigen Gemeinschaft. Viele Dimensionen des gemeinschaftlichen Lebens sind also Teil des Kontextes, in dem die Texte der Schrift interpretiert werden. Die Schrift geht hervor aus Episoden des Lebens, einem Festkalender, einem Geschichtsschema und den Zeugnissen und Berichten des lebendigen Gottesvolkes. Ausserdem wird die Schrift wieder von neuem lebendig, wenn sie auf das Leben und Feiern, die Geschichte und das Zeugnis der Glaubensgemeinschaften heute bezogen wird. Aus dieser Perspektive gesehen ist die Praxis der christlichen Gemeinschaften und Völker in unterschiedlichen speziellen kulturellen und sozialen Kontexten selbst ein Lesen und ein Interpretieren der Schrifttexte und nicht einfach eine Position, aus der heraus man sich den Texten nähert."

Die Erweiterung des Gegenstandes ökumenischer Hermeneutik über die Interpretation von Texten hinaus ist sehr zu begrüßen. Das Problem einer universalen Hermeneutik im Anschluß an die Heidegger-Schule besteht freilich darin, daß das Verstehen der Welt und des eigenen Daseins am Paradigma der Textinterpretation orientiert ist, während umgekehrt das Verstehen von Texten nach Analogie des mündlichen Dialogs, nämlich im Schema von Frage und Antwort, gedacht wird. Letztlich wirkt im Konzept einer universalen Hermeneutik noch immer die antike Auffassung nach, die Verschriftlichung von Sprache sei lediglich ein Ersatz für mündliche Kommunikation und gegenüber der mündlichen Rede defizitär. Während nämlich die mündliche Rede durch Unmittelbarkeit ausgezeichnet sei, führe die Verschriftlichung zum Verlust solcher Unmittelbarkeit und sei somit eine Gestalt der Entfremdung des Geistes. In der Diskussion über ökumenische Hermeneutik könnte die Gefahr bestehen, daß andere Unmittelbarkeiten behauptet werden, z. B. in dem man sich auf eine außersprachliche Erfahrung, z. B. eine unmittelbare Erfahrung des Heiligen beruft.

Für die weitere Diskussion möchte ich zunächst auf zwei Gesichtspunkte aufmerksam machen. Der erste Punkt betrifft den qualitativen hermeneutischen Unterschied zwischen mündlicher und schriftlicher Kommunikation, der zweite den Zusammenhang von Hermeneutik und Sprache.

1. Der Unterschied zwischen den Verstehensbedingungen und Komplikationen von schriftlicher und mündlicher Kommunikation ist ein zentrales Thema der neueren hermeneutischen Diskussion. Die unterschiedlichen Varianten poststrukturalistischer Texttheorien konvergieren darin, daß sie die Hermeneutik auf den eingeschränkten Hermeneutikbegriff vor Schleiermacher zurückführen, d. h. die spezifischen Bedingungen und Regeln der Interpretation von Texten analysieren. Gegenüber seiner philosophischen Ausweitung in der hermeneutischen Philosophie nach Heidegger wird der Begriff der Hermeneutik damit wieder auf sein technisches Grundverständnis reduziert.

Für die Textinterpretation bedeutet dies, daß ganz fundamental dem Faktum Rechnung zu tragen ist, daß es sich um *materielle Artefakte* handelt, die gegenüber mündlicher Kommunikation eine eigenständige Form der Kommunikation darstellen. P. Szondi hat dementsprechend das Programm einer *literarischen Hermeneutik* aufgestellt, welche sich von der philologischen Hermeneutik vor Schleiermacher dadurch unterscheidet, daß sie den *ästhetischen Charakter* von Texten nicht erst sekundär zum Gegenstand der Untersuchung erhebt, sondern zur Prämisse der Auslegung erklärt.[17] Entsprechend verlangt eine literarische Hermeneutik die Beachtung unterschiedlicher Textsorten (Gattungen) und textsortenspezifische Vorgangsweisen bei der Interpretation.

Die literarische Hermeneutik lenkt den Blick vom Autor und seiner Textproduktion zum Leser und zum Akt des Lesens als Textrezeption. Diesen Aspekt schriftlicher Texte und

17 Vgl. P. Szondi, Einführung, S. 13. Siehe auch H. R. Jauß, Abgrenzung; ders., Ästhetische Erfahrung. – Zur Aufnahme der Fragestellungen einer literarischen Hermeneutik in die biblische Hermeneutik siehe P. Müller, „Verstehst du auch, was du liest?"; U. Körtner, Der inspirierte Leser; K. Huizing, Homo legens; K. Huizing/U. Körtner/P. Müller, Lesen und Leben. Zur angelsächsischen Diskussion über den sog. Reader-response-criticism siehe J. A. Loader, Stromab.

literarischer Werke untersucht unter verschiedenen Fragestellungen und auf unterschiedlichen Wegen die sogenannte *Rezeptionsästhetik*.[18] Unter Aufnahme der semiotischen Begrifflichkeit von Ch. Morris läßt sich sagen, daß die Rezeptionsästhetik literarische Texte in pragmatischer Hinsicht analysiert und pragmatische Textmodelle entwickelt, die nicht nur die Kategorie des Autors, sondern auch diejenige des Lesers in den Interpretationsvorgang einbeziehen.

Eine grundlegende Erkenntnis von literarischer Hermeneutik und Rezeptionsästhetik bzw. poststrukturalistischer Texttheorien besteht in der Autonomie, die ein Text im Zuge seiner Verschriftung gegenüber seinem Autor gewinnt. Pointiert hat R. Barthes diesen Vorgang der Autonomie als Tod des Autors bezeichnet: „La voix perd son origine, l'auteur entre dans sa propre mort, l'ecriture commence."[19] Ähnlich gibt U. Eco zu bedenken: „Der Autor müßte das Zeitliche segnen, nachdem er geschrieben hat. Damit er die Eigenbewegung des Textes nicht stört."[20] Und P. Ricœur erklärt: „Was der Text bedeutet, fällt nicht mehr mit dem zusammen, was der Autor sagen wollte. Wörtliche, das heißt *Text* gewordene, und nur gedachte oder psychologische Bedeutung haben von nun an unterschiedliche Schicksale."[21]

Aufgrund des Vorgangs Autonomie gewinnen nur der Leser bzw. die Leserin und der jeweilige Akt des Lesens fundamentale Bedeutung nicht nur für das Verstehen des Verstehens, sondern überhaupt für das Vorhandensein von Sinn und Bedeutung eines Textes. Der Sinn eines Textes ist diesem nicht substanzontologisch inhärent, sondern wird jeweils neu erschaffen im Akt des Lesens.[22] Texte erfordern die Mitarbeit des Lesers, soll ihr Sinn sich einstellen.[23] Der Sinn eines Textes konstituiert sich mit anderen Worten jeweils neu im Akt seiner Applikation. Texte sind, mit U. Eco gespro-

18 Zur Einführung siehe R. Warning (Hg.), Rezeptionsästhetik.
19 R. Barthes, La mort de l'auteur, S. 491.
20 U. Eco, Nachschrift, S. 14.
21 P. Ricœur, Hermeneutik, S. 28.
22 Siehe auch W. Iser, Der Akt des Lesens; ders., Der implizite Leser.
23 Vgl. U. Eco, Lector in fabula.

chen, „eine Maschine zur Erzeugung [!] von Interpretationen“[24].

Autonom ist der Text sowohl gegenüber dem empirischen Autor als auch gegenüber dem empirischen Leser. Daher ist der Sinn des Textes nicht identisch mit der Intention des realen Autors bei seiner Abfassung. Überhaupt ist die produktionsästhetische Kategorie der Intention des Autors eine psychologische. Entgegen dekonstruktivistischen Texttheorien gehe ich jedoch mit U. Eco davon aus, daß der Sinn eines Textes auch nicht identisch ist mit der *intentio lectoris*, d. h. mit dem Sinn, welchen der empirische Leser in ihm zu finden glaubt. Vielmehr bin ich mit Eco der Ansicht, daß man neben der *intentio auctoris* und der *intentio lectoris* von einer dem Text innewohnenden *intentio operis* auszugehen hat.[25]

Die *intentio operis* ist mit anderen Worten eine regulative Idee der Interpretation, welche das Modell des hermeneutischen Zirkels modifiziert und den Text vor seiner Vereinnahmung durch den Leser schützen soll. Die Potentialität möglicher Deutungen übersteigt jede Einzelinterpretation. Jedes Lesen ist immer ein *Aus*lesen, d. h. ein Akt der Selektion aus einer Fülle möglicher Sinnbezüge. Die Idee der *intentio operis* aber macht via negationis die Unterscheidung zwischen der Vielfalt möglicher Interpretationen und offenkundigen Überinterpretationen geltend, ohne welche jede Interpretation der reinen Beliebigkeit verfällt, durch welches jedes intersubjektive Bemühen um Verständigung und Verständlichkeit aporetisch würde. „Zwischen der unergründlichen Intention des Autors und der anfechtbaren Intention des Lesers liegt die transparente Textintention, an der unhaltbare Interpretationen scheitern.“[26] Die Kategorie der *intentio operis* ist aber nicht so zu verstehen, als sei idealiter nur eine

24 U. Eco, Nachschrift, S. 9f. Vgl. ders., Lector in fabula, S. 29, wo Eco den Text als „träge Maschine“ bzw. als „eine Präsuppositionsmaschine“ bezeichnet, „welche dem Leser ein hartes Stück Mitarbeit abverlangt, um gewissermaßen die weißen Stellen, die frei geblieben sind, die Räume des Nicht-Gesagten und des Schon-Gesagten auszufüllen“.

25 Vgl. U. Eco, Zwischen Autor und Text.

26 U. Eco, Zwischen Autor und Text, S. 87.

einzige Interpretation zutreffend. Vielmehr gehört die Mehrdeutigkeit eines Textes – zumindest bei bestimmten Textsorten, nämlich bei poetischen Texten – zur *intentio operis* konstitutiv hinzu.

Für eine ökumenische Hermeneutik bedeutet dies alles, daß auch sie lernen muß, zwischen literarischer Hermeneutik und anderen Typen von Hermeneutik zu unterscheiden. Das Dokument „A Treasure in Earthen Vessels" macht dazu keine praktischen Vorschläge.

Zu fragen ist auch, inwieweit das in diesem Dokument vertretene Schriftverständnis das *Gegenüber* der Schrift zur Kirche, d. h. also die Autonomie des Textes gegenüber seiner Interpretationsgemeinschaft und sein kritisches Potential hinreichend beachtet. § 23 erklärt, die Schrift gehe aus dem Leben der Kirche hervor (engl. emerge) und werde in ihrem Kontext wieder lebendig. Die reformatorische Tradition hebt allerdings zu Recht hervor, daß die Schrift nicht als bloßes Produkt der Kirche betrachtet werden kann, sondern als Zeugnis des Wortes Gottes, dessen Schöpfung ihrerseits die Kirche ist (creatura verbi Divini). Durch ihre Verschriftlichung gewinnen die biblischen Texte Autonomie nicht nur gegenüber ihren Autoren und ihren ursprünglichen Adressaten, sondern auch gegenüber allen späteren Lesern und gegenüber jeder kirchlichen Lehrinstanz.

2. Genauer zu beleuchten ist schließlich der Zusammenhang von Hermeneutik und Sprache. Einerseits darf das hermeneutische Problem nicht auf das Verstehen oder Nichtverstehen sprachlicher Äußerungen eingeschränkt werden. Es trifft auch zu, daß das Auslegen oder die Applikation von Überlieferung nicht nur im Medium der Wortsprache stattfindet, sondern auch in allen Formen der Kunst, der Feier, der Liturgie. Wenn der evangelische Theologe G. Ebeling die Kirchengeschichte als Geschichte der Auslegung der Heiligen Schrift bezeichnet hat,[27] wollte er die Kirchengeschichte damit keineswegs auf die Geschichte der Bibelkommentare oder der christlichen Predigt reduzieren. Auch Werke der bildenden Kunst, Riten und Lebensbeispiele sind Formen, in

27 G. Ebeling, Kirchengeschichte.

denen das biblisch bezeugte Evangelium ausgelegt wird. Allerdings hat Ebeling im Abschluß an die neuere Hermeneutik seit H.-G. Gadamer erklärt: „Das primäre Verstehensproblem ist nicht das Verstehen *von* Sprache, sondern das Verstehen *durch* Sprache.“[28]

In den verschiedenen christlichen Traditionen lassen sich viele Beispiel dafür finden, wie Kommunikation des Evangeliums in Form von Riten und Symbolen stattfindet, und zwar über die Feier der Sakramente hinaus. Allerdings können diese z. T. nonverbalen Kommunikationsformen ihrerseits nur im Medium der Sprache reflektiert werden. Die religiösen Erfahrungen, die im Medium von Riten, Gesten, Zeichen und Symbolen, in der Begegnung mit Bildern, Musik oder Architektur gemacht werden, gewinnen doch erst im Kontext einer sprachlichen Überlieferung ihre spezifische Bedeutung und Eindeutigkeit.

Es stellt sich allerdings die Frage, ob es neben dem Verstehen *durch* Sprache auch ein Verstehen *durch* Bilder, Symbole und Riten gibt. Beispielsweise schreibt Johannes v. Damaskus zur Funktion der Ikone: „Und was für diejenigen, die in die Buchstaben eingeweiht sind, das Buch ist, das ist für die Analphabeten das Bild; und was für das Hören das Wort ist, das ist für das Sehen das Bild; in bezug auf den Verstand werden wird dadurch zu einer Einheit gebracht.“[29] Offenbar gibt es also tatsächlich ein Verstehen nicht nur durch Sprache, sondern auch durch Symbole und Zeichen. Sobald wir aber den *Sinn* dessen, was verstanden wird, erklären wollen, sind wir auf das Medium der Wortsprache angewiesen. Her-

28 G. Ebeling, Wort Gottes, S. 333.

29 J. v. Damaskus, Imag. I 17, Übersetzung nach: ders., Drei Verteidigungsschriften gegen diejenigen, welche die heiligen Bilder verwerfen, hg. u. eingel. v. G. Feige, Leipzig [2]1996, S. 42f. Der griechische Text lautet: Καὶ ὅπερ τοῖς γράμματα μεμυημένοις ἡ βίβλος, τοῦτο τοῖς ἀγραμμάτοις ἡ εἰκών· καὶ ὅπερ τῇ ἀκοῇ ὁ λόγος, τοῦτο τῇ ὁράσει ἡ εἰκών· νοητῶς δὲ αὐτῷ ἑνούμεθα. (Zitiert nach der Ausgabe von B. Kotter, Die Schriften des Johannes von Damaskus, Bd. III: Contra imaginum calumniatores orationes tres [PTS 17], 1975, S. 93). – Den Hinweis auf diese Stelle verdanke ich Paul Meyendorff.

meneutik der Kohärenz: Das bedeutet doch auch die Einbettung nichtsprachlicher Kommunikationsformen in eine bestimmte Sprachgestalt des christlichen Glaubens. Überhaupt bleibt das Medium der Sprache für die Kommunikation des Evangeliums im Christentum zentral.

3.3 Symbole und Zeichen

Gegenstand ökumenischer Hermeneutik sind nach Ansicht des Dokuments „A Treasure in Earthen Vessels" Texte, Symbole, Riten und Bräuche. Was darunter im einzelnen zu verstehen ist, wird nicht näher gesagt. Im Anschreiben zur Wiener Hermeneutik-Konsultation von Faith and Order, die im April 2004 stattfand,[30] wurden folgende Arbeitsdefinitionen vorgeschlagen: Ein Symbol ist „a visible entity that both points towards and participates in a reality beyond itself". Für Riten und Bräuche wird eine offenere Definition angeboten. Demnach sind Riten institutionalisierte liturgische Handlungen, wogegen Bräuche auch die persönliche Frömmigkeit, jede Form religiöser Verehrung oder sonstige Traditionen einschließen, die sich außerhalb der Grenzen festgelegter Gottesdienstordnungen bewegen.

Ich gehe zunächst auf die vorgeschlagene Definition des Symbols ein. Sie knüpft an die Verwendung des Begriffs bei P. Tillich und P. Ricœur an. Tillich unterscheidet zwischen Symbol und Zeichen. „Während das Zeichen nicht notwendig verbunden ist mit dem, worauf es hindeutet, partizipiert das Symbol an der Wirklichkeit dessen, für das es Symbol ist. Ein Zeichen kann willkürlich vertauscht werden, je nach Zweckmäßigkeit, aber Symbole nicht."[31] Symbole sind für Tillich freilich nicht nur nichtsprachliche, sinnliche, z. B. bildliche Zeichen, sondern auch sprachliche Zeichen, nämlich Wörter wie „Gott", „Christus" oder auch „Sünde".

Tillichs Symbolbegriff setzt den Gedanken der analogia entis voraus. Zwischen dem ausgedrückten Sachverhalt und

30 S. o. Anm. 1.
31 P. Tillich, Systematische Theologie I, S. 277.

der inneren Struktur seines sprachlichen Ausdrucks soll demnach eine seinshafte Analogie bestehen. Nur darum kann das Symbol an jener Wirklichkeit partizipieren, die es repräsentiert. Zur Verdeutlichung übernimmt Tillich John Randalls Begriff des „repräsentativen Symbols“.[32] Repräsentative Symbole findet man „nicht nur in der religiösen Sprache, sondern auch in der Dichtung und den bildenden Künsten, in der Geschichte und im Gemeinschaftsleben“[33].

Tillich gibt fünf Merkmale an, die ein Symbol kennzeichnen: 1. Symbole haben die „Eigenschaft, über sich hinauszuweisen“. Sie „transzendieren“ das „symbolische Material“, welches sie gebrauchen und sind somit letztlich Ausdruck der oder Hinweis auf die Transzendenz, welche „der letzte Seinsgrund“, das Sein-selbst oder Gott also, ist.[34] 2. Symbole haben an der Wirklichkeit dessen teil, auf das sie hinweisen. 3. Symbole „können nicht willkürlich erfunden werden“[35]. Das unterscheide sie vom Zeichen. Symbole werden, bildlich gesprochen, geboren und können sterben. Vor allem werden sie erst dadurch zum Symbol, daß eine Gemeinschaft sie – unbewußt oder bewußt – akzeptiert. Ohne solche Anerkennung sinkt das Symbol „zu einer Metapher oder einem poetischen Bild ab“[36]. 4. Symbole haben die „Macht, Dimensionen der Wirklichkeit zu erschließen, die gewöhnlich durch die Vorherrschaft anderer Dimensionen verdeckt sind“[37]. 5. Symbole sind zweideutig. Sie können sowohl eine „aufbauende, ordnende“ als auch eine „zersetzende, zerstörerische Macht“ ausüben.[38]

Auf besondere Schwierigkeiten stößt dieser Symbolbegriff allerdings, wenn er auf religiöse Ausdrücke angewendet wird,

32 Vgl. P. Tillich, Symbol, S. 3.
33 Ebd.
34 P. Tillich, Symbol, S. 4.
35 Ebd.
36 P. Tillich, Symbol, S. 5. Eine Metapher ist für Tillich also ein abgestorbenes Symbol. Das sieht P. Ricœur ganz anders. Für ihn sind Metaphern nämlich eine eigenständige und unverzichtbare Form der eigentlichen Rede.
37 Ebd.
38 Ebd.

wobei Tillich zwischen primären und sekundären religiösen Symbolen, gewissermaßen zwischen religiösen Symbolen erster und zweiter Ordnung unterscheidet.[39] Das Problem der Symboltheorie Tillichs ist v. a. von dem Philosophen Max Horkheimer gesehen worden.[40] Es entsteht durch Tillichs These, von Gott könne nur symbolisch geredet werden. Dem mag man, wie Horkheimer einräumt, zustimmen, weil letztlich alle menschlichen Vorstellungen Gott selbst unangemessen sind. Dann entsteht jedoch die Schwierigkeit, daß man nicht mehr weiß, worauf religiöse Symbole eigentlich genau verweisen. Um Symbole richtig gebrauchen zu können, muß man ihre Bedeutung kennen. Darüber aber müßte eine nichtsymbolische Auskunft gegeben werden können. Im Fall Gottes scheint das jedoch nicht möglich zu sein.

Tillich versucht Horkheimers Einwände zu entkräften, indem er an die Stelle des Gottesbegriffs den Begriff des Heiligen setzt, den er von R. Otto übernimmt.[41] Dem Heiligen versucht Tillich sich einerseits auf phänomenologischem Wege, andererseits auf ontologischem Wege zu nähern. Religiöse Symbole sind nach Tillich der sprachliche Ausdruck sowohl für die Antwort als auch für die Frage nach dem Sinn von Sein für uns.[42] Die religiösen Antworten aber sind nicht in einem formallogischen Sinne wahr oder falsch, „sondern sie sind authentisch oder nicht-authentisch im Hinblick auf ihren Ursprung; sie sind adäquat oder nicht-adäquat im Hinblick auf ihre Ausdruckskraft; sie sind göttlich oder dämonisch im Hinblick auf den letzten Grund des Seins."[43] Kriterien fur den Wert religiöser Symbole sind also Authentizität, Adäquanz und Theonomie.

Tillichs Symbolbegriff hängt wiederum eng zusammen mit seinem Sakramentsverständnis. Sakrament und Symbol ver-

39 Vgl. P. Tillich, Symbol, S. 8ff. Beispiele für Symbole erster Ordnung: Gott, Schöpfung, Inkarnation. Beispiele für religiöse Symbole zweiter Ordnung: Hirte (für Gott), das göttliche Licht, heiliges Öl oder Wasser.

40 M. Horkheimer, Begegnung, S. 569.

41 Vgl. R. Otto, Das Heilige.

42 Vgl. P. Tillich, Symbol, S. 12f.

43 P. Tillich, Symbol, S. 28; vgl. dort auch S. 10ff.

halten sich bei Tillich zueinander wie Mythos und Kultus. Das Sakramentale, d. h. die Partizipation des Endlichen am Unendlichen, ist kraft der analogia entis in dem Symbolischen gegenwärtig, wie alles Symbolische auch als sakramental bezeichnet werden kann.

Die Tragfähigkeit von Tillichs Symbolbegriff hängt letztlich aber davon ab, ob man von Gott nur symbolisch oder auch nicht-symbolisch reden kann. An dieser Stelle verrät Tillich eine Unsicherheit. So behauptet er zunächst: „Der Satz, daß Gott das Sein-selbst ist, ist ein nicht-symbolischer Satz. Er weist nicht über sich selbst hinaus."[44] Diese These muß er später jedoch aufgeben und erklärt nun, die einzige nicht-symbolische Aussage über Gott sei der Satz: „Alles, was über Gott gesagt werden kann, ist symbolisch."[45] Das ist nun freilich keine Aussage über Gott, sondern über das Wort „Gott".[46]

Letztlich hält Tillichs Symbolbegriff den Einwänden M. Horkheimers nicht stand. Weiterführender als Tillichs Symbolbegriff ist möglicherweise die neuere Diskussion zur Metapher. Darauf kann hier jedoch nicht eingegangen werden.[47] Eingegangen werden muß jedoch noch auf den Begriff des Zeichens und die Bedeutung der Semiotik für die zeitgenössische Theologie. Tillich unterscheidet ja zwischen Zeichen und Symbol. Ähnlich verfährt P. Ricœur. Nach Ricœur konstituiert die „enthüllende Macht des Symbols" den Gegensatz zum technischen Zeichen, das rein formaler Natur ist und auf ein mathematisches Objekt reduziert werden kann. Vom Symbol kann Ricœur dagegen sagen, daß es „*gibt*, was es sagt"[48]. Das Symbol ist also kein Objekt, sondern hat bei Ricœur Subjektcharakter. Und ähnlich wie bei Tillich begegnet uns auch bei Ricœur der Gedanke, durch

44 P. Tillich, Systematische Theologie I, S. 277.
45 P. Tillich, Systematische Theologie II, S. 15f.
46 Vgl. dazu ausführlich J. Track, Der theologische Ansatz, S. 303ff.
47 Siehe dazu A. Haverkamp (Hg.), Theorie der Metapher; R. Zimmermann, Bildersprache verstehen; J. Frey/J. Rohls/R. Zimmermann (Hg.), Metaphorik und Christologie.
48 P. Ricœur, Die Interpretation, S. 44.

das Symbol an einer Wirklichkeit teilzuhaben, die über das Symbol hinausweist.

An dieser Stelle setzt jedoch die semiotische Kritik an Ricœur ein. Seine Symboltheorie droht die Gebundenheit der Zeichen an menschliche Subjekte zugunsten eines ontologisch aufgeladenen Symbolbegriffs zu ignorieren, der Symbole zu geheimnisvollen Wesen hypostasiert.[49] Tillich dagegen hat die Rezeption der Symbole durch eine Auslegungsgemeinschaft ausdrücklich thematisiert. Allerdings läßt sich auch an ihn die Frage richten, wie stichhaltig seine Unterscheidung zwischen Symbol und Zeichen ist. Auch sie operiert schließlich mit einem ontologisch aufgeladenen Symbolbegriff und der Metapher der Teilhabe.

Die Erkenntnisse der Semiotik sind auch in die Diskussion über ökumenische Hermeneutik einzubeziehen. Aus semiotischer Sicht läßt sich die Unterscheidung zwischen allgemeinen Zeichen und Symbolen als einer Klasse von Zeichen, die eine besondere „heilige" Qualität haben, nicht aufrecht halten. Zeichen und sogenannte Symbole funktionieren prinzipiell in gleicher Weise. Theologisch sollte man auch bedenken, daß der Begriff „Symbol" in der gesamten biblischen Überlieferung an keiner Stelle vorkommt. Wohl aber spricht die Bibel von Zeichen (σημεῖον), insgesamt sogar ungefähr 150mal.[50] Der biblische Zeichenbegriff umfaßt Symbole ebenso wie Wunder. Es handelt sich aber zunächst um einen rein formalen Begriff, der für verschiedene Signifikationen, für religiöse ebenso wie für nichtreligiöse, offen ist.

Der Begriff des Symbols (griechisch *sýmbolon*) bezeichnet in der Alten Kirche und auch noch später die Glaubensbekenntnisse der ersten Jahrhunderte. Unter „Symbolik" verstand man in der Theologie ursprünglich eine Unterdisziplin der Dogmatik, die sich mit der Glaubenslehre und den Lehrunterschieden zwischen den einzelnen Konfessionen befaßte. Die heutige Verwendung des Symbolbegriffs, wie sie auch das Dokument „A Treasure in Earthen Vessels" voraussetzt,

49 Zur Kritik vgl. M. Meyer-Blanck, Symbol, S. 15.

50 Vgl. M. Meyer-Blanck, Symbol, S. 101f. Der Zeichenbegriff kommt im Alten Testament 79mal, im Neuen Testament 73mal vor.

geht auf die neuzeitliche Philosophie und die Religionswissenschaft zurück.[51] Sie ist aber keineswegs genuin theologischen Ursprungs.

Der Zeichenbegriff spielt in der gesamten Theologiegeschichte eine zentrale Rolle. Er ist ein Schlüsselbegriff für jede Theorie religiöser Sprache, für jede Form der Glaubenslehre und jede Form der Wahrheitstheorie. Man erinnere sich nur an den sogenannten Universalienstreit im Mittelalter. Die Unterscheidung von signum und res spielt nicht nur in der Gotteslehre, sondern auch in der Lehre von den Sakramenten eine wesentliche Rolle. Der Zeichenbegriff stellt also auch eine Verbindung zwischen den Symbolen und den Riten her, von denen das Dokument „A Treasure in Earthen Vessels“ spricht.

Mit ihrer Unterscheidung zwischen Zeichen und Symbol machen Tillich und Ricœur freilich auf einen wichtigen Aspekt aufmerksam, den es bei aller Kritik an ihrem Symbolbegriff unbedingt festzuhalten gilt. Ich meine die Wirksamkeit von Zeichen und Zeichenhandlungen. Die neuere evangelische Theologie hat sich intensiv mit J.L. Austins Theorie der Sprechakte, vor allem mit seiner Theorie des performativen Sprechakts, beschäftigt.[52] Sowohl die Verkündigung als auch die Sakramente lassen sich als solche Sprechakte interpretieren, wo das Sprechen einer Handlung gleichkommt. Es ist aber die Wirkung der Worte oder Zeichen kontextabhängig. Tillich hat ja darauf hingewiesen, daß Symbole von einer Gemeinschaft akzeptiert werden müssen, um als Symbole wirksam zu sein. Wir können nun sagen: Die Sprachhandlung oder Zeichenhandlung spricht Menschen die heilsame Gegenwart und Liebe Gottes zu. Und sie fordert zum Glauben auf, der ihrem Zuspruch Vertrauen schenkt. So gesehen stimmt es, wenn Ricœur erklärt, daß das Symbol gibt, was es sagt. Aber dieses Geben vollzieht sich in einem Kommunikationsvorgang zwischen Menschen und ist deutungsabhängig.

51 Vgl. F. Stolz, Religionswissenschaft, S. 101ff.
52 Vgl. J.L. Austin, Zur Theorie der Sprechakte.

Für eine ökumenische Hermeneutik der Zeichen sind nun aber die Erkenntnisse der modernen Semiotik höchst aufschlußreich. Die verschiedenen semiotischen Theorien stimmen darin überein, daß Zeichen nicht eine zweistellige, sondern eine dreistellige Logik besitzen. Ältere Zeichentheorien. z. B. auch die traditionellen Sakramentstheorien unterscheiden lediglich zwischen Zeichen und bezeichneter Sache. Die neuere Semiotik bezieht als dritte Größe denjenigen oder diejenigen ein, welche ein Zeichen als Zeichen interpretieren. Zeichen fungieren als Zeichen erst dann, wenn sie von einem Interpreten als solche gedeutet und somit auf eine bestimmte Wirklichkeit bezogen werden. Dieser Prozeß der Zeichendeutung wird auch als Semiose bezeichnet. Ch. Morris, einer der Begründer der modernen Semiotik, erklärt: „Eine Semiose ist [. . .] ein mittelbar-Notiz-Nehmen von. Die Vermittler sind *Zeichenträger*; die Notiznahmen sind *Interpretanten*; die Akteure in diesem Prozeß sind *Interpreten*; das, von dem Notiz genommen wird, sind Designate.“[53]

Für unser Thema ist die Erkenntnis wichtig, daß Zeichen *nicht an sich* Zeichen sind, sondern *immer nur subjekt- und kontextbezogen* als Zeichen fungieren bzw. zu Zeichen werden. Der Prozeß der Semiose ist immer ein Akt des Deutens, der ein deutendes Subjekt voraussetzt. Die Semiose ist stets ein offener Prozeß. In den christlichen Kirchen hat Dogmatik die Funktion, diesen offenen Prozeß zu regulieren, so daß die Offenheit der Semiose in den christlichen Konfessionen nicht unbegrenzt ist. Die Vielfalt der Konfessionen wie auch der Pluralismus innerhalb der Kirchen zeigen aber, daß auch im christlichen Glauben der Prozeß der Semiose im Prinzip unabschließbar ist.

Das Ziel der Semiose im Christentum ist der Glaube. Die Zeichen wollen Glauben wecken. Und das ist auch ihr entscheidendes theologisches Kriterium: Wecken und stärken sie den Glauben, oder führen sie vom Glauben weg? Und weiter: Im Neuen Testament haben die Zeichen prophetischen bzw. eschatologischen Charakter. Sie weisen auf das

53 Ch. Morris, Grundlagen der Zeichentheorie, S. 21.

anbrechende Gottesreich hin, das Jesus verkündigt.[54] Sie stehen also nicht einfach für Transzendenz in einem unspezifischen religiösen Sinne, sondern sie verweisen auf jene Transzendenz, die wir als das Kommen Gottes in diese Welt bzw. als die Nähe Gottes, der in Jesus Christus Mensch geworden ist, bezeichnen können.

3.4 Rituale, Sprachspiele und Lebensformen

Der Begriff des Zeichens, so sagte ich, stellt eine unmittelbare Verbindung zwischen Symbolen und Riten her. Die Semiose christlicher Zeichen findet aber nicht nur im liturgischen Kontext statt, sondern auch im Kontext einer umfassenden Lebenspraxis. Zwischen „Faith and Order“ und „Life and Work“ besteht also ein innerer Zusammenhang.

Um diesen Zusammenhang auch theoretisch beschreiben zu können, legt sich eine Verbindung zwischen der Semiotik und der Sprachspieltheorie des Philosophen L. Wittgenstein nahe. Wie von Wittgenstein zu lernen ist, kristallisieren sich Religionen oder Konfessionen nicht an einzelnen Wörtern oder isolierten Symbolen, sondern sie bilden in sich kohärente Sprachspiele, die jeweils Teil einer bestimmten Lebensform sind.[55] Diese wiederum können nicht ohne die jeweiligen Sprachspiele bestehen. Wie die Lebensform einer bestimmten Religion oder christlichen Denomination, so haben auch die sie strukturierenden Sprachspiele für die religiösen Praktikanten einen hohen Grand an Verbindlichkeit. In diesem Sinne möchte ich die Formel aus „A Treasure in Earthen Vessels“ aufgreifen, wonach die Kirche „eine hermeneutische Gemeinschaft“ ist: Die Kirche bzw. die einzelnen Kirchen sind jene Interpretationsgemeinschaften, in denen die Sprachspiele eine bestimmte Lebensform ausbilden.

Ihren Sinn erhalten die einzelnen Wörter oder Zeichen – auch Wörter sind ja Zeichen – allein innerhalb eines bestimmten Sprachspiels, d. h. aber auf Grund einer bestimm-

54 Vgl. auch M. Meyer-Blanck, Symbol, S. 108f.

55 Vgl. L. Wittgenstein, Philosophische Untersuchungen, § 23 (S. 28f).

ten Grammatik. Der Prozeß der Semiose findet jeweils innerhalb eines bestimmten Sprachspiels statt. Oder um mit Wittgenstein zu sprechen: „Die Bedeutung eines Wortes ist sein Gebrauch in der Sprache."[56] Ein und dasselbe Wort oder Zeichen kann also in verschiedenen Sprachspielen eine ganz unterschiedliche Bedeutung haben, ganz so wie dieselben Spielfiguren in verschiedenen Spielen und nach unterschiedlichen Regeln eingesetzt werden können.

Das gilt auch für das Christentum. Schon im Neuen Testament beobachten wir, wie Begriffe und Bilder bei den verschiedenen Autoren unterschiedliche Bedeutung annehmen. Und Gleiches gilt von den Konfessionen. Sie unterscheiden sich dadurch, daß sie in sich kohärente, aber verschiedenartige Gesamtinterpretationen des neutestamentlich bezeugten Evangeliums vorlegen. Dieselben Zeichen und Wörter können daher Unterschiedliches bedeuten. Und wiederum können verschiedene Zeichen und Wörter der Sache nach äquivalent sein.

Auf die Bedeutung dieses Sachverhalts für eine ökumenische Theologie hat bereits der lutherische Theologe E. Schlink aufmerksam gemacht. Er sieht „die Aufgabe einer nicht nur sprachlichen Übersetzung. Lehraussagen, die an verschiedenen geschichtlichen Fronten, unter Verwendung verschiedener Begrifflichkeiten, in verschiedenen Grundformen der theologischen Aussage und von verschiedenen anthropologischen Voraussetzungen des Erkennens aus gemacht worden sind, können nicht direkt miteinander verglichen, sondern müssen aus der einen geschichtlichen Front, Begrifflichkeit und Aussagestruktur in die andere übersetzt werden, wenn Übereinstimmung und Unterschied und das Gewicht des Unterschieds in Wahrheit erkannt werden sollen"[57].

Für die Weiterarbeit am Projekt einer ökumenischen Hermeneutik ergibt sich an dieser Stelle die Frage, wie die Kirchen als Interpretationsgemeinschaften mit der offenen Dynamik der Semiose, ihrer Unabschließbarkeit und Pluralität umgehen. Inwieweit sind sie in der Lage, diese grundsätzlich

56 L. Wittgenstein, Philosophische Untersuchungen, § 43 (S. 41).
57 E. Schlink, Ökumenische Dogmatik, S. 57.

anzuerkennen und theologisch zu rechtfertigen? Welche Funktion haben hierbei kirchliche Lehre und kirchliches Lehramt? Suchen sie nach einem theologisch angemessenen Umgang mit der Offenheit und Pluralität semiotischer Prozesse, oder drängen sie auf Eindeutigkeit, Einsinnigkeit und damit auf Abbruch der Semiose?

Die Zeichensysteme der verschiedenen Konfessionen haben eine unterschiedliche Grammatik. Diese ist es, welche die Konfessionen und Denominationen voneinander unterscheidet. Die Aufgabe einer ökumenischen Hermeneutik besteht darin, nicht einfach die verschiedenen Zeichen, sondern die unterschiedlichen Grammatiken miteinander zu vergleichen. Theologie ist somit die Grammatik des christlichen Glaubens.[58] Wie bei allen Sprachen ist auch die Grammatik des christlichen Glaubens bzw. sind die Grammatiken der verschiedenen christlichen Konfessionen keine statischen und abgeschlossenen Regelwerke, sondern dynamisch. Die biblischen Texte sind die lebendige Quelle, aus der die Sprache des Glaubens immer wieder neu geboren wird. Die Sprachwissenschaft kennt das Konzept einer generativen Grammatik bzw. einer generativen Poetik.[59] Im besten Fall kann eine ökumenische Hermeneutik solch eine generative Grammatik sein, die konfessionsübergreifend oder konfessionsverbindend neue Sprachformen und neue gemeinsame Ausdrucksformen entstehen läßt. Dabei ist auch damit zu rechnen, daß sich die verschiedenen Konfessionen in ihren Riten und Praktiken wechselseitig beeinflussen, z. B. durch Übernahme von liturgischen Elementen aus anderen liturgischen Traditionen. Für eine ökumenische Hermeneutik ist dabei von Interesse, wie liturgische Neubildungen innerhalb der verschiedenen Traditionen theologisch gerechtfertigt werden.

58 Ansätze zu einem Konzept von Theologie als Grammatik des christlichen Glaubens finden sich bei O. Bayer, I. U. Dalferth und G. A. Lindbeck. Siehe G. A. Lindbeck, The Nature of Doctrine; I. U. Dalferth, Jenseits von Mythos und Logos; O. Bayer, Theologie.

59 Vgl. L. Güttgemanns, Qu'est-ce-que la Poétique Générative?; I. U. Dalferth, Sprachlogik, S. 55ff.

Das Dokument „A Treasure in Earthen Vessels“ verwendet neben dem Begriff der Einheit denjenigen der Kohärenz. Theologie als Grammatik wacht zunächst über die Kohärenz innerhalb der Konfessionen und ihrer Sprachspiele. Wie aber steht es mit der Kohärenz zwischen den Konfessionen? Hier möchte ich *an die Stelle des m. E. fragwürdigen Ziels einer sichtbaren Einheit der Kirchen den von Wittgenstein verwendeten Begriff der Familienähnlichkeit* setzen. Verschiedene Sprachspiele und ihre Grammatiken weisen bisweilen eine Verwandtschaft auf, die Wittgenstein als Familienähnlichkeit bezeichnet. Was Wittgenstein generell von den Sprachspielen sagt, charakterisiert m. E. auch treffend die christliche Ökumene: „Wir sehen ein kompliziertes Netz von Ähnlichkeiten, die einander übergreifen und kreuzen. Ähnlichkeiten im Großen und Kleinen.“[60] Bei aller Ähnlichkeit sollen aber auch die Differenzen zwischen den Konfessionen, ihren Zeichensystemen und ihren Grammatiken nicht geleugnet werden. Gleichwohl bilden die christlichen Konfessionen eine Familie, theologisch gesprochen die Familie Gottes.

Wittgensteins Begriff der Familienähnlichkeit hat dabei den großen Vorzug, daß er es gestattet, von einer Kohärenz der Konfessionen zu sprechen, die nicht hierarchisch gedacht ist und auch nicht in einem kleinsten gemeinsamen Nenner besteht, auf den sich alle einigen müssen. Um seinen Begriff der Familienähnlichkeit zu erläutern, wählt Wittgenstein den Vergleich mit einem Faden. Wir dehnen z. B. den Begriff der Zahl aus, „wie wir beim Spinnen eines Fadens Faser an Faser drehen. Und die Stärke des Fadens liegt nicht darin, daß irgend eine Faser durch seine ganze Länge läuft, sondern darin, daß viele Fasern einander übergreifen. Wenn aber Einer sagen wollte: ‚Also ist allen diesen Gebilden etwas gemeinsam – nämlich die Disjunktion aller dieser Gemeinsamkeiten‘ – so würde ich antworten: hier spielst du nur mit einem Wort. Ebenso könnte man sagen: Es läuft ein Etwas durch den ganzen Faden, nämlich das lückenlose Übergreifen dieser Fäden.“[61]

60 L. Wittgenstein, Philosophische Untersuchungen, § 66 (S. 57).
61 L. Wittgenstein, Philosophische Untersuchungen, § 67 (S. 58).

In ähnlicher Weise lassen sich auch die Begriffe des Christlichen oder der Ökumene verwenden. M. E. beruht die Zielsetzung der sichtbaren Einheit der Kirchen auf einem grundlegenden Mißverständnis dessen, was die Christen und die Kirchen eint. Um im Bilde Wittgensteins zu sprechen: Es gibt keinen roten Faden, der die Kirchen und die Christen wie eine durchgängige Substanz miteinander verbindet, sei dies nun das dreifach gegliederte Amt, ein Bekenntnistext oder eine bestimmte Liturgie. Was uns verbindet, ist vielmehr ein Prozeß, nämlich das lückenlose Übergreifen der verschiedenen Stränge christlicher Überlieferung, in deren Geschichte es nicht nur Kontinuitäten, sondern auch Diskontinuitäten, Trennungen, Abbrüche und Neuanfänge gibt. Das lückenlose Übergreifen der Fäden aber geschieht einzig durch das Wirken des Heiligen Geistes. Sein Wirken schafft jene Kohärenz der Ökumene, die sich in einem beständigen dynamischen und eschatologischen Prozeß befindet.

In diesem Sinne möchte ich die Formel aus „A Treasure in Earthen Vessels“ aufgreifen, wonach eine ökumenische Hermeneutik „eine Hermeneutik der Kohärenz“ ist. Ökumenische Hermeneutik ist kein Instrument zur Umsetzung oder Durchsetzung eines wie auch immer gearteten Einheitsprogramms, sondern sie ist jene Kunst, welche uns hilft, jene komplexen und dynamischen Familienähnlichkeiten zu entdecken und besser zu verstehen, welche die Konfessionen unbeschadet ihrer Differenzen verbindet. Solches Entdecken und Verstehen ist freilich wiederum ein Deutungsvorgang, ein offener Prozeß der Semiose. Wir können auch sagen: Er ist ein Glaubenswagnis.

4 *Ethischer Pluralismus – protestantische Unterscheidungslehre?*

Begriff und Begründungsprobleme evangelischer Ethik im ökumenischen Kontext

4.1 Ökumenische Ethik

Zur Signatur der ethischen Diskussionslage gehört heute ein Pluralismus von Moral und Ethik, der nicht nur die ethische, sondern auch die politische und die juristische Konsenssuche – z. B. auf dem Gebiet der Biomedizin – erheblich erschwert. Die christlichen Kirchen haben den ethischen Monopolanspruch längst eingebüßt. Selbst die seit der Aufklärung propagierte Idee einer Synthese von christlicher und humanistisch-säkularer Ethik hat in den letzten Jahrzehnten an Überzeugungskraft verloren. Namentlich utilitaristische Konzeptionen medizinischer Ethik positionieren sich oftmals als dezidiert nachchristliche Ethikentwürfe.

Freilich lassen auch christliche Moral und Anthropologie eine Vielfalt von Ausdeutungen erkennen, die sich inzwischen nicht mehr ohne weiteres mit konfessionellen Unterschieden deckt. Im Gegenzug gibt es ernsthafte Bemühungen, in ökumenischer Perspektive konfessionsübergreifende Grundzüge christlicher Ethik zu formulieren und als gesamtchristliche Position in der Öffentlichkeit zu vertreten. Dezidiert theologische Argumente finden jedoch in ethischen Diskursen immer schwerer Gehör.

Zum gesellschaftlichen Pluralismus gesellt sich die ökumenische Pluralität der Kirchen bzw. der Christenheit. Theologische Ethik, also auch eine evangelische Sozialethik muß daher heute in *ökumenischer* Perspektive betrieben werden. Daß dieses Erfordernis zunehmend auch von den Kirchen selbst erkannt wird, dafür stehen z. B. der konziliare Prozeß für Gerechtigkeit, Frieden und Bewahrung der Schöpfung und die beiden Europäischen Ökumenischen Versammlungen in Basel 1989 und in Graz 1997.

Ferner wurde im Frühjahr 2001 von der Konferenz Europäischer Kirchen (KEK) und dem Rat der Europäischen Bischofskonferenzen (CCEE) die „Charta Oecumenica" unterzeichnet. So unzureichend man dieses Dokument auch halten mag, es formuliert immerhin die Selbstverpflichtung, „auf allen Ebenen des kirchlichen Lebens gemeinsam zu handeln, wo die Voraussetzungen dafür gegeben sind und nicht Gründe des Glaubens oder größere Zweckmäßigkeit dem entgegenstehen" (Charta Oecumenica, Abschnitt 4) und „bei Kontroversen, besonders wenn bei Fragen des Glaubens und der Ethik eine Spaltung droht, das Gespräch zu suchen und diese Fragen gemeinsam im Licht des Evangeliums zu erörtern" (Abschnitt 6). Das Beispiel der Charta Oecumenica zeigt freilich auch, daß der ökumenische Dialog den Pluralismus der Konfessionen nicht hinter sich läßt, sondern ihn gerade zur Voraussetzung hat. Daher kann auch eine ökumenische Sozialethik nicht jenseits der konfessionellen Unterschiede, sondern nur multiperspektivisch betrieben werden.

Ökumenische Initiativen der Kirchen auf ethischen Themenfeldern, z. B. gemeinsame Erklärungen wie das Sozialwort des Ökumenischen Rates der Kirchen in Österreich (ÖRKÖ) vom November 2003 oder das Sozialwort der Evangelischen Kirche in Deutschland und der katholischen Deutschen Bischofskonferenz von 1997 müssen freilich von der *Ethik als wissenschaftlich-theologischer Disziplin* unterschieden werden. *Ökumenische Ethik ist nicht mit kirchlichen Stellungnahmen gleichzusetzen, sondern macht derartige Stellungnahmen zum Gegenstand wissenschaftlicher Untersuchungen.* Als Theorieprogramm ist eine ökumenische Ethik bislang noch weitgehend ein Desiderat.[1] Seine Verwirklichung hat mit ähnlichen theoretischen Schwierigkeiten zu kämpfen wie auch die ökumenische Theologie im allgemeinen. Beide, sowohl eine ökumenische Theologie wie eine ökumenische Ethik haben eine Theorie der Ökumene

1 Vgl. M. Robra, Ökumenische Sozialethik; W. Schöpsdau, Glaube.

zur Voraussetzung, die je nach konfessioneller Ausprägung sehr unterschiedlich ausfallen kann. Das Problem einer als ökumenische Theologie bezeichneten Theorie der Ökumene ist eigentlich sie selbst, weil mit dem Begriff des Ökumenischen keine feststehende begriffliche Theorie, sondern das von einer solchen zu bearbeitende Problem von Einheit und Vielfalt des Christentums benannt ist. Folglich genügt es nicht, lediglich den Begriff der Einheit oder von Strategien, sie zu erreichen, zu diskutieren. Es bedarf vielmehr, wie wir bereits im 1. Kapitel gesehen haben, einer theologischen Theorie, in welcher der Begriff der Einheit überhaupt erst eine sinnvolle Funktion bekommt.

Vor diesem Hintergrund werden alte Fragen neu gestellt: Gibt es überhaupt eine spezifisch christliche Ethik, und wenn ja: worin besteht ihr Proprium gegenüber anderen Gestalten einer religiös begründeten sowie gegenüber den unterschiedlichen Konzeptionen einer philosophischen Ethik? Gesetzt man bejaht die Frage nach einer spezifisch christlichen Ethik, wie verhält sich dann ihre Christlichkeit zur konfessionellen Pluralität des Christentums? Gibt es also zwar unterschiedliche christliche Konfessionen und damit unterschiedliche Ausprägungen einer christlichen Glaubenslehre, aber nur *eine* christliche Ethik, oder muß man davon ausgehen, daß es konfessionsspezifische Merkmale christlicher Ethik gibt, so daß man zwischen einer katholischen, einer evangelischen und einer orthodoxen Ethik unterscheiden kann?

4.2 Evangelium und Ethik

Um diese Fragen sinnvoll bearbeiten zu können, ist zunächst zwischen Ethik und Ethos bzw. Moral zu unterscheiden.[2] Während Ethos oder Moral – ich verwende die Begriffe hier synonym – die sittliche Grundorientierung menschlicher Lebensführung sowie die Verhaltensnormen einer Gesellschaft

2 Zum folgenden vgl. U. Körtner, Was ist das Evangelische an der evangelischen Ethik?

oder einer Gemeinschaft bezeichnet, ist unter Ethik eine Theorie der Moral oder des Ethos zu verstehen. Von einer rein deskriptiven Ethosforschung oder einer Moralsoziologie unterscheidet sich Ethik dadurch, daß es sich um die *selbstreflexive* Theorie der Moral handelt.[3] Als selbstreflexive Theorie der Moral ist Ethik aber nicht moralfrei, sondern selbst moralhaltig.[4] Sie verfährt also nicht nur deskriptiv-hermeneutisch,[5] sondern argumentiert auch normativ. Dementsprechend ist unsere Ausgangsfrage dahingehend zu präzisieren, daß einerseits nach der Möglichkeit eines spezifisch christlichen bzw. evangelischen *Ethos* und andererseits nach der Möglichkeit oder Notwendigkeit einer spezifisch christlich-theologischen bzw. evangelischen *Ethik* gefragt wird.[6]

Im Anschluß an F. Schleiermacher läßt sich argumentieren, daß es ein spezifisch christliches Ethos gibt, so daß die Eigenart theologischer Ethik in ihrer Bindung an dieses Ethos begründet ist.[7] In jüngster Zeit wird eine vergleichbare Konzeption vor allem von J. Fischer vertreten. So wie es christliche Theologie gibt, weil es den christlichen Glauben gibt, gibt es nach Fischers Auffassung auch „so etwas wie ‚theologische Ethik'", weil es faktisch ein unterscheidbar christliches Ethos gibt.[8] Folgt man dieser Bestimmung, wäre das Unternehmen einer *evangelisch*-theologischen Ethik dann begründet, wenn mit der Existenz eines spezifisch evangelischen Ethos zu rechnen wäre. Davon ist nun allerdings auszugehen, wie E. Troeltschs klassische Darstellung der Soziallehren der christlichen Kirchen und Gruppen zeigt.[9] Auch heute ist mit solch einem gelebten Ethos zu rechnen.

3 Vgl. N. Luhmann, Ethik als Reflexionstheorie der Moral; ders., Soziologie der Moral; ders., Paradigm lost.

4 Vgl. S. H. Pfürtner, Begründung.

5 So z. B. J. Fischer, Bioethik.

6 Zur Einführung in die Diskussion siehe H. G. Ulrich (Hg.), Evangelische Ethik.

7 Vgl. F. Schleiermacher, Die christliche Sitte.

8 J. Fischer, Bioethik, S. 78f. Zu seiner Ethikkonzeption vgl. auch J. Fischer, Theologische Ethik.

9 Vgl. E. Troeltsch, Soziallehren, S. 427–964. Siehe außerdem M. We-

Im Sinne der oben gegeben Bestimmung von Ethik als *selbstreflexiver* und das heißt eben auch *moralhaltiger* Theorie von Ethos und Moral stellt sich nun aber folgerichtig die Frage, ob es auch eine spezifische Form evangelischer Ethik, d. h. eine spezifische Form evangelischer Urteilsbildung in ethischen Fragen gibt. Wie schon bei Schleiermacher wird diese Frage m. E. bei J. Fischer zu sehr abgeschattet, weil er die normativen Anteile der Ethik zugunsten eines primär normativitätskritischen[10] bzw. eines tugendethischen Verständnisses von Ethik relativiert. Theologische Ethik sei „ihrem ganzen Wesen nach nicht der normativen Ethik zuzurechnen, sondern sie ist eine deskriptiv-hermeneutisch verfahrende Ethik.“[11] Die Frage nach dem normativen Aspekt theologischer Ethik bleibt freilich auch bei Fischer virulent, sofern er nicht auf seine Bestreitung abzielt, sondern sich – und dies völlig zu Recht – lediglich gegen die „Abkoppelung der normativen Reflexion von den theologischen Tugenden“ wendet, „so als fände sie ihre Kriterien unabhängig von diesen“, bzw. gegen „die Entgegensetzung von normativer und tugendethischer Orientierung“, die in der Tat „im Widerspruch zur christlichen Tradition“ steht.[12]

Um nun aber den Begriff eines evangelischen Ethos bzw. denjenigen einer evangelisch-theologischen Ethik bestimmen zu können, müssen wir in einem weiteren Gedankenschritt zwischen „evangelisch“ und „protestantisch“ bzw. zwischen einem deskriptiv-konfessionskundlichen und einem systematisch-normativen Begriff des Evangelischen unterscheiden.[13] Auch ein deskriptiv-hermeneutisches Verständnis von theologischer Ethik kommt um die Problema-

ber, Die protestantische Ethik. Unter den neueren Darstellungen siehe Chr. Frey, Die Ethik des Protestantismus.

10 Vgl. J. Fischer, Bioethik, S. 104.

11 J. Fischer, Bioethik, S. 80.

12 J. Fischer, Bioethik, S. 91.

13 Man beachte, daß Troeltsch und Weber von der protestantischen Ethik bzw. der Ethik des Protestantismus sprechen! Zur Geschichte des Begriffs „evangelisch“ siehe. z. B. L. Vischer, Art. Evangelisch; W. Maurer, Art. Evangelisch. Zu seinem systematisch-normativen Gehalt vgl. auch U. Körtner, Vielfalt und Verbindlichkeit, S. 112ff.

tik normativer Gehalte der von ihr verwendeten Beschreibungskategorien nicht herum, weil man in jedem Fall ein gehaltvolles Vorverständnis des zu interpretierenden Phänomens voraussetzen muß. In diesem Sinne ist auch die Frage nach dem Evangelischen evangelischer Ethik bzw. nach dem evangelischen Charakter eines evangelischen Ethos zu verstehen.

Ein systematisch-normativer Begriff des Evangelischen benennt nun nicht etwa ein kontroverstheologisches Kriterium für die Unterscheidung zwischen verschiedenen konfessionell gebundenen Typen theologischer Ethik, sondern bezeichnet im Gegenteil ein grundlegendes Kriterium theologischer Ethik überhaupt. *Das Evangelische ist nämlich nichts anderes als das Evangeliumsgemäße* und als solches keineswegs auf den Bereich protestantischer Theologie beschränkt. Ja, es kann hier bisweilen sogar fehlen oder verdunkelt werden, während es in Ethikkonzeptionen anderer konfessioneller Provenienz zum Tragen kommt. So wie seinerzeit K. Barth in seiner Baseler Abschiedsvorlesung 1962 lapidar erklärte, alle gute Theologie sei rechtverstanden evangelische Theologie,[14] so läßt sich auch – und zwar durchaus protestantismuskritisch! – argumentieren, *daß alle theologische Ethik evangelische, nämlich evangeliumsgemäße Ethik zu sein hat.*

Das Evangelische im Sinne des Evangeliumsgemäßen läßt sich nun aber nicht gegen das Anliegen einer ökumenischen Ethik ausspielen, sondern muß gerade im ökumenisch-theologischen Dialog immer wieder neu bestimmt werden. Ganz in diesem Sinne hat auch Barth mit seinem normativen Begriff des Evangelischen ein *ökumenisches* Kriterium guter Theologie benennen wollen. Dementsprechend hat Barth auch zwischen evangelischer und protestantischer Theologie unterschieden. Letztere, zumal in ihrer neu- oder kulturprotestantischen Variante, war häufig genug Gegenstand seiner theologischen Kritik und galt ihm keineswegs als Inbegriff guter, sondern im Gegenteil schlechter Theologie. „Nicht alle ‚protestantische' ist evangelische Theologie. Und es gibt evangelische Theologie auch im römischen, auch im östlich-

14 Vgl. K. Barth, Einführung, S. 10.

orthodoxen Raum, auch in den Bereichen der vielen späteren Variationen und auch wohl Entartungen des reformatorischen Neuansatzes", lautet das Urteil Barths.[15]

„Evangelisch" ist für Barth die inhaltliche Näherbestimmung dessen, was ökumenisch bzw. katholisch heißt. Ökumenisch bzw. katholisch ist eine evangeliumsgemäße Theologie, wobei Barth zugleich auf den Unterschied zwischen der einen Theologie und den vielen Theologien, d. h. auf das Problem von Einheit und Pluralität christlicher Theologie aufmerksam macht. Als evangelisch bezeichnet Barth sachlich „die ‚katholische', die ökumenische (um nicht zu sagen: die ‚konziliare') Kontinuität und Einheit all der Theologie [...], in der es inmitten des Vielerlei aller sonstigen Theologien und (ohne Werturteil festgestellt) verschieden von ihnen darum geht, den Gott des Evangeliums, d. h. den im Evangelium sich kundgebenden, für sich selbst zu den Menschen redenden, unter und an ihnen handelnden Gott auf dem durch ihn selbst gewiesenen Weg wahrzunehmen, zu verstehen, zur Sprache zu bringen."[16]

Ganz in diesem Sinne soll nun im folgenden die Frage nach dem Evangelischen eines evangelischen Ethos und einer evangelischen Ethik im ökumenischen Kontext gestellt werden. Mit dem Begriff des Evangeliumsgemäßen wird nach der Identität des christlichen Ethos und seiner selbstreflexiven theologischen Theorie in der Pluralität und den Gegensätzen der Kirchen und Konfessionen gefragt.

4.3 „Pluralismus als Markenzeichen"

Das bedeutet nun allerdings nicht, daß wir K. Barth auch in der Durchführung des Themas folgen wollen. Die theologische Konzeption Barths steht nämlich in der Gefahr, theologische Ethik mit ethischem Dezisionismus und christozentrischem Appell zu verwechseln. Eine christozentrische Kerygmatik mag zwar universale ethische Geltungsansprüche

15 Ebd.
16 Ebd.

erheben, bleibt aber de facto eine partikulare Ethik, welche nur für diejenigen Überzeugungskraft besitzt, die den christlichen Glauben teilen. Dieser Schwierigkeit scheint man entkommen zu können, wenn man auf rationalem Wege ein universales Ethos zu begründen versucht, das den Pluralismus der ethischen Positionen überwindet. A. Schweitzers Ethik der Ehrfurcht vor dem Leben[17] ist hier ebenso als respektabler Versuch zu erwähnen wie H. Jonas' „Prinzip Verantwortung"[18] oder H. Küngs „Projekt Weltethos"[19].

Gerade Küngs Projekt Weltethos ist freilich ein Beispiel für theologische Überbietungsansprüche, welche den Konflikt der Ethiken keineswegs überwinden können, sondern sich als Holzweg erweisen. Theologische Überbietungsansprüche suggerieren letzte Gewißheiten, die es zumindest auf den sozial- und umweltethischen Ebenen heutiger ethischer Konflikte schon deshalb nicht geben kann, weil ja nicht etwa nur die Handlungsnormen, sondern schon die Analyse der Sachverhalte, also die Beschreibung der Phänomene strittig ist. Wenn es sich als Irrtum erweist, von theologischen Gewißheiten ausgehend rigorose ethische Ansprüche zu deduzieren, so bleibt auch für eine theologische Ethik nur der von M. Honecker beschriebene Weg, „von den Ungewißheiten auszugehen, die zur ethischen Reflexion herausfordern"[20].

Dies bedeutet, daß der faktische Pluralismus gesellschaftlichen Lebens und ethischer Reflexion auch von Theologie und Kirche zur Kenntnis zu nehmen ist. Ethik in einer pluralen Gesellschaft ist eine offene Suchbewegung, ausgelöst durch die Frage nach den Folgen neuer Handlungsmöglichkeiten, die in Ratlosigkeit und Verlegenheit stürzen. Die dem Glauben gebotene Weltverantwortung wird nicht durch universalethische Überbietungsansprüche wahrgenommen, sondern durch die solidarische Beteiligung am Prozeß der Antwortsuche. Hierbei ist nochmals zwischen binnenkirch-

17 A. Schweitzer, Kultur und Ethik. Siehe auch A. Schweitzer, Kultur und Ethik in den Weltreligionen.
18 H. Jonas, Prinzip Verantwortung.
19 H. Küng, Projekt Weltethos.
20 M. Honecker, Einführung, S. XII.

lichen Verständigungsprozessen in ethischen Fragen und der Beteiligung der Kirche und ihrer einzelnen Mitglieder am gesellschaftlichen Ethikdiskurs zu unterscheiden. Denn die Kirchenmitglieder treten in den gesellschaftlichen Teilsystemen als funktionale Rollenträger auf, deren individuelle Werthaltungen durch die religiöse Sozialisation zumindest mitgeprägt sind. So kommt es zwischen den Kirchen und anderen sozialen Systemen zu vielfältigen Überschneidungen. Pluralität kennzeichnet dabei nicht nur das gesellschaftliche Umfeld der Kirchen, sondern diese selbst. Weder innerhalb noch außerhalb der Kirchen ist in der pluralen Gesellschaft mit einem Einheitsethos zu rechnen.

Problematisch erscheinen daher auch Konzepte einer „kirchlichen Ethik“, wie sie derzeit von G. Lindbeck, J. Milbank, S. Hauerwas oder R. Hütter vertreten werden.[21] Man kann in ihnen die kirchliche Variante des Kommunitarismus sehen, wobei der kommunitaristische Gemeinschaftsbegriff auf die Kirche übertragen wird.[22] Positiv ist an diesem Ansatz, daß er eine individualistische bzw. personalethische Engführung christlicher Ethik zu überwinden versucht. Zustimmung verdient auch seine These, daß die Eigenart theologischer Ethik in ihrer Verpflichtung begründet ist, die sie dem gelebten christlichen Ethos gegenüber hat. Wie es christliche Theologie nur deshalb gibt, weil es den christlichen Glauben gibt, so auch theologische Ethik als Theorie der Moral, weil es ein christliches Ethos gibt, dessen Eigenart sich nicht einseitig über den Begriff des Gebots bzw. der Pflicht, sondern tugendethisch über die Trias von Glaube, Hoffnung und Liebe erschließt.[23] Die Gefahr einer kirchlich-kommunitaristischen Ethik liegt jedoch in einer einseitig antagonistischen Verhältnisbestimmung von Kirche und Ge-

21 Vgl. S. Hauerwas, Selig sind die Friedfertigen; ders., A Community of Character; ders., In Good Company; R. Hütter, Evangelische Ethik, Neukirchen-Vluyn 1993; ders., Theologie, Gütersloh 1997.

22 Vgl. E. Arens, Kommunitarismus.

23 Vgl. dazu die in Anm. 5 u. 8 genannten Arbeiten von J. Fischer. Eine Konzeption einer evangelischen Tugendethik hat K. Stock vorgelegt. Siehe K. Stock, Tugendlehre, sowie ders., Gottes wahre Liebe.

sellschaft mit der Folge einer möglichen Selbstimmunisierung der Kirche gegenüber kritischen Anfragen von außen und binnenkirchlicher Reduktion ethischer Urteils- und Konsensbildung auf Bekenntnissätze.

Die Unterscheidbarkeit der Kirche von anderen Institutionen und Gruppen in der pluralen Gesellschaft, die heute unter dem Stichwort der Profilierung diskutiert wird,[24] ist kein Selbstzweck, sollte aber in einer nachkirchlichen Gesellschaft auch nicht gescheut werden. Die Kirche kann ihrem historischen Ursprung und ihrem Wesen nach durchaus als „Kontrastgesellschaft“ verstanden werden.[25] Sie muß sich deshalb aber nicht im Konkreten zu jeder denkbaren Gesellschaftsform im permanenten Dauerkonflikt befinden.

Kritiker halten Hauerwas m. E. zu Recht vor, seine Ethik erschöpfe sich in prinzipiellen Postulaten, die letztlich in einen ethischen Fundamentalismus und Biblizismus münden.[26] Auch Hütters Konzept steht in der Gefahr, die theologische Ethik zu klerikalisieren.[27] Wohl ist die Kirche ausdrücklich zum Thema nicht nur der Dogmatik, sondern auch der Ethik, zumal der Sozialethik, zu machen. Doch gilt es die theologische Differenz zwischen sichtbarer und unsichtbarer Kirche ebenso zu beachten wie die neuzeitliche Differenz zwischen den Kirchen und der Christenheit bzw. dem Christentum. Denn die eine Kirche, zu der sich der Glaube im Credo bekennt, manifestiert sich unhintergehbar in der Vielfalt der Konfessionen, deren Verhältnis nicht durch das letztlich ideologische Modell einer irgendwann erreichbaren sichtbaren Einheit, sondern durch eine differenz-

24 Vgl. z. B. M. Josuttis, Für einen evangelischen Fundamentalismus; U. Körtner, Gemeinschaft, S. 29–44.

25 Der Ausdruck stammt von G. Lohfink. Siehe G. Lohfink, Wie hat Jesus Gemeinde gewollt?; ders., Wem gilt die Bergpredigt?

26 Vgl. J. P. Wils/D. Mieth, Grundbegriffe, S. 192.

27 Hütter beruft sich neben Hauerwas vor allem auf K. Barth, dessen „Kirchliche Dogmatik“ und theologische Ethik kirchlich-kommunitaristisch interpretiert wird. Vgl. R. Hütter, Evangelische Ethik, S. 25ff. Den Redemodus der gesamten kirchlichen Diskurspraxis, die als „narrative Kasuistik“ charakterisiert wird, bestimmt Hütter als „parakletische Rede“ (S. 267ff).

theoretische Ekklesiologie beschrieben werden muß.[28] Eine „kirchliche Ethik" droht demgegenüber die Komplexität der konfessionellen Vielfalt und der realen ökumenischen Situation auf einen abstrakten Kirchenbegriff oder aber auf die binnenkirchliche Identität einer Einzeldenomination zu reduzieren.[29]

Das entbindet Theologie und Kirche freilich nicht von der Aufgabe, die Verbindlichkeit des Glaubens für das individuelle Leben und die Gestaltung der Gesellschaft ernstzunehmen. Gerade weil der moderne Pluralismus prinzipiell ist, ist die „Wiedergewinnung des Positionellen"[30] eine zentrale theologische und kirchliche Herausforderung. Das innerkirchliche Bemühen um eine größere Verbindlichkeit des Glaubens auf dem Gebiet der Lebensführung darf freilich nicht gegen die Autonomie des Gewissens der Kirchenmitglieder ausgespielt werden, die als mündige Christinnen und Christen ernstgenommen werden wollen.[31] In diesem Sinne ist es zu verstehen, wenn die Stellungnahme „Starre Fronten überwinden", die mehrere evangelische Ethiker im Januar 2002 zur Forschung an humanen embryonalen Stammzellen veröffentlicht haben, vom Pluralismus als „Markenzeichen" des Protestantismus spricht.[32]

Diese Formel hat auf katholischer wie evangelischer Seite Mißverständnisse und Kritik hervorgerufen. So fragt der evangelische Theologe Wolfgang Schobert. „Was macht den

28 Vgl. ausführlich U. Körtner, Versöhnte Verschiedenheit, S. 9ff; ders., Einheit von Identität und Differenz.
29 Zur Kritik an den Konzepten von Hauerwas und Hütter siehe auch M. Honecker, Themen und Tendenzen, S. 88f; E. Arens, Kommunitarismus, Sp. 498ff.
30 P.-G. Klumbies, Diakonie, S. 37ff.
31 Vgl. M. v. Renesse, Handeln im dunklen Raum.
32 R. Anselm/J. Fischer/Chr. Frey/U. Körtner/H. Kreß/T. Rendtorff/D. Rössler/Chr. Schwarke/K. Tanner, Pluralismus als Markenzeichen. Eine Stellungnahme evangelischer Ethiker zur Debatte um die Embryonenforschung, Frankfurter Allgemeine Zeitung, 23. Januar 2002, Nr. 19, S. 8. Der vollständige Text trägt den Titel „Starre Fronten überwinden. Eine Stellungnahme evangelischer Ethiker zur Debatte um die Embryonenforschung" und ist abgedruckt in: R. Anselm/U. Körtner (Hg.), Streitfall Biomedizin, S. 197–208.

Pluralismus eigentlich so ‚protestantisch'? Wenn hier mehr im Spiel ist als ein antikatholischer Affekt, den ich eigentlich überwunden geglaubt hatte, wäre zu fragen, ob hier nicht protestantische Ethiker einen Begriff für sich in Anspruch nehmen, der vielmehr der *demokratischen* Tradition zuzurechnen ist und in demokratischen Gesellschaften eine – freilich prekäre – Selbstverständlichkeit sein sollte."[33] Den Autoren der Stellungnahme „Starre Fronten überwinden" unterstellt er, zumindest in ethischen Fragen die Wahrheitsfrage zu suspendieren.[34]

Auch der katholische Moraltheologe E. Schockenhoff deutet die Formel vom „Pluralismus als Markenzeichen" als Indifferenz-These und behauptet, es habe in Fragen des christlichen Ethos „bis hinauf zu Schleiermacher" Unterschiede allenfalls in wenigen Einzelfragen und in der theologischen Begründung gegeben.[35] In der materialen Ethik habe dagegen weitgehend Übereinstimmung geherrscht. Scharf reagiert auch der katholische Moraltheologe Klaus Demmer. „Wer sich nicht mehr um Konsens müht, hat denkerisch bereits resigniert und den leichteren Weg gewählt, es sei denn, divergente Positionen seien offensichtlich nicht mehr vermittelbar oder Ausdruck eines geistigen Reichtums, ja Überschusses, den man tunlichst so stehen läßt, soll die geistige Landschaft nicht verarmen."[36] Diesem Urteil schließt sich auch der katholische Moraltheologe Herbert Schlögel an.[37]

Im Streit um den ontologischen und moralischen Status des Embryos hat Chr. Frey, einer der Autoren der Stellungnahme „Starre Fronten überwinden", allerdings klargestellt: „Dass der Protestantismus pluralistisch sei, kann ohne Selbstwiderspruch nicht auf jener grundsätzlichen Ebene gelten, die Voraussetzung jeglichen humanen Pluralismus ist und deshalb die Anerkennung des anderen, den Zuspruch der Menschenwürde und den Schutz menschli-

33 W. Schoberth, Pluralismus, S. 251.
34 Ebd.
35 E. Schockenhoff, Einheit im Handeln?
36 K. Demmer, Ökumenische Klippen, S. 243.
37 H. Schlögel, Wie weit trägt die Einheit?, S. 195ff.

chen Lebens begründen will. Ein Pluralismus gilt aber angesichts der Frage, welche empirischen Identifikatoren, gegebenenfalls mit Nachhilfe philosophischer Interpretation, zur Identifikation herangezogen werden können, um zu bestimmen, wann und wie der Schutz menschlichen Lebens oder die Konsequenz des Zuspruchs der Menschenwürde relevant werden."[38] Nicht im Bereich der ethischen Grundlegung, wohl aber „im Bereich der pragmatischen Umsetzung in Problembereiche, die empirische Sachverhalte und hermeneutische Perspektiven in einem umfassen, ist ein Pluralismus der Anwendung prinzipieller Einsichten in Grenzen zu vertreten."[39]

Gerade den Kritikern ist entgegenzuhalten, daß sie die Ebenen ethischer Argumentation nicht sorgfältig auseinander halten. Nicht die Vertreter des inkriminierten Pluralismus, sondern sie selbst verschleiern ihre metaphysischen Vorannahmen und verwechseln moralische Urteile mit Tatsachenbeschreibungen. Nach wie vor geht die katholische Kirche davon aus, es gebe in sich gute oder böse Handlungen.[40] Ihre moralische Qualität wäre demnach eine objektive Realität, unabhängig davon, ob diese von jemandem erkannt wird oder nicht. Die Aussage: „Einen Embryo zu verwerfen, ist böse" ist aber nicht von derselben Art wie die Aussage: „Es regnet". Auch ist die im ersten Fall vorausgesetzte Behauptung: „Jeder Embryo ist ein Mensch", ebenfalls ungleich voraussetzungsreicher als die Aussage: „Es regnet".[41]

Sodann hat der evangelische Theologe D. Rössler darauf hingewiesen, daß zwischen dem allgemeinen Pluralismus in der modernen Gesellschaft und dem Pluralismus innerhalb der evangelischen Ethik deutlich unterschieden werden

38 Chr. Frey, Pluralismus und Ethik, S. 173.

39 Chr. Frey, Pluralismus und Ethik, S. 174.

40 Als in sich schlechte Handlungen gelten dem Katechismus der katholischen Kirche z. B. Masturbation, Vergewaltigung und homosexuelle Handlungen (Nr. 2352, 2356 u. 2357).

41 Vgl. dazu die Argumente von J. Fischer in: J. Fischer/S. Grotefeld/P. Schaber (Hg.), Moralischer Realismus.

muß. Es gibt einen internen Pluralismus evangelischer Ethik, der aus dem reformatorischen Grundsatz der Glaubens- und Gewissensfreiheit herrührt und dazu führt, daß nur in den seltensten Fällen ethische Fragen zum *status confessionis* erklärt worden sind, d. h. zur Kirchentrennung oder zum Kirchenausschluß geführt haben. „Selbst bei den außerordentlich schwerwiegenden Auseinandersetzungen über den Bestand der Monarchie und über die Rolle der Demokratisierung der Gesellschaft hat man sich zwar in allen Lagern und für alle Positionen direkt auf das Gebot Gottes oder auf Gottes Wort berufen, aber nur ganz selten ist einem theologischen oder politischen Gegner die Zugehörigkeit zur Kirche oder gar zum Christentum abgesprochen worden. In diesem Sinne würde der Pluralismus zu recht das ‚Markenzeichen' des Protestantismus genannt werden können. Denn Pluralismus ist der Name für den Diskurs, der individuellen moralischen Intuitionen ihre Freiheit lässt und der zwischen solchen unterschiedlichen oder gegensätzlichen Auffassungen auch deshalb geführt werden kann, weil sie sich (gemeinsam) als Auslegung der evangelischen Überlieferung verstehen und diesen Anspruch auf dem Niveau gemeinsamer Reflexion in Argumenten zur Geltung bringen."[42]

Mögliche Unterschiede zwischen evangelischer und katholischer Ethik betreffen also nicht nur die fundamentalethische oder die materialethische Ebene, auf denen Schockenhoff argumentiert, sondern auch das methodische Verfahren der ethischen Urteilsbildung. Was katholische und evangelische Ethik heute unterscheidet, ist die unterschiedliche Diskurskultur, die auf zum Teil erhebliche Differenzen im Kirchen- und Amtsverständnis sowie die Rolle des kirchlichen Lehramtes in der katholischen Kirche und für die katholische Universitätstheologie hinweisen.

42 D. Rössler, Die Moral des Pluralismus, S. 191f.

4.4 Evangelische Ethik und „christliches Menschenbild"

W. Trillhaas hat Ethik als „in jedem Sinne angewandte Anthropologie“ charakterisiert.[43] Christliche Anthropologie aber begegnet uns niemals als solche, sondern nur in unterschiedlichen Ausdeutungen. Die übliche Rede von *dem* christlichen Menschenbild stellt also eine Vereinfachung dar. Gewiß gibt es grundlegende Gemeinsamkeiten zwischen den christlichen Konfessionen, was die Sicht des Menschen, seiner Größe und seines Elends, seiner Bestimmung, seiner Not und seiner Verheißung betrifft. Doch zwischen den Sichtweisen der großen christlichen Traditionen bestehen durchaus signifikante Unterschiede. Die christliche Sicht des Menschen weist also eine gewisse Pluralität auf, die z. T. sogar quer zu den Konfessionen besteht. Insofern ist es sachgemäßer, statt von *dem* christlichen Menschenbild von christlichen Menschen*bildern* im Plural zu sprechen. Der ökumenische Diskurs über Fragen der Ethik hat diesem Umstand Rechnung zu tragen. Auch auf dem Gebiet der Ethik läßt sich das bisherige Modell der Konsensökumene, welches bereits in dogmatischen Fragen an seine Grenzen gestoßen ist, nicht uneingeschränkt anwenden.

Ebenso strittig wie ein christliches Menschenbild im allgemeinen ist nun gerade das reformatorische Menschenbild im besonderen.[44] Der Radikalität, mit welcher die evangelische Tradition von der Rechtfertigung des Sünders allein aus Gnaden durch den Glauben spricht, korrespondiert die Radikalität ihrer Sicht der Sünde. Das „radikal Böse“ (Immanuel Kant) wird derart radikal gesehen, daß selbst noch vom gerechtfertigten Sünder behauptet wird, er sei Gerechtfertigter und Sünder zugleich – „simul iustus et peccator“. Das jedenfalls ist die paradoxe und ärgerlich klingende Formulierung Martin Luthers, die bis heute von ihrer Anstößigkeit nichts verloren hat.

43 W. Trillhaas, Ethik, S. 19.
44 Zum folgenden vgl. U. Körtner, Der gerechtfertigte Mensch.

Nicht nur ein nachaufklärerisches modernes Bewußtsein tut sich mit dem vermeintlichen Pessimismus dieser Anthropologie schwer. Auch im ökumenischen Gespräch bereiten Luthers Spitzenaussagen nach wie vor erhebliche Verständnisschwierigkeiten. Ob sich hinter unterschiedlichen Sprachformen, in denen die Konfessionen von der Sünde und ihrer verbleibenden Realität im Leben der Glaubenden sprechen, lediglich ein Unterschied in der Sprache oder aber eine unüberwindliche theologische Grunddifferenz in der Sache verbirgt, ist eine noch immer offene Frage. Das haben die Auseinandersetzungen um das „simul iustus et peccator" im Zusammenhang mit der „Gemeinsamen Erklärung zur Rechtfertigungslehre" (GER) von Lutherischem Weltbund und römisch-katholischer Kirche gezeigt.

Evangelische Ethik setzt nicht etwa nur die Strittigkeit des christlichen Menschen*bildes*, sondern die Strittigkeit des *Menschen selbst* voraus. Die Strittigkeit des Menschen und die Strittigkeit eines theologisch angemessenen Menschenbildes verweisen aber letztlich auf die Strittigkeit Gottes. Gerade die neuere evangelische Theologie setzt unter Berufung auf die Theologie der Reformatoren nicht beim Sein Gottes, sondern bei seinem Strittigsein ein.[45] Das Ineinander der Strittigkeit des Menschen und des Strittigseins Gottes aber kommt am deutlichsten im Leiden und Sterben Jesu Christi zum Vorschein, der doch nach biblischem Zeugnis das fleischgewordene Wort Gottes ist. Weil Gott und Mensch wechselseitig aufeinander bezogen sind – selbst noch im Widerspruch der menschlichen Sünde – betont die evangelische Tradition den Zusammenhang von Rechtfertigungslehre und Theodizeeproblematik. Theologie als „Konfliktwissenschaft"[46] bedenkt zugleich den inneren Zusammenhang, der zwischen dem Strittigsein Gottes und der Strittigkeit des Menschen besteht.

Was den Zusammenhang von Gottes- und Selbsterkenntnis betrifft, so finden wir grundlegende Aussagen bei Luther und Calvin. In seiner „Institutio Christianae Religionis"

45 Vgl. G. Ebeling, Dogmatik I, S. 169ff.
46 O. Bayer, Theologie, S. 105.505 u. ö.

([3]1559) führt Calvin aus: „All unsere Weisheit, sofern sie wirklich den Namen Weisheit verdient und wahr und zuverlässig ist, umfaßt im Grunde eigentlich zweierlei: Die Erkenntnis Gottes und unsere Selbsterkenntnis. Diese beiden aber hängen vielfältig zusammen, und darum ist es nun doch nicht so einfach zu sagen, welche an erster Stelle steht und die andere aus sich heraus bewirkt."[47] Gemeint ist aber nicht eine *abstrakte*, sondern eine konkrete bzw. *existentielle* Selbst- und Gotteserkenntnis. In seiner Auslegung zu Psalm 51 schreibt Luther: „Eigentlicher Gegenstand der Theologie ist der Mensch als der in Sünde verschuldete und verlorene (homo reus et perditus) und Gott als der Gott, der den Sünder rechtfertigt und rettet (Deus iustificans vel salvator)."[48] Vom Menschen und seinem Wesen wie von Gott läßt sich nach Luther nicht aus einer unbeteiligten Beobachterperspektive aus raisonnieren. Die Position theologischer Anthropologie ist bei ihm statt dessen diejenige, des existentiell Betroffenen. Diese aber ist bei Luther wiederum nicht diejenige des vorgläubigen Ich, sondern diejenige des christlichen Glaubens. Seine Bestimmung des Menschen operiert auch nicht mit einem unbestimmten Religionsbegriff, sondern sie zieht aus der Rechtfertigungslehre anthropologische Konsequenzen.

Erst das Rechtfertigungsgeschehen ist nach Luther der Ort, in dem der Mensch zu voller Selbst- und Gotteserkenntnis gelangt. Erst wer sich als gerechtfertigten Sünder erkennt, d. h. als vergebungsbedürftigen und der Vergebung tatsächlich teilhaftig gewordenen Menschen, begreift erst wirklich das Wesen Gottes, das grundlose Liebe ist. Von hier aus erschließt sich auch die Welt als gute Schöpfung Gottes, deren Erkenntnis durch die Macht der Sünde verdunkelt oder nihilistisch verstellt ist.

Auf kongeniale Weise hat diesen Gedanken im 20. Jahrhundert Rudolf Bultmann reformuliert. Die Bestimmung, Gott sei „die Alles bestimmende Wirklichkeit"[49] ist so zu

47 J. Calvin, Inst. I,1,1.
48 M. Luther, WA 40/II, 328.
49 R. Bultmann, Welchen Sinn hat es von Gott zu reden?, S. 26.

verstehen, „daß Gott die unsere [!] Existenz bestimmende Wirklichkeit“ ist.[50] Von Gott haben wir nach Bultmann ebensowenig ein gesichertes Wissen wie von uns selbst, „wir haben beides nur im Glauben an Gottes Gnade“[51].

4.5 Die reformatorische Sicht des Menschen

In welcher Weise der Schöpfungsglaube von der Rechtfertigung her seine Akzentuierung erfährt, läßt sich schön an Luthers Erklärung zum ersten Artikel des Apostolischen Glaubensbekenntnisses zeigen. Luther führt aus: „Ich glaube, daß mich Gott geschaffen hat samt allen Kreaturen, mir Leib und Seele, Augen und Ohren und alle Glieder, Vernunft und alle Sinne gegeben hat und noch erhält, dazu Kleider und Schuhe, Essen und Trinken, Haus und Hof, Weib und Kind, Acker, Vieh und alle Güter, mit aller Notdurft und Nahrung dieses Leibes und Lebens reichlich und täglich versorgt, wider alle Gefahr beschirmt und vor allem Übel behütet und bewahrt, und das alles aus lauter väterlicher Güte und Barmherzigkeit ohn all mein Verdienst und Würdigkeit, des alles ich ihm zu danken und zu loben und dafür zu dienen und gehorsam zu sein schuldig bin; das ist gewißlich wahr.“[52]

Das physische Dasein und seine Erhaltung, aber nicht nur das bloße Überleben, sondern auch die Fülle des Lebens kommt dem Menschen grundlos zu. Das geschöpfliche Leben ist die irdische Konkretion der Rechtfertigung des Sünders. Das Empfangen kommt vor dem Tun, die Verheißung bzw. der Zuspruch (promissio) vor dem Gebot, der Glaube vor den Werken. Zugleich verweist die innere, an der Rechtfertigungslehre gewonnene Struktur von Luthers Erklärung zum Apostolikum auf die Christologie. Das Bild, welches

50 R. Bultmann, Welchen Sinn hat es von Gott zu reden?, S. 29.
51 R. Bultmann, Welchen Sinn hat es von Gott zu reden?, S. 37.
52 M. Luther, Kleiner Katechismus (BSLK 510f; Schreibweise modernisiert).

sich Gott vom gerechtfertigten Sünder macht, ist das Bild Christi, das er in jedem von uns sieht.

Der Radikalität, mit welcher die Reformatoren die Rechtfertigung des Sünders als das alleinige Werk Gottes ansehen, entspricht ihr Sündenverständnis. Der Mensch ist nicht nur im Einzelfall zu Sünden fähig, sondern unter die transpersonale Macht der Sünde versklavt. Entsprechend negativ wird die menschliche Natur charakterisiert. Wiewohl der Mensch Gottes gutes Geschöpf ist, bestimmt sein Ebenbild zu sein, ist seine Natur bzw. sein inneres Wesen durch die Sünde nicht etwa nur beeinträchtigt, sondern gründlich verdorben.

Artikel 2 der Augsburgischen Konfession von 1530 lehrt, daß alle Menschen „von Mutterleib an voll böser Lust und Neigung sind und keine wahre Gottesfurcht, keinen wahren Glauben an Gott von Natur haben können (nascantur cum peccato, hoc est, sine metu Dei, sine fiducia erga Deum et cum concupiscentia)“[53]. Der Mensch kann daher zu seiner Erlösung von sich aus nichts beitragen. Sie bleibt reine Gnade.

Freilich werden das Ausmaß der Sünde und ihr wahrer Charakter erst vom Glauben aus erkennbar. Erst derjenige, dem die Sünden vergeben sind, begreift das tatsächliche Ausmaß seiner Verstrickung in die Macht der Sünde. Erst im Moment der Befreiung wird die Tragweite der bisherigen Unfreiheit bewußt.

Rechtfertigung bedeutet Freiheit von der Macht der Sünde. Sie ist ein frohmachendes, das Leben von Grund auf erneuerndes Befreiungsgeschehen. Selbst noch im Leben der Gerechtfertigten zeigt sich freilich die Macht der Sünde, auch wenn sie durch Christus gebrochen ist. Hierin besteht Übereinstimmung zwischen reformatorischer und katholischer Tradition. Auch Christen begehen Sünden. Unterschiedlich wird allerdings die Stärke der Sündenmacht im Leben der Getauften beurteilt. Während katholische Theologie mit einer verbleibenden Neigung zur Sünde rechnet, die als solche noch nicht Sünde ist, sondern lediglich der Anlaß für eine Sünde werden kann, bezeichnet die reformatorische Tradition nicht nur die Tatsünden der Christen, son-

53 BSLK 53 (Schreibweise modernisiert).

dern auch die in ihnen noch lebendige Neigung zur Sünde als Sünde selbst. Auf Lateinisch wird die in Rede stehende Neigung „concupiscentia" genannt.

Die anstößige Spitzenaussage, mit welcher Luther die verbleibende Realität der Sünde im Leben der Christen zum Ausdruck bringt, lautet, diese seien Gerechtfertigte und Sünder zugleich – simul iustus et peccator. Luther präzisiert, der durch den Glauben gerechtfertigte Sünder sei „iustus in spe" – auf Hoffnung hin gerettet, jedoch „peccator in re" – d. h. äußerlich betrachtet von ungetauften Sündern nicht unterschieden.[54] Wer auf sich selbst schaut, kann in sich nach Luther nur einen unentschuldbaren Sünder sehen. Nur wer allein auf Gott schaut und sich ihm ganz in die Arme wirft, darf der Vergebung und Erlösung gewiß sein.

Die Formel „iustus et peccator" ist für Luthers Theologie insgesamt von grundlegender Bedeutung.[55] Gerhard Ebeling urteilt: „Zusammen mit dem Stichwort ‚allein' ist für Luthers theologisches Denken nicht minder charakteristisch das scheinbar widersprechende, recht verstanden aber streng dazugehörende Stichwort ‚zugleich', das ebenfalls in verschiedener Hinsicht verwandt wird, am bekanntesten in der Formel ‚Gerechter und Sünder zugleich'. Man könnte es entsprechend die Particula inclusiva nennen, die den Sinn der Particula exclusiva nicht abschwächt, sondern durch Klarstellung verschärft."[56]

Das Nebeneinander von Exklusivpartikel – allein durch den Glauben, allein um Christi willen, allein aus Gnaden, allein die Schrift – und Inklusivpartikel – Gerechter und Sünder zugleich –, enthält gewichtige Implikationen für die Anthropologie, nämlich Luthers Unterscheidung von Person und Werk, von innerem und äußerem Menschen, von Christperson und Weltperson, von Gesetz und Evangelium und verweist auch auf die sozialethisch bedeutsame Zweireichelehre.

54 M. Luther, WA 56, 296 (Römerbriefvorlesung 1515/16, Scholion zu Röm 4,7).

55 Zur Entwicklung der Theologie Luthers siehe insgesamt B. Lohse, Luthers Theologie.

56 G. Ebeling, Luther, S. 285.

Systematisch-theologisch ist zu beachten, daß Luthers „simul“ keineswegs die Gleichrangigkeit von Rechtfertigungs- und Sündenwirklichkeit behauptet. Es handelt sich allerdings nicht um zwei Partialaspekte, sondern um zwei Totalaspekte, die dialektisch miteinander verbunden sind. Luther formuliert also, wie die neuere Lutherforschung betont, kein unauflösliches Paradox. Das Gerechtsein hat anfänglichen, das Sündersein schwindenden Charakter. Das eine hat von Gott neu eröffnete Zukunft, das andere nicht. „Erst wenn man dieses *theologische Ungleichgewicht* der mit Luthers Formel geltend gemachten *Simultaneität* von Gerechtsein und Sündersein des Christen klar herausgestellt hat, kann und muß man dann auch den nicht zu mindernden Ernst der Realität des Sünderseins des Christen herausstellen.“[57]

4.6 Reformatorische Anthropologie im ökumenischen Dialog

Trotz solcher Erklärungsversuche bleiben die Spitzenaussagen der Anthropologie Luthers ökumenisch umstritten. Auch die „Gemeinsame Erklärung zur Rechtfertigungslehre“ (GER) hat in diesem Punkt keinen wirklichen Konsens erzielt. GER 28–30 macht deutlich, daß weder die Lutheraner mit dem „simul iustus et peccator“ und der Einstufung der verbleibenden Konkupiszenz als Sünde verneinen wollen, daß die Sünde im Leben der Christen »beherrschte Sünde« ist, noch daß die Katholiken mit ihrer Weigerung, die Konkupiszenz in den Getauften als Sünde zu bezeichnen, die Realität der Sünde im Leben der Getauften leugnen wollen. Die gefundenen Formulierungen haben aber für Irritationen und Kritik auf beiden Seiten gesorgt.

Die „Gemeinsame offizielle Feststellung“ (GOF), welche die endgültige Unterzeichnung der GER 1999 überhaupt erst ermöglichte, unternahm einen neuen Anlauf, die bestehenden theologischen Differenzen zu entschärfen. Sofern

57 E. Jüngel, Das Evangelium von der Rechtfertigung des Gottlosen, S. 187.

beide Seiten gemeinsam mit 2Kor 5,17 bekennen: „Wenn jemand in Christus ist, dann ist er eine neue Schöpfung, das Alte ist vergangen. Neues ist geworden“, müßten – so wird erklärt – auch Lutheraner einräumen, daß die Gerechtfertigten „in diesem Sinne“ nicht Sünder bleiben. Andererseits wäre es irrig zu behaupten, die Christen seien gänzlich ohne Sünde. Das Zeugnis der Schrift erinnere die Christen „an die beständige Gefährdung, die von der Macht der Sünde und ihrer Wirksamkeit im Christen ausgeht. Insoweit können Lutheraner und Katholiken gemeinsam den Christen als simul iustus et peccator verstehen, unbeschadet ihrer unterschiedlichen Zugänge zu diesem Themenbereich“[58].

Auch für den umstrittenen Begriff der Konkupiszenz hat die GOF einen gemeinsamen Lösungsvorschlag formuliert: Unbeschadet der bestehenden theologischen Unterschiede „kann aus lutherischer Sicht anerkannt werden, daß die Begierde zum Einfallstor der Sünde werden kann“[59].

Evangelische Kritiker bemängeln, daß die vermeintliche Konvergenz zwischen lutherischer und katholischer Sündenlehre um den Preis einer Unterbestimmung zentraler Aussagen lutherischer Theologie erkauft sei.[60] „Einfallstor der Sünde“ und „Sünde“ sind eben nicht identisch. Damit werde in der GOF freilich auch das lutherische „simul iustus et peccator“ abgeschwächt. M. E. ist die Kritik durchaus berechtigt. Daß man lediglich in dem Sinne von einem „simul iustus et peccator“ sprechen kann, daß damit die beständige Gefährdung des Christen durch die Sünde thematisiert wird, geht jedenfalls an der Radikalität wie auch an der erläuterten Dialektik von Luthers Gedanken vorbei. Ob eine vertiefte Weiterarbeit an diesem Thema wirklich zu einem Konsens führt oder statt dessen zur vertieften Einsicht in die Gründe für eine theologische Grunddifferenz, läßt sich noch nicht absehen.[61]

58 GOF, Anhang (Annex), Nr. 2A.
59 GOF, Anhang (Annex), Nr. 2B.
60 Vgl. W. Härle, Roma locuta.
61 Zum Stand der ökumenischen Diskussion über das „simul iustus et peccator“ siehe die Beiträge in: Th. Schneider/G. Wenz (Hg.), Gerecht und Sünder zugleich?

Bedenkt man aber, wie hier geschehen, den grundlegenden Zusammenhang zwischen christlicher Anthropologie, christlichem Ethos und theologischer Ethik, dürfte deutlich geworden sein, weshalb das bisherige Modell der Konsensökumene nicht nur in dogmatischen Fragen, sondern auch auf dem Gebiet der Ethik an seine Grenzen stößt.

4.7 Evangelische Ethik als Moralkritik

Die angesprochenen anthropologischen Differenzen im ökumenischen Gespräch betreffen nun aber auch die für eine evangelische Ethik grundlegende Verhältnisbestimmung von Gesetz und Evangelium, die ein ausgesprochen moralkritisches Potential enthält. In ihm ist auch ein Korrektiv gegenüber dem heute verbreiteten Ruf nach einer Erneuerung der Ethik oder gar einer neuen Ethik zu sehen, in welchem sich der Protest gegen die moderne technische und ökonomische Rationalität bzw. ein allgemeines Unbehagen an der Kultur zu Wort meldet. Wenn heute Theologie und Kirche von unterschiedlichen Seiten aufgefordert werden, zu den drängenden ethischen Konflikten Stellung zu nehmen, scheint sich damit die Möglichkeit zu eröffnen, auf ethischem Gebiet jene Relevanz wiederzugewinnen, welche Theologie und Kirche im Gefolge immer neuer Modernisierungsschübe verloren haben. Tatsächlich aber sind beide der Gefahr ausgesetzt, ideologisch funktionalisiert und mißbraucht zu werden. Die negative Folge ist nicht nur eine Theologisierung des Sittlichen,[62] sondern auch eine Moralisierung des Theologischen.

Zweifellos haben Kirche und Theologie die Aufgabe, zur Lösung der drängenden Fragen unserer Zeit beizutragen. Aber sie werden nur dann einen substantiellen Beitrag leisten können, wenn sie den heute zur Selbstverständlichkeit gewordenen Ruf nach einem Mehr an Ethik der theologischen Kritik unterziehen.[63] Ethik und Theologie sind heute vor al-

62 Vgl. J. Fischer, Bioethik, S. 87.

63 Vgl. ausführlich U. Körtner, Zwischen den Zeiten, S. 81ff. Zur theo-

lem gefragt, wenn festgestellt werden soll, was verboten ist. Die Kirchen sind z. B. schnell bei der Hand, wenn es darum geht, bioethische Grenzziehungen mittels des Strafrechts zu fordern. Theologisch gesprochen verbirgt sich im Ruf nach einer neuen Ethik die Forderung nach dem Gesetz. Problematisch ist an ihr, daß nach einer Predigt des Gesetzes verlangt wird, die nicht vom Evangelium zu reden weiß und zudem keinen Unterschied zwischen dem usus politicus, dem usus elenchthicus und dem usus praecipuus legis macht. Deren Unterscheidung gehört aber zu den wichtigen Erkenntnissen der Reformation. Luther hat zwischen dem ethisch-politischen und dem theologischen Gebrauch des Gesetzes unterschieden. In seiner ethisch-politischen Funktion (*usus politicus legis*) dient das Gesetz der Sicherung oder Herstellung öffentlicher Ordnung und des Friedens. Die theologische Funktion des Gesetzes aber besteht darin, den Menschen als Sünder zu überführen (*usus elenchthicus*), so daß er seine Sünde im Gesetz wie in einem Beichtspiegel erkennt. Melanchthon und Calvin haben noch einen dritten Gebrauch (tertius usus) des Gesetzes gelehrt. Für die Glaubenden habe es nämlich auch die Funktion einer Anleitung zum Leben aus Glauben. Darin bestehe sein außerordentlicher Gebrauch, sein *usus praecipuus*.

Eine theologische Ethik, welche sich gegenüber der Forderung nach vermehrter ethischer Reflexion nicht kritisch verhält, bleibt unserer Gesellschaft den wichtigsten Beitrag schuldig, den sie ihr vielleicht leisten kann, nämlich in den ethischen Konflikten von heute das zur Sprache zu bringen, was formelhaft als Evangelium bezeichnet wird. Wenn dies nicht gelingt, verkommt die theologische Ethik zum dezisionistischen Appell, der das Stimmengewirr der bloßen Meinungen und Interessen lediglich um einige weitere, in leicht erhöhtem Ton vorgetragene Behauptungen vermehrt.

Als reine Gebotsethik wäre christliche Ethik daher nach evangelischem Verständnis unterbestimmt, gleich ob es sich um den situationsethischen Appell zur unableitbaren Gewis-

logischen Bewertung des heutigen Ethikbedürfnisses, freilich mit anderen Konsequenzen, s. auch K. Tanner, Normen.

sensentscheidung oder um die Ableitung moralischer Normen aus Gottes geoffenbartem Willen handelte.[64] Christliches Ethos besteht im Kern darin, aus Liebe zu handeln, welche das Phänomen des Ethischen und seine Konflikte transzendiert. Der Begriff des Transmoralischen ist von Paul Tillich verwendet worden, um ein Gewissen zu bezeichnen, „das nicht aus Gehorsam gegenüber einem moralischen Gesetz urteilt, sondern auf Grund der Partizipation an einer Wirklichkeit, die den Bereich moralischer Gebote transzendiert. Ein transmoralisches Gewissen verleugnet nicht den moralischen Bereich, aber es wird durch die unerträglichen Spannungen in der Sphäre des Gesetzes darüber hinausgetrieben."[65] Was aber das Gewissen über das Gesetz hinaustreibt, ist nach biblischem Zeugnis die Liebe, die das Gesetz als Struktur verantwortlichen Lebens zwar nicht verachtet, jedoch über dem Gesetz steht und sich zu ihm in Freiheit verhält.[66] Wir können hinzufügen, daß das Selbst- und Weltverständnis des Menschen, seine Weise, sein In-der-Welt-Sein zu verstehen, sein Handeln in hohem Maße bestimmt, ohne doch selbst das Resultat moralischer Reflexion zu sein. Transmoralisch sind die letzten Gewißheiten, ohne welche Leben und Handeln nicht möglich sind, die aber unserem Tun und Lassen immer schon vorausliegen.[67]

Daß gerade die Liebe in diesem Sinne keine Norm, sondern eine transmoralische Orientierung unseres Handelns ist, verdeutlicht J. Fischer am Beispiel eines Mannes, der von mehreren Personen, die sich in einem brennenden Haus befinden nur eine retten kann und sich für seine Frau entscheidet.[68] Er handelt in diesem Augenblick spontan aus Liebe. Im Nachhinein wird er seine Liebe als Motiv bzw. als Rechtfertigungsgrund für seine Handlungsweise anführen können. Sein Handeln ist aber nicht das Resultat einer kasuistischen Ableitung von einer allgemeinen moralischen Norm

64 Vgl. auch J. Fischer, Bioethik, S. 86ff.
65 P. Tillich, Fundament, S. 66.
66 Vgl. P. Tillich, Fundament, S. 75.
67 Vgl. auch J. Fischer, Über moralische und andere Gründe.
68 J. Fischer, Bioethik, S. 87.

auf den konkreten Fall. Würde er sich zunächst die Frage stellen, warum er gerade seine Frau und nicht einen anderen der im brennenden Haus befindlichen Menschen retten soll, und würde er diese Frage aufgrund einer allgemeinen Regel beantworten: „Weil es moralisch geboten ist, in einer solchen Situation die Person vorzuziehen, der man in Liebe verbunden ist", dann würde er seine Frau zwar aufgrund einer am „Wert" der Liebe orientierten moralischen Erwägung retten, jedoch nicht aus Liebe.

„Wer in der Liebe bleibt" (1Joh 4,16b), entkommt damit jedoch nicht jedem ethischen Konflikt. Wie sollte sich z. B. der Mann entscheiden, wenn sich nicht nur seine Frau, sondern auch ihr gemeinsames Kind in dem brennenden Haus befände? Liebe ist zwar eine grundlegende Orientierung für unser Handeln, jedoch kein hinreichendes Kriterium in Konfliktlagen. Man kann auch aus Liebe oder aus Mitleid das Falsche tun oder sich sogar zu unmoralischen Handlungsweisen verleiten lassen.

Der ethische Konflikt zeigt sich aber nun in zweifacher Gestalt: einerseits als Konflikt zwischen Interessen und Handlungsalternativen, andererseits als Konflikt divergierender Ansätze von Ethik. Der Sache nach kann ein ethischer Konflikt zum einen in der Fragwürdigkeit gesellschaftlich anerkannter Normen bestehen, zum anderen in der Kollision von Normen und Pflichten, die als ethisch hinreichend begründet gelten. Ethische Konflikte brechen ferner auf, wenn ein Sachproblem als solches von den betroffenen Personen und Kollektiven unterschiedlich bestimmt und bewertet wird. Gerade die heutigen Konflikte, bei denen es um die Risikoabschätzung neuer Technologien geht, etwa der Kernenergie oder der Gentechnologie, sind zunächst gar nicht ethischer, sondern erkenntnistheoretischer Art.

Es kennzeichnet nun aber die angesprochenen Konflikte der technologischen Gesellschaft, daß sich Erkenntnistheorie und Ethik wechselseitig beeinflussen. Spätestens dann, wenn aus einer Sachanalyse praktische oder auch politische Schlüsse zu ziehen sind, wird das erkenntnistheoretische zum ethischen Problem. Erkenntnistheorie und Ethik lassen sich auch deshalb so schwer voneinander trennen, weil im heutigen Forschungsbetrieb die Unterscheidung von theoretischer Grundlagenforschung und praktischer Anwendungsforschung weitgehend aufgehoben ist. Das theoretische Wissen ist immer schon Handlungswissen, das Experiment verändert bereits die Wirklichkeit und das theoretische Wissen läßt sich, wie im Fall der Gentechnologie, nur durch Experimente gewinnen, in denen Grundfragen des Menschseins und der Ethik zur Entscheidung stehen bzw. bereits vorentschieden werden, bevor hierüber der ethische Diskurs geführt werden kann.

Daß Konflikte als ethische wahrgenommen werden, setzt das Entstehen von Verantwortungsbewußtsein und somit eine ethische Erkenntnistheorie voraus.[69] Ein Verantwortungsbewußtsein kann freilich nur dort entstehen, wo sich Menschen als Individuum zugleich selbst verantwortlich wissen. Erst dann werden Interessensgegensätze als echte ethische Konflikte begriffen.

Eine theologische Ethik schließt also eine ethische Theorie der Wahrnehmung ein.[70] Der Begriff der Wahrnehmung ist ethisch in seinem doppelten Wortsinn zu bedenken: Nur wenn einzelne sich entschließen, moralische Verantwortung zu *über*nehmen, wird diese überhaupt als zu realisierende Möglichkeit neu entdeckt und *wahr*genommen. Die Wahrnehmung von Verantwortung im Sinne ihrer Übernahme setzt ihre Wahrnehmung im Sinne ihres Erkennens voraus.[71] Beispielhaft läßt sich dieser Zusammenhang am Gleichnis Jesu vom barmherzigen Samariter erkennen (Lk 10,25–37). Die Moral, die Jesus aus der Beispielgeschichte zieht: „Gehe hin und tue desgleichen!“ (V. 37), ist als Anleitung zu einer entsprechenden Aufmerksamkeit und somit Schulung der ethischen Wahrnehmungsfähigkeit zu verstehen. Insofern besteht ein unmittelbarer Zusammenhang zwischen Ethik und Ästhetik,[72] die bei S. Kierkegaard zu Unrecht einseitig

69 Vgl. U. Körtner, Evangelische Sozialethik, S. 65ff.
70 Vgl. dazu U. Körtner, Evangelische Sozialethik, S. 76f.
71 Vgl. dazu auch J. Fischer, Wahrnehmung, sowie B. Harbeck-Pingel, Ethische Wahrnehmung, der allerdings Ethik zu einseitig als Theorie der Lebensführung bestimmt.
72 Zum Zusammenhang von Ethik und Ästhetik vgl. auch G. Franck,

in Opposition zueinander gesetzt werden. Die Beispielerzählung vom barmherzigen Samariter macht aber auch auf den Zusammenhang von *Wahrnehmen und Verstehen* aufmerksam. Die Frage des Schriftgelehrten in Lk 10, wer denn sein Nächster sei, zeigt nämlich, daß jede sogenannte angewandte Ethik auf *hermeneutische* Kompetenz angewiesen ist.[73] Theologische Ethik kann so als eine deskriptiv-hermeneutische Ethik verstanden werden, die – durchaus im Sinne R. Bultmanns – im Wechselspiel von Glauben und Verstehen ihr besonderes Profil hat.[74]

Während eine allgemeine Ethik fragt, worin das Tun des Guten besteht, gibt der christliche Glaube eine spezifische Antwort auf die Frage, warum wir faktisch oftmals nicht tun, was wir als richtig und gut erkennen. Seine Antwort lautet hierauf einerseits, daß der Mensch Sünder ist, der sich seiner Bestimmung als verantwortlichem Handlungssubjekt in einer letztlich widersinnigen Weise verweigert, andererseits, daß ihm seine Sünde unverdienterweise vergeben wird. Gerade durch dieses Widerfahrnis, das die paulinische bzw. die reformatorische Rechtfertigungslehre beschreibt, wird der konkrete Mensch als verantwortungsfähiges Subjekt neu konstituiert.

Die theologisch berechtigte Feststellung, daß kein einziger ethischer Konflikt ethikimmanent zu lösen ist, weil Schuld nicht vermieden, sondern nur von Gott jenseits der Dimension des Ethischen vergeben werden kann, entbindet uns freilich nicht von der Notwendigkeit, die konkreten Konflikte so sachgerecht als möglich zu analysieren und zwischen verschiedenen Handlungsalternativen konkret zu wählen. So berechtigt und notwendig die theologische Kritik an einer soteriologischen Überhöhung von Ethik und menschlichem Handeln ist, so problematisch ist es, wenn theologische Ethik lediglich den ethischen Dauerkonflikt institutionalisiert.

Ökonomie der Aufmerksamkeit, S. 213–251; B. Recki, Ästhetik der Sitten.

73 Zur hermeneutischen Grundlegung angewandter Ethik siehe auch B. Irrgang, Praktische Ethik.

74 Vgl. dazu U. Körtner, Zur Einführung, bes. S. 7ff.

In der Tat steht das Pathos, mit welchem gerade protestantische Ethiker im 20. Jahrhundert vom Ruf in die Entscheidung und ihrer Unbedingtheit gesprochen haben, in der Gefahr, zur inhaltsleeren Geste zu verkommen. Wird zudem der ethische Konflikt als unlösbar dargestellt, führt diese Behauptung in Resignation oder situationsethischen Dezisionismus, d. h. zum Prinzip der unableitbaren Einzelentscheidung, welches der Komplexität und Zukunftsdimension heutiger ethischer Konflikte nicht gerecht wird. Sowenig ethische Konflikte durch theologische Appelle entschieden werden können, sowenig ist es zulässig, die ethische Reflexion und die interpersonale Rechenschaft vorschnell durch die Berufung auf den Gewissensnotstand abzubrechen. Eben weil Gott nicht unmittelbar in jeder Konfliktlage zu uns spricht, sind wir auch nach theologischem Verständnis zur mühevollen, intersubjektiven und im Resultat zumeist strittigen ethischen Urteilsbildung verpflichtet.

Theologisch läßt sich die gesellschaftliche Verantwortung von Theologie und Kirche mit den Worten aus Jer 29,7 beschreiben: „Suchet der Stadt Bestes." Auch die Theologie befindet sich auf der Suche, weil sie keineswegs im Besitz fertiger Antworten auf die ethischen Fragen unserer Gegenwart ist. Wohl lebt der Glaube aus einer letzten Gewißheit des Heils. Doch darf diese Heilsgewißheit des Glaubens nicht mit der Sicherheit und Eindeutigkeit ethischen Urteilens und moralischer Handlungsanweisungen verwechselt werden. Der Moralisierung des Evangeliums gilt es zu wehren. Gerade um der Heilsbotschaft des Glaubens willen besteht die Aufgabe theologischer Ethik in der pluralistischen Gesellschaft von heute nicht zuletzt darin, vor zuviel Moral und ihren Ambivalenzen zu warnen.

4.8 Freiheit, Liebe und Verantwortung

Positiv gewendet kann evangelische Ethik, d. h. eine Ethik in der Perspektive des Evangeliums von der Rechtfertigung des Sünders allein durch den Glauben als eine vom Geist der Liebe bestimmte Form der Verantwortungsethik begründet werden. Der Verantwortungsbegriff als solcher kann freilich kein hinreichendes Prinzip evangelischer Ethik sein, weil Liebe, wie schon gezeigt wurde, das Phänomen des Moralischen transzendiert. Theologische Ethik ist vielmehr eine Form der integrativen Ethik, welche die Ansätze einer pflichtenethischen und einer strebensethischen Moraltheorie bzw. die Aspekte einer Pflichtenethik, eine Güterlehre und einer Tugendethik spannungsvoll verbindet.[75]

Konkret bedeutet dies, wie die Kammer der EKD für öffentliche Verantwortung in ihrer bioethischen Argumentationshilfe „Im Geist der Liebe mit dem Leben umgehen", ausgeführt hat, „dass aus evangelischer Sicht zur ethischen Verantwortung die Sensibilität für die Individualität des Menschen und seine je besondere Situation gehört. Deshalb steht die evangelische Ethik in einem kritischen Verhältnis zu einer Prinzipienethik, die den einzelnen Menschen *ausschließlich* nach allgemeinen Regeln behandelt wissen will. Das schließt nicht aus, sondern sehr wohl ein, dass Normen und Regeln auch in der evangelischen Ethik eine wichtige Rolle spielen. Sie tun dies, insoweit sich das, was sie formulieren, im Sinne der Liebe als der christlichen Leitorientierung verstehen lässt. Doch weil Liebe auch an der Bedürftigkeit der Person in ihrer spezifischen Individualität orientiert ist, können solche Normen und Regeln unter dem Vorbehalt stehen, dass es Einzelfälle gibt, die nicht unter sie zu fassen sind und die möglicherweise überhaupt nicht nach Regeln behandelt werden können. [. . .] Das heißt allerdings nicht, dass die evangelische Ethik sich nun umgekehrt einseitig zum Anwalt des Einzelfalls und der Grenzfälle machte. Einzelfallgerechtigkeit und Grenzfälle gibt es nur, wo es allgemeine Regeln gibt. Daher besteht die ethische Aufgabe zunächst darin zu verstehen, welche Regeln um der Liebe willen, d. h. im Interesse des Schutzes und der Förderung des Anderen auch in seiner Bedürftigkeit und Verletzlichkeit, Geltung besitzen und Beachtung verdienen.

75 Vgl. U. Körtner, Evangelische Sozialethik, S. 21. Zum Begriff einer integrativen Ethik siehe H. Krämer, Integrative Ethik; M. Endreß (Hg.), Zur Grundlegung.

Aber es gehört sodann doch auch dazu, die Grenz- und Einzelfälle wahrzunehmen, die sich nicht unter allgemeine Regeln fassen lassen."[76]

Charakteristisch für die katholische Tradition ist eine naturrechtliche Begründung von Moral, die aus vermeintlich natürlichen Wesensbestimmungen ethische Normen ableitet, von denen behauptet wird, sie seien universal gültig und auch allgemein einsehbar. Nun hat zwar auch die evangelische Ethik in den letzten Jahren das Naturrecht als Thema wiederentdeckt,[77] sieht in dieser Tradition aber keine hinreichende Basis für die Begründung ethischer Urteile. Auch wenn ökumenische Konvergenzen auf dem Gebiet des Naturrechtsgedankens gar nicht bestritten werden sollen, besteht doch die große Gefahr, einem fragwürdigen Naturalismus zu erliegen, gegen den die katholische Moraltheologie nach wie vor nicht wirklich gefeit ist.

Nach evangelischem Verständnis vermittelt der christliche Glaube eine ethische Grundorientierung, aber keine feststehenden materialethischen Handlungsanweisungen. Das kann man sich am Beispiel der Bioethik verdeutlichen. Zwar ist nach biblischem Verständnis Gott allein Herr über Leben und Tod. Aber das Handeln Gottes und dasjenige des Menschen sind kategorial *ebenso* voneinander zu unterscheiden wie aufeinander zu beziehen. Wohl gilt, daß die menschliche Existenz durch eine eigentümliche Grundpassivität gekennzeichnet ist, zu der es gehört, daß wir ohne unser Zutun geboren werden und sterben müssen. Aber das Handeln Gottes und dasjenige des Menschen liegen auf unterschiedlichen Ebenen. Ihre Unterscheidung fällt nicht mit derjenigen von menschlichem Tun und Unterlassen zusammen. Abgesehen davon, daß diese Unterscheidung keineswegs in allen Fällen einen moralischen Unterschied macht – auch eine Unterlassung kann ethisch bewertet einem Tun gleichkommen, das positiv oder negativ qualifiziert ist –, kann dem Glauben an Gott als Herrn über Leben und Tod sowohl ein energisches Tun als auch ein demütiges Lassen entspre-

76 Im Geist der Liebe mit dem Leben umgehen, S. 14f.
77 Vgl. M. Honecker, Einführung, S. 107ff; K. Tanner, Schatten.

chen. Wohl aber ist neu zu Bewußtsein zu bringen, daß nicht jedes ethisch verantwortete *Lassen* gleichbedeutend mit einem *Unter*lassen ist.[78] Medizinische Eingriffe können daher dem Bekenntnis zur Verfügungsmacht Gottes ebenso entsprechen wie widersprechen.

Auch ist zwischen dem Schöpfer und seiner Schöpfung, d. h. zwischen Gott und Natur zu unterscheiden. Der moralische Appell an die Grenzen des Natürlichen erweist sich nicht nur in naturwissenschaftlicher, erkenntnistheoretischer und ethischer Hinsicht als unzureichend, sondern ist auch theologisch zu kritisieren. Denn wer den praktischen Sinn des Glaubens an Gott und sein Handeln darin sieht, der Natur ihren Lauf zu lassen, verwechselt Gott mit der Natur, die sich uns heute mehr denn je als höchst variabel, evolutiv und menschlicher Zwecksetzung unterworfen zeigt. Wer in der Natur die Letztinstanz moralischer Verantwortung sieht, landet nicht bei Gott, sondern beim Menschen, der der Natur ihre Zwecke setzt.

Entgegenzutreten ist allerdings der zu beobachtenden Tendenz, ethische Standards über Bord zu werfen, sobald sie sich als medizinisch oder ökonomisch hinderlich erweisen. Daher mag es am Ende des nun anstehenden Diskussionsprozesses gute ethische Gründe für eine Selbstbegrenzung der molekularen Medizin geben. „Wir müssen nicht“, so erklärt der Genetiker Jens Reich, „alles mitmachen, was von außen auf uns eindrängt; wir müssen allerdings die Konsequenzen des Verzichts rational abwägen – und dann ertragen.“[79]

Die Grenzen unseres Handelns, auch der Medizin, müssen in jeder Situation neu bestimmt werden. Das gilt auch an den Grenzen des Lebens. Die Lehre von Gott dem Schöpfer und seinem Gebot wird häufig mißverstanden, als seien aus ihr allgemeine moralische, auch medizinethische Verbote abzuleiten. Wo nur Gott handeln darf, scheint jede menschliche Aktivität ausgeschlossen zu sein. Faktisch aber ist der Mensch heute in die Lage versetzt, vor Gott erkennen zu müssen, daß er dazu verurteilt ist, selbst in die Bereiche von

78 Vgl. Chr. Frey, Was können und dürfen Menschen tun?, S. 201.
79 J. Reich, Ein Fest der Forschung, S. 1.

Geburt und Tod einzugreifen. Mit dem nicht mehr aus der Welt zu schaffenden medizinischen Fortschritt ist dem Menschen an den Grenzen des Lebens eine Verantwortung zugewachsen, aus der er sich nicht durch willkürliche Selbstbegrenzung davonstehlen kann, auch nicht unter Hinweis auf vermeintlich christliche Grundwahrheiten.

Zum Menschsein des wirklichen Menschen gehört nach biblischer Sicht auch die Erfahrung der Schuld und die Angewiesenheit auf Vergebung. Der biomedizinische Fortschritt führt uns in neue Konfliktsituationen, in denen eine Güterabwägung zur Übelabwägung geraten kann. Manche medizinethische Konflikte werden sich gar nicht lösen lassen, sondern führen in die Situation von Schuld und Schuldgefühlen. Das aber ist nicht ein besonderes Kennzeichen der modernen Biomedizin, sondern kennzeichnet nach biblischem Verständnis grundlegend die Situation des sündigen Menschen vor Gott.

Eine christliche Verantwortungsethik macht damit Ernst, daß wir nicht jenseits, sondern diesseits von Gut und Böse leben, nicht vor, sondern nach dem Sündenfall. Der Hinweis auf Gott, den Herrn über Leben und Tod, oder die angebliche, in der Praxis aber ständig widerlegte, Unverfügbarkeit des Lebens darf daher nicht dazu mißbraucht werden, die Verantwortung Gott zuzuschieben, wo sie dem Menschen übertragen ist. Wir haben vielmehr immer wieder neu zu fragen, wie wir eingedenk des Geschenkcharakters menschlichen Lebens verantwortlich mit den Möglichkeiten der modernen Hochleistungsmedizin umgehen können.

Am Beispiel der umstrittenen Forschung an humanen embryonalen Stammzellen soll dies abschließend verdeutlicht werden:[80] Nimmt man den Organ- bzw. den Gewebs- oder Zellersatz als Zielpunkt der Stammzellforschung an, so ergibt sich bei Sichtung der einschlägigen Literatur zwar die Einschätzung, daß Forschungsarbeiten mit embryonalen Stammzellen im Vergleich zu solchen mit fötalen, um-

80 Siehe dazu auch die Beiträge in R. Anselm/U. Körtner (Hg.), Streitfall Biomedizin.

bilikalen (Zellen aus der Nabelschnur) oder adulten Stammzellen keineswegs oberste Priorität zukommt. Ethik und Politik sollten sich daher nicht unter Druck setzen lassen. Wer jedoch wie die römisch-katholische Kirche oder der Rat der EKD für ein striktes Forschungsverbot eintritt, braucht ethisch und juristisch hinreichend starke Gründe. Diese sehe ich nicht. Der häufig vorgebrachte Einwand, der Nutzen oder die Alternativlosigkeit embryonaler Stammzellforschung sei selbst unter Medizinern umstritten, ist als solches kein ethisches Argument. Abgesehen davon, daß neuere Forschungsarbeiten auf Risiken beim therapeutischen Einsatz von adulten Stammzellen hindeuten, gehört es zu den Ausgangsbedingungen jeder Forschung, daß viele naturwissenschaftliche und medizinische Fragen ungeklärt sind. Wissenschaft lebt nun einmal von offenen Fragen. Wer von der Forschung vorab Erfolgsgarantien verlangt, stellt die Prinzipien der Wissenschaft auf den Kopf.

Naturwissenschaftliche Prognosen und ethische Argumentationsweisen müssen schon um der methodischen Redlichkeit willen auseinandergehalten werden. Sehr wohl sind die naturwissenschaftliche und die medizinische Forschung einer ethischen Betrachtung zu unterziehen. Auf dem Gebiet der Forschungsethik sind vermehrte Anstrengungen notwendig. Den naturwissenschaftlich und medizinisch immanenten Streit über die Erfolgsaussichten bestimmter Forschungsansätze aber sollte die Ethik der scientific community überlassen.

Weil aber die Frage nach dem Status des Embryos keineswegs, wie kirchliche Stellungnahmen immer wieder unterstellen, für die ethische Urteilsbildung hinreichend ist, ist auch von einer christlichen Ethik zu verlangen, daß sie die eigenen Folgen bedenkt. Sowohl das biomedizinische Tun als auch das Unterlassen können mit Schuld behaftet sein. Dies allen Verantwortlichen bewußt zu machen, ist die besondere Aufgabe der Kirchen. Christliche Ethik richtet sich an den wirklichen Menschen, d. h. an den Menschen, der diesseits des Sündenfalls lebt. Zumindest evangelische Ethik rechnet weniger mit der Evidenz als vielmehr mit der Verborgenheit des Guten, welche die ethische Entscheidung im

Einzelfall schwermacht.[81] Vor allem aber läßt sie sich von der Gewißheit der Rechtfertigung des Sünders leiten, in welcher der Mut zur Verantwortungsübernahme ihren letzten Grund hat.

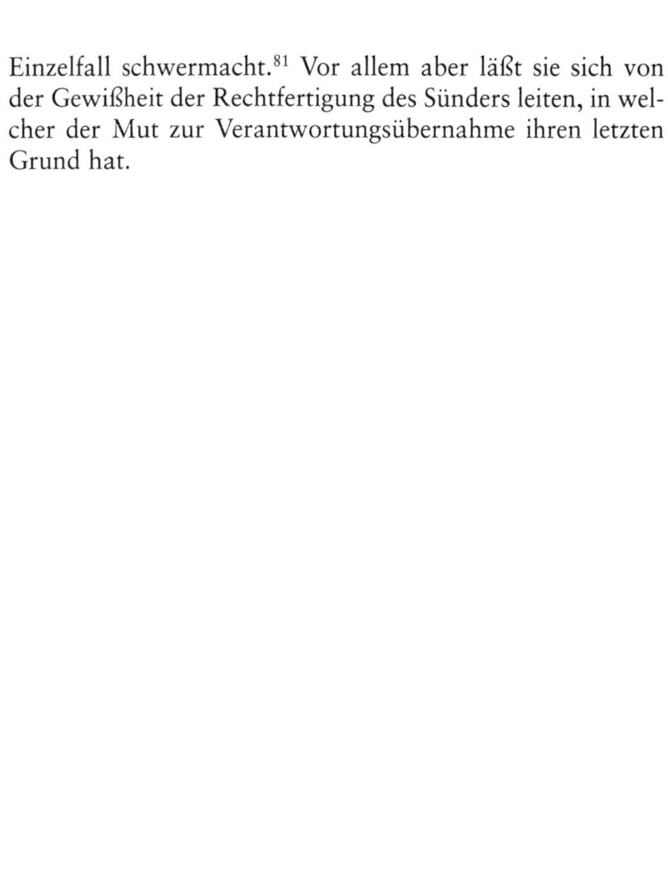

81 Vgl. D. Bonhoeffer, Ethik, S. 218–244 (Die Geschichte und das Gute).

5 Kirchenleitung und Episkopé

Funktionen und Formen der Episkopé im Rahmen der presbyterial-synodalen Ordnung evangelischer Kirchen[1]

5.1 Evangelische Episkopé im ökumenischen Kontext

5.1.1 *Offene Fragen nach „Lima"*

„Die Kirche als der Leib Christi und das eschatologische Gottesvolk wird vom Heiligen Geist durch eine Vielfalt von Gaben oder Diensten strukturiert und auferbaut. Unter diesen Gaben ist ein Dienst der ‚episkopé' notwendig, um die Einheit des Leibes zum Ausdruck zu bringen und zu bewahren. Jede Kirche braucht diesen Dienst in irgendeiner Form, um Kirche Gottes zu sein, der eine Leib Christi, ein Zeichen

1 Diesem Kapitel liegt mein Vortrag auf der 65. Jahrestagung des Ökumenischen Arbeitskreises evangelischer und katholischer Theologen auf Schloß Friedewald, 29. März–1. April 2004 zugrunde. Eine gegenüber dem Vortrag erheblich erweiterte Fassung wurde im Sommer 2004 als Separatum veröffentlicht: U. Körtner, Kirchenleitung und Episkopé. Funktionen und Formen der Episkopé im Rahmen der presbyterial-synodalen Ordnung evangelischer Kirchen, mit einem Nachwort von Gottfried Adam (Gutachten und Studien Nr. 1), Wien 2004. Aufgrund der intensiven Diskussion bei der 66. Jahrestagung des ÖAK in Mainz (14.–7. März 2005) habe ich meine Argumentation an einigen Stellen nochmals überarbeitet. Die Änderungen betreffen vor allem das evangelische Verständnis des allgemeinen Priestertums, das gegenüber der Vorfassung differenzierter interpretiert wird. Für die kritische Durchsicht des ursprünglichen Manuskriptes, Hinweise und Anregungen danke ich meinem Kollegen Michael Beintker (Universität Münster). Für den Inhalt und etwaige sachliche Fehler zeichnet der Autor jedoch allein verantwortlich.

der Einheit aller im Gottesreich."[2] Mit diesen Sätzen behauptet die Lima-Erklärung „Taufe, Eucharistie und Amt" aus dem Jahr 1982 die ekklesiale Notwendigkeit der Episkopé. Von ihr wird das Kirchesein der Kirche abhängig gemacht, also das „esse" und nicht etwa nur das „bene esse" der Kirche. Die Funktion der Episkopé wird darin gesehen, die Einheit der einen Kirche Jesu Christi zum Ausdruck zu bringen und zu bewahren. Der Dienst der Episkopé wird als „Zeichen der Einheit" bezeichnet.

Ob die Aussagen des Lima-Dokuments und andere vergleichbare Positionen mit einem evangelischen Verständnis von Episkopé in Einklang stehen oder mit ihr in Einklang zu bringen sind, wird innerhalb der evangelischen Theologie kontrovers beurteilt. Das liegt unter anderem daran, daß schon in der Frage nach Wesen und Funktion des geistlichen Amtes unterschiedliche Auffassungen vertreten werden. Schon bei oberflächlicher Lektüre der Lima-Erklärung stellen sich gleich mehrere Fragen: 1. Welchen Dienst oder welche Funktion bezeichnet der Begriff „Episkopé", der in der ökumenischen Diskussion zur Ämterlehre oftmals unübersetzt bleibt? 2. Inwiefern hat dieser Dienst eine besondere Funktion für die Einheit der Kirche, und was ist überhaupt unter dieser Einheit zu verstehen? 3. Braucht die Kirche bzw. brauchen die Kirchen ein (sichtbares) „Zeichen der Einheit", und ist dieses mit einem bestimmten Amt zu identifizieren? Ist schon das bloße Vorhandensein eines solchen Amtes mit dem postulierten Zeichen der Einheit gleichzusetzen, oder besteht es in der Ausübung einer bestimmten Funktion oder in bestimmten Vollzügen, die möglicherweise nicht exklusiv an ein bestimmtes Amt gebunden sind? 4. Welche Gestalten der Episkopé gab und gibt es in Geschichte und Gegenwart, konkret in Geschichte und Gegenwart der evangelischen Kirchen? Welche Amts- oder Funktionsbezeichnungen gab und gibt es? Haben sie mit entsprechenden Ämtern und Diensten in anderen Kirchen mehr als nur den Namen gemeinsam? Oder tritt uns derselbe Dienst der Episkopé unter

2 Taufe, Eucharistie und Amt, Teil III (Amt), Nr. 23 (S. 38). Das Dokument wird im folgenden TEA abgekürzt.

verschiedenen Bezeichnungen entgegen? 5. Welche Bedeutung hat der Umstand, daß alle Ämter und Dienste in heutigen Kirchenverfassungen evangelischer Kirchen, gleich ob lutherisch, reformiert oder uniert, in eine presbyterial-synodale Ordnung eingebunden sind, für die theologische Ämterlehre und für das theologische Grundverständnis von Episkopé? Inwiefern ist eine presbyterial-synodale Struktur von Episkopé im Sinne des evangelischen Kirchenrechts mit der Ämterstruktur z. B. der römisch-katholischen Kirchenverfassung oder der orthodoxen Kirchenverfassungen überhaupt vergleichbar? Die vorliegende Untersuchung geht damit über die Studie „Lehrverurteilungen – kirchentrennend" von 1986[3] hinaus, welche in dem Kapitel zur Ämterfrage nicht nur „die Rolle der Synoden als gemeindeübergreifender Organe"[4], sondern auch die heutige presbyteriale Struktur der evangelischen Kirche auf der Gemeindeebene unberücksichtigt gelassen hat. Dieses Thema wurde seinerzeit „nicht behandelt, weil es nicht Gegenstand der in Trient ausgesprochenen Lehrverurteilungen ist"[5].

Thema dieses Kapitels sind die Gestalt, die Aufgaben und die theologische Begründung kirchlicher Ämter und Dienste, die als Formen der Episkopé gelten können, im Rahmen heutiger evangelischer Kirchenverfassungen. Meine Ausführungen wenden sich nicht nur an die ökumenischen Gesprächspartner aus anderen Kirchen, sondern sind auch als innerevangelischer Diskussionsbeitrag zu verstehen. Sie wenden sich also gleichermaßen nach außen wie nach innen, was besonders dort berücksichtigt werden sollte, wo ich mich zu abweichenden Positionen in der Ämterfrage kritisch äußere.

3 K. Lehmann/W. Pannenberg (Hg.): Lehrverurteilungen – kirchentrennend?, Bd. I.

4 So die Kritik der Stellungnahme des Gemeinsamen Ausschusses der VELKD und des DNK/LWB, in: Lehrverurteilungen im Gespräch. Die ersten offiziellen Stellungnahmen aus den evangelischen Kirchen, S. 57–160, hier S. 149.

5 W. Pannenberg/Th. Schneider (Hg.), Lehrverurteilungen – kirchentrennend?, Bd. IV, S. 97.

Eine systematische Darstellung von Wesen und Funktion evangelischer Episkopé kann sich nicht auf die Bekenntnisschriften der Reformation oder die Anfänge einer evangelischen Ämterlehre beschränken. Vielmehr hat sie sich auf die empirischen Gegebenheiten heutiger Kirchenverfassungen und ihre kirchenrechtliche Vielfalt zu beziehen. Eine gegenwartsbezogene Darstellung, wie sie im folgenden beabsichtigt ist, muß selbstverständlich die Entwicklung der evangelischen Ämterlehre von der Reformationszeit bis in die Gegenwart berücksichtigen, zu der bereits von anderen Mitgliedern unseres Arbeitskreises gewichtige Beiträge präsentiert wurden. Meine Aufgabe ist freilich keine kirchengeschichtliche oder kirchenrechtliche, sondern eine systematisch-theologische, so daß sich meine Darstellung historischer und juristischer Sachverhalte auf die für einen gegenwärtigen evangelischen Begriff von Episkopé wesentlichen Gesichtspunkte beschränken wird.

5.1.2 Begriffsbestimmungen

Die erste Frage macht einige Begriffsklärungen erforderlich. Beginnen wir mit dem Begriff der Episkopé. Etymologisch bedeutet das griechische *episkopé* zunächst „Aufsicht" oder auch das „Aufsichtsamt".[6] In 1Tim 3,1 ist mit *episkopé* das Bischofsamt bezeichnet, ohne daß freilich schon an den sich erst im 2. Jahrhundert herausbildenden monarchischen Episkopat zu denken wäre. Grundsätzlich ist aber zwischen *episkopé* und *epískopos* zu unterscheiden, weil – jedenfalls nach evangelischem Verständnis – die Funktion der *episkopé* historisch wie gegenwärtig nicht notwendigerweise an das Amt eines Bischofs oder eines einzelnen ἐπίσκοπος gebunden ist, sondern auch durch ein kollegiales Organ ausgeübt werden kann.

6 Vgl. im Neuen Testament Act 1,20. – Außer Betracht kann hier die zweite Bedeutung „Heimsuchung" (von göttlichen Kundgebungen) bleiben. Vgl. Lk 19,44; 1Petr 2,12; 1Clem 50,3.

Was aber hat man nun unter Aufsicht im Sinne der *episkopé* zu verstehen? Das Lima-Dokument gibt einen Hinweis, wenn es von der Aufgabe der *Kirchenzucht* spricht, die freilich in dieser ökumenischen Erklärung den Bischöfen zugewiesen wird.[7] Das Amt der Aufsicht geht nicht in der Ausübung der Kirchenzucht auf, schließt diese aber ein. Wenn wir nach evangelischen Gestalten der *episkopé* in Geschichte und Gegenwart fragen, müssen wir uns also mit Ämtern oder Kollegialorganen im Rahmen evangelischer Kirchenverfassungen befassen, denen die Aufgabe der Kirchenzucht zugewiesen war oder ist.

Die *episkopé* kann aber auch im Sinne der *Kirchenleitung* verstanden werden. Dementsprechend verlangt mein Thema auch, sich mit Ämtern und Organen der Kirchenleitung in den evangelischen Kirchen zu befassen, wenn wir das evangelische Verständnis von Episkopé erfassen wollen. Von daher erklärt sich der Haupttitel meines Beitrags: „Kirchenleitung und Episkopé".

In welchem Sinne wird im folgenden der Begriff der Kirchenleitung gebraucht? Kirchenrechtlich lassen sich im evangelischen Sprachgebrauch eine weitere und eine engere Bedeutung des Begriffs unterscheiden.[8] Im weiteren Sinne bezeichnet der Begriff der Kirchenleitung die Gesamtheit der kirchenleitenden Organe oder Gremien einer Einzelkirche, z. B. einer Nationalkirche oder einer Territorialkirche (Landeskirche). Im engeren Sinne ist unter Kirchenleitung das Organ zu verstehen, dem die ständige Leitung der Kirche aufgetragen ist.[9] Dazu gehören in der evangelischen Kirche aber auch die kirchlichen Verwaltungsbehörden. Daß im Zusammenhang mit dem Thema der Episkopé auch das Verhältnis zwischen Kirchenleitung und kirchlicher Verwaltung kirchenrechtlich und theologisch eine eigene Frage ist, zeigt bereits einen signifikanten Unterschied z. B. zum Kirchenrecht der römisch-katholischen Kirche, wo Kirchenregiment, Kirchenleitung und Kirchenverwaltung „fest in derselben Hand ru-

7 TEA, Teil III, Nr. 29 (S. 40).

8 Vgl. auch R. Preul, Kirchentheorie, S. 212ff.

9 Vgl. Th. Barth, Art. Kirchenleitung.

hen“[10]. Für das evangelische Kirchenverfassungsrecht ist dagegen nach W. Maurer konstitutiv, daß die Verwaltungsbehörde an der Kirchenleitung Anteil hat.[11] Dieser Satz ist „in der Theorie allgemein, in der Praxis weithin anerkannt“[12].

Der Sammelbegriff der Kirchenleitung faßt verschiedene Funktionen zusammen:[13] die Ordination in das Amt der Verkündigung und der Sakramentsverwaltung, die Einsetzung (Installation) von Personen in kirchliche Ämter, die Aufsicht über die Personen, die kirchliche Ämter bekleiden, ihre Ausbildung, ihre Amtsführung und Lehre, nötigenfalls auch ihre Amtsenthebung, die Verantwortung für die ordnungsgemäße Durchführung von kirchlichen Veranstaltungen aller Art, die Verwaltung und Verwendung der finanziellen, räumlichen und sachlichen Ressourcen der Kirche, die Legitimation und Autorität, kirchliche Ordnungen und Gesetze zu erlassen.

Kirchenleitung und also Episkopé in diesem umfassenden Sinne geschieht in den heutigen evangelischen Kirchen im Rahmen einer presbyterial-synodalen Grundordnung. So sehr die heutigen Kirchenverfassungen und Ämterstrukturen im einzelnen variieren, so handelt es sich doch bei ihnen um Variationen eines gemeinsamen Grundmodells von Kirchenaufbau, das theologisch aus dem Priestertum aller Gläubigen hergeleitet wird. Das heutige Modell einer presbyterial-synodalen Grundordnung hat sich – jedenfalls im deutschsprachigen Raum – freilich erst in den letzten beiden Jahrhunderten entwickelt. Auch wenn es sich historisch-genetisch auf die Reformation Calvins und sein Erbe in den reformierten Kirchen Westeuropas, vor allem in der hugenottischen Kirche Frankreichs und in Schottland zurückführen läßt, müssen doch auch die historischen Transformationsprozesse, aus denen die moderne Gestalt einer presbyterial-synodalen Grundordnung evangelischer Kirchen hervorgegangen ist, stets mitbedacht und theologisch bewertet werden. Auch zeigen sich dabei konfessionelle Unterschiede, wobei beste-

10 A. v. Campenhausen, Kirchenleitung, S. 28.
11 W. Maurer, Verwaltung, S. 553.
12 A. v. Campenhausen, Kirchenleitung, S. 43.
13 Vgl. W. Härle, Dogmatik, S. 588.

hende Unterschiede in der Kirchenverfassung nicht allein theologisch-konfessionelle Gründe haben, sondern auch historisch, politisch und kulturell mitbedingt sind. Ein systematisch-theologischer Begriff von evangelischer Episkopé und Kirchenleitung hat dies zu berücksichtigen.

Noch eine Bemerkung zum Begriff der evangelischen Kirche und seiner singularischen und pluralischen Verwendung: Empirisch und kirchenrechtlich haben wir es zunächst nicht mit einer einzigen evangelischen Kirche zu tun, sondern mit einer Vielzahl von Partikularkirchen und mehreren Konfessionen. Alle empirisch existierenden evangelischen Kirchen begreifen sich aber als Teil der einen, durch Christus selbst gegründeten Kirche, wie aus den Präambeln der unterschiedlichen Kirchenverfassungen hervorgeht. Wohlgemerkt begreifen sich die evangelischen Partikularkirchen nicht als ein Teil einer evangelischen Weltkirche, die es so gar nicht gibt und nach evangelischem Verständnis auch gar nicht geben kann, sondern als Teil der einen Kirche, zu der sich alle Christen und Kirchen bekennen. Wie die orthodoxen Kirchen, die römisch-katholische und die altkatholische Kirche und die Anglikanischen Kirchen tun dies auch die evangelischen Kirchen mit den Worten des nicaeno-konstantinopolitanischen Glaubensbekenntnisses. Wenn gleichwohl auch im Singular nicht nur von einer lutherischen oder einer reformierten, sondern von der evangelischen Kirche gesprochen werden kann und wird, so deshalb, weil zwischen den verschiedenen aus der Reformation hervorgegangenen Kirchen darüber Einigkeit besteht, daß nach wie vor vorhandene Unterschiede, nicht den Grund, sondern lediglich die Gestalt der Kirche betreffen. Diese gemeinsame Überzeugung wird z. B. im Dokument „Die Kirche Jesu Christi“ der Leuenberger Kirchengemeinschaft (1994),[14] die seit dem Jahr 2003 „Gemeinschaft Evangelischer Kirchen in Europa“ heißt,[15]

14 Die Kirche Jesu Christi, S. 35. Das Dokument bezieht sich dabei auf die sog. Tampere-Thesen (Thesen zur Amtsdiskussion) aus dem Jahr 1987.

15 Im Englischen heißt die Leuenberger Kirchengemeinschaft, der inzwischen 103 Kirchen angehören, nun „Community of Protestant

formuliert. Demgemäß werde ich in meinen weiteren Ausführungen einerseits im Plural von evangelischen Kirchen reden, wo ich mich auf empirische Sachverhalte beziehe, dort aber, wo ein systematisch-theologischer Begriff evangelischen Kirchen- und Amtsverständnisses zur Diskussion steht, von der evangelischen Kirche im Singular sprechen.

Ich gehe nun so vor, daß ich zunächst nicht einzelne Ämter, denen in der evangelischen Kirche die Episkopé aufgetragen ist, beschreibe und mit entsprechenden Ämtern in anderen Kirchen vergleiche, sondern daß ich zunächst einen Grundbegriff von presbyterial-synodaler Ordnung der Kirche erarbeite. Theologisch ist sodann zu klären, in welchem Verhältnis das Amt der Episkopé zum Amt der Verkündigung und der Sakramentsverwaltung steht, das nach evangelischer Tradition das Amt der Kirche schlechthin ist (CA 5 in Verbindung mit CA 14), weil es für das Leben der Kirche wesentlich und somit ursprünglich ist, d. h. zum „esse" der Kirche gehört. In einem weiteren Untersuchungsschritt befassen wir uns mit den konkreten Funktionen und Gestalten der Episkopé in der evangelischen Kirche. Abschließend werde ich einige Schlußfolgerungen für das ökumenische Gespräch über den Dienst der Episkopé ziehen.

5.2 Die presbyterial-synodale Grundordnung der evangelischen Kirche und ihre theologische Begründung

5.2.1 Grundelemente evangelischer Kirchenverfassungen

Zwar bestehen im europäischen und im deutschsprachigen Bereich, auf den sich meine Darstellung beschränkt, zwischen den Kirchenverfassungen der einzelnen evangelischen Kirchen z. T. deutliche Unterschiede[16] – innerhalb des Lu-

Churches in Europe". Die Namensänderung erfolgte am 1. November 2003.

16 Vgl. H. Frost, Strukturprobleme. – Für Deutschland siehe D. Kraus (Hg.), Evangelische Kirchenverfassungen.

thertums auch zwischen den skandinavischen Kirchen mit stark episkopaler Tradition und den Kirchen im deutschsprachigen Raum, die heute zwar ebenfalls das Amt eines Bischofs kennen, das aber nicht in historischer Kontinuität bzw. Sukzession mit dem Bischofsamt der römisch-katholischen Kirche steht, sondern im 19. und 20. Jahrhundert neu entstand.[17] Jedoch enthalten heute alle lutherischen, reformierten und unierten Kirchenverfassungen Elemente einer presbyterial-synodalen Grundstruktur.[18] Demnach baut sich die Kirche von unten nach oben auf. Die Basis bilden die Ortsgemeinden, deren Leitung einem Kollegialorgan, Presbyterium oder auch Kirchenvorstand genannt, obliegt. Auf der mittleren Ebene bilden mehrere Ortsgemeinden einen Kirchenkreis, einen Sprengel oder eine Diözese. Aufgaben der Kirchenleitung sind auf dieser Ebene einer Regionalsynode übertragen, die auch Kreissynode oder – wie in der lutherischen Kirche in Österreich – Superintendentialversammlung heißen kann. Darüber steht die Ebene der Gesamtkirche, genauer gesagt die territorial- oder landeskirchliche Ebene, repräsentiert durch die Landessynode. Wenn mehrere Landeskirchen sich zu einem Verband zusammenschließen, gibt es über der landeskirchlichen Ebene noch eine weitere Ebene. Als Beispiele seien die Vereinigte Evangelisch-Lutherische Kirche in Deutschland (VELKD), die Evangelische Kirche in Deutschland und die Union Evange-

17 Vgl. dazu den Vortrag von F. Nüssel, Das evangelische Bischofsamt in der Neuzeit (65. Jahrestagung des ÖAK, 29.3.–.4.2003), sowie A. v. Campenhausen, Entstehung. – Zur Entwicklung und Stellung des kirchenleitenden Amtes in den lutherischen Kirchen innerhalb und außerhalb Europas siehe auch I. Asheim/V. R. Gold (Hg.), Kirchenpräsident oder Bischof?

18 Zu ihren historischen Ursprüngen und Ausprägungen vgl. W.-D. Hauschild, Art. Presbyter/Presbyterium; J. Mehlhausen, Art. Presbyterial-synodale Kirchenverfassung. Zur allgemeinen Geschichte evangelischer Kirchenverfassungen siehe auch P. Landau, Art. Kirchenverfassungen, bes. S. 147ff.153ff. Zur Einbringung des bischöflichen Amtes in die heutigen presbyterial-synodalen Strukturen lutherischer Kirchen vgl. Lutherischer Weltbund, Das bischöfliche Amt.

lischer Kirchen in der Evangelischen Kirche in Deutschland (vormals Evangelische Kirche der Union) genannt. Auch diese landeskirchlichen Zusammenschlüsse haben jeweils eine Synode und die dazugehörigen Organe.[19]

Auf die ekklesiologisch und kirchenrechtlich einigermaßen komplexe Frage nach dem Kirchesein derartiger Zusammenschlüsse soll hier nicht eingegangen werden. Wir müssen uns darauf beschränken, die Grundstruktur presbyterial-synodaler Kirchenverfassungen und ihre theologische Begründung darzustellen. Gemeinsam ist allen derartigen Kirchenverfassungen, daß sich in ihnen ein synodales Element von einem episkopalen Element unterscheiden läßt,[20] wobei in der Ausgestaltung und Zuordnung beider Elemente erhebliche Unterschiede bestehen können. Das synodale Element wird durch repräsentative Gremien verkörpert, allen voran die Presbyterien (Kirchenvorstände) und Synoden (Regionalsynoden und landeskirchliche Synoden). Das episkopale Element wird durch Pfarrer und Pfarrerinnen, Superintendentinnen und Superintendenten, Bischöfe und Bischöfinnen, Präsides oder Kirchenpräsidentinnen und Kirchenpräsidenten repräsentiert. Wenn hier vom episkopalen Element die Rede ist, sind also einschränkend das bischöfliche Amt und seine funktionalen Äquivalente gemeint, nicht die Episkopé im grundlegenden Sinne des Wortes, denn diese obliegt sowohl dem synodalen als auch dem episkopalen Element im engeren Sinne des Wortes.

Das synodale und das episkopale Element stehen nicht unverbunden nebeneinander, sondern wirken in einer näher zu bestimmenden Weise zusammen. Auch wenn das episkopale Element gegenüber dem synodalen ein selbständiges Element bildet, geht es doch aus dem synodalen Element hervor und bleibt diesem auch in gewisser Weise unterstellt. Die Selbständigkeit des episkopalen Elements zeigt sich darin,

19 Nur am Rande sei bemerkt, daß die Gemeinschaft evangelischer Kirchen in Europa (Leuenberger Kirchengemeinschaft) bislang keine gesamteuropäische Synode hat. Die Bildung einer solchen Synode wird unter den beteiligten Kirchen kontrovers diskutiert.

20 Vgl. W. Härle, Dogmatik, S. 589f.

daß es bischöfliche Rechte und Pflichten gibt, die vom synodalen Element nicht beeinflußt werden können. Das betrifft vor allem das Ordinationsrecht. Die Wahl eines Bischofs, eines Superintendenten oder auch eines Pfarrers erfolgt freilich nicht durch ein bischöfliches Gremium oder sonst ein Gremium geistlicher Amtsträger, sondern durch die Synode bzw. durch ein Presbyterium, die sich stets aus Ordinierten und Nichtordinierten zusammensetzen, wobei die nichtordinierten Mitglieder stets in der Mehrzahl sind. Wenngleich die Ordination Voraussetzung für die Wählbarkeit in ein episkopales Amt und diesem in besonderer Weise das noch zu erläuternde Visitationsrecht sowie die Aufsicht über die geistlichen Amtsträger übertragen ist, sind doch die Amtsführung und die Lehre episkopaler Amtsträger ihrerseits der Aufsicht durch Presbyterien und Synoden unterstellt. Umgekehrt ist es in den evangelischen Kirchen üblich, daß kirchenleitende Ämter auf der mittleren Ebene der kirchlichen Organisation nicht unabhängig vom bischöflichen Amt, das auf der oberen Ebene der Kirche angesiedelt ist, besetzt werden. Auch wenn z. B. die Wahl eines Superintendenten oder einer Superintendentin durch eine Kreis- oder Regionalsynode erfolgt, findet die Amtseinführung des Gewählten doch durch den Bischof, die Bischöfin bzw. den oder die Präses statt. Episkopé geschieht in den evangelischen Kirchen also nicht nur im Zusammenwirken von synodalem und episkopalem Element, sondern auch wechselseitig zwischen beiden Elementen.

Bereits an dieser Stelle seien zwei Gesichtspunkte hervorgehoben, die im ökumenischen Gespräch über die Ämterfrage und die Möglichkeit einer wechselseitigen Anerkennung der Ämter in den konfessionell verschiedenen Kirchen nicht außer acht gelassen werden dürfen:

1. Zwar erfolgt in der evangelischen Kirche die Ordination geistlicher Amtsträger und ihre Amtseinführung (Installation), auch die Einführung in ein episkopales Amt, grundsätzlich nur durch andere ordinierte Personen. Beides bleibt aber rückgebunden an Presbyterien und Synoden, d. h. an die Gesamtheit aller getauften evangelischen Christen ohne Unterschied zwischen Ordinierten und

Nichtordinierten. Das Amt der Episkopé im Sinne der geistlichen Aufsicht ist also nicht allein Ordinierten vorbehalten, sondern wird in Form des synodalen Elementes letztlich von allen getauften Christen gemeinsam wahrgenommen. Diese Ordnung unterscheidet sich fundamental von anderen Kirchenverfassungen, in denen es einen sich selbst rekrutierenden Klerus gibt, der aufgrund eines Weihesakraments von den übrigen Gläubigen essentiell unterschieden ist – auch wenn diese Unterscheidung in der neueren katholischen Theologie nicht mehr in ontologischen Begriffen gedacht wird[21] – und dem allein der Dienst der Episkopé aufgetragen ist.

2. Männer und Frauen sind kraft der Taufe in gleicher Weise nicht nur zur Teilhabe am synodalen, sondern auch am episkopalen Element der Kirchenleitung befähigt. Nicht nur das Predigt- oder Pfarramt, sondern auch jede Form des Bischofsamtes steht Frauen und Männern in gleicher Weise offen, sofern sie die für das Amt notwendigen Voraussetzungen erfüllen. D. h. aber, daß nicht nur das ordinierte, sondern daß auch das ordinierende Amt von Frauen ausgeübt wird. Dieser Umstand kann aus der Diskussion über die prinzipielle Möglichkeit einer Anerkennung der Ämter in der evangelischen Kirche durch andere Kirchen nicht ausgeklammert werden, sondern ist stets mitzubedenken.

5.2.2 Priestertum aller Gläubigen

Theologisch wird die presbyterial-synodale Grundordnung der evangelischen Kirche mit dem Priestertum aller Gläubigen begründet (vgl. 1Petr 2,5; Apk 1,6[22]), das seinerseits in der Taufe gründet. Die heutige evangelische Ekklesiologie beruft sich hierfür auf die Theologie der Reformation. Zu

21 Vgl. J. Ratzinger, Frage; W. Kasper, Neue Akzente; E. Schillebeeckx, Das kirchliche Amt; G. Greshake, Priestersein; G.-L. Müller, Art. Weihesakrament.

22 Vgl. auch Apk 5,9f.

erinnern ist auch an die tragende Rolle, welche nichtordinierte Christen („Laien") in der reformatorischen Bewegung gespielt haben, allen voran Melanchthon. Man denke aber auch an die Verbreitung reformatorischen Gedankengutes durch Handwerker und von ihnen verfaßte Flugschriften.[23]

Historisch betrachtet ist das Priestertum aller Gläubigen allerdings in der Reformationszeit keineswegs die vorherrschende Begründung für eine evangelische Kirchen- und Ä mterlehre gewesen. Der geradezu axiomatische Charakter des allgemeinen Priestertum aller Getauften für die evangelische Ekklesiologie und Ämterlehre – z. B. in der Empfehlung der Bischofskonferenz der VELKD „Allgemeines Priestertum, Ordination und Beauftragung nach evangelischem Verständnis" vom November 2004[24] – kann sich unmittelbar weder auf die lutherischen noch auf die reformierten Bekenntnisschriften des 16. Jahrhunderts berufen. Er ist vielmehr das Ergebnis einer produktiven Weiterentwicklung reformatorischer Grundimpulse, für die man sich auf das Zeugnis der Heiligen Schrift, aber auch auf Aussagen Luthers beruft, die sich bei im von seinen frühen bis zu seinen späten Schriften finden. Hierbei hat auch der Pietismus eine wichtige Rolle gespielt.

Abgesehen vom Kleinen und vom Großen Katechismus sowie den Schmalkaldischen Artikeln, die zu den lutherischen Bekenntnisschriften gehören, können Luthers Schriften in den evangelischen Kirchen allerdings nicht den Rang einer Lehrnorm beanspruchen. Eine evangelische Ämterlehre hat dies zu berücksichtigen. In den lutherischen Bekenntnisschriften ist vom allgemeinen Priestertum explizit nirgends die Rede. Auch die reformierten Bekenntnisschriften leiten das ordinierte Amt nicht vom allgemeinen Priestertum ab. Zwar taucht der Gedanken gelegentlich in den reformierten Bekenntnisschriften auf. Verwiesen sei auf die Confessio Helvetica Posterior (Conf. Helv. Post. XVIII), die frei-

23 Vgl. M. Arnold, Handwerker.
24 VELKD, Allgemeines Priestertum, S. 5ff.

lich – exegetisch durchaus zutreffend – das allgemeine Priestertum vom kirchlichen Amt streng unterscheidet.[25]

Es muß also ernsthaft die Frage gestellt werden, ob sich der axiomatische Rang, der der Lehre vom Priestertum aller Gläubigen nicht nur für die evangelische Ekklesiologie im allgemeinen, sondern auch für die Ämterlehre bzw. die Lehre vom ordinierten Amt im besonderen zugesprochen wird, im offenen Widerspruch zu den Bekenntnisschriften der Reformation befindet. Die lutherischen Bekenntnisschriften lassen sich in dieser Frage allerdings nicht gegen Luther ausspielen, nur weil sie seine Redeweise vom Priestertum aller Gläubigen nicht übernommen haben. Überhaupt haben die Bekenntnisschriften in den evangelischen Kirchen den Rang einer norma normata, die ihrerseits beständig neu auf ihre Schriftgemäßheit zu überprüfen ist. Dieser Grundsatz wird in der reformierten Tradition noch stärker als in der lutherischen betont. In den reformierten Kirchen ist die für das Luthertum typische Verbindung von Bekenntnisschriften und Kirchenverfassung im Laufe der Geschichte zurückgetreten. Die reformierte Tradition betrachtet die Bekenntnisbildung auch nicht wie die lutherische als relativ abgeschlossen. Die Bekenntnisschriften des 16. Jahrhunderts sind daher nach reformiertem Verständnis nicht sa-

25 E. F. K. Müller (Hg.), Bekenntnisschriften, S. 202, Z. 12–17: „Nuncupant sane apostoli Christi omnes in Christum credentes sacerdotes, sed non ratione ministeij, sed quod per Christum, omnes fideles facti reges et sacerdotes, offerre possumus spirituales Deo hostias (Exod. 9,6; 1. Pet. 2,9; Apoc. 1,6). Diversissima ergo inter se sunt sacerdotium et ministerium. illud enim commune est Christianis omnibus, ut modo diximus, hoc non item". Übersetzung: „Die Apostel Christi nennen zwar Priester alle, die an Christus glauben; freilich nicht, weil sie ein Amt verwalten, sondern weil durch Christus alle Gläubigen zu Königen und Priestern gemacht sind und wir alle Gott geistliche Opfer darbringen können [...]. Sehr verschieden voneinander sind also das Priestertum und das kirchliche Amt. Jenes nämlich ist allen Christen eigen, wie wir soeben sagten, dieses aber nicht" (P. Jacobs (Hg.): Reformierte Bekenntnisschriften, S. 219. Ähnlich die Interpretation des Priestertums aller Glaubenden im Erlauthaler Bekenntnis von 1562 (E. F. K. Müller [Hg.], Bekenntnisschriften, S. 308, Z. 36–43).

krosankt, sondern unter Umständen korrekturbedürftig. Die reformierte Kirche der Schweiz hat die formelle kirchenrechtliche Bindung an Bekenntnisschriften im 19. Jahrhundert überhaupt aufgegeben. Gleichwohl sind die Bekenntnisschriften auch heute als Zeugnis der Reformation zu hören. Nur wenn gewichtige biblisch-theologische Gründe vorliegen, läßt sich ein Abweichen von den Bekenntnisschriften theologisch rechtfertigen.

Die Bezeichnung der Christen als Volk von Priestern in 1Petr 2,5 und Apk 1,6 ist metaphorische Redeweise, die alttestamentliche Motive aufgreift.[26] Von urchristlichen Ämtern ist in den genannten Stellen jedoch nicht die Rede. Es geht vielmehr um den Gedanken, daß das Christusgeschehen allen, die glauben, den unmittelbaren Zugang zu Gott eröffnen, der keiner priesterlichen Vermittlung im buchstäblichen Sinne mehr bedarf.

Was in der heutigen Ämterfrage mit der Rede vom Priestertum aller Gläubigen gemeint ist, läßt sich biblisch-theologisch sachgemäßer aus der paulinischen Charismenlehre entwickeln. Auf ihrer Grundlage läßt sich die innere Einheit des ordinierten Amtes mit dem an alle Christen ergehenden Auftrag, das Evangelium zu bezeugen, in einer Weise bestimmen, welche den Bekenntnisschriften nicht zuwiderläuft.

Aus 1Kor 14,26–33 geht hervor, daß nach Ansicht des Paulus *alle* Gemeindeglieder vom Heiligen Geist zur Verkündigung, sei es „in Zungen", sei es in prophetischer Rede, befähigt werden können.[27] Die Apostel, Propheten, Lehrer und Wundertäter, von denen Paulus in 1Kor 12,28 spricht, sind freilich von Gott eingesetzt, nicht von der Gemeinde. Auf Gott wird neben der Gabe zu heilen schließlich auch die Gabe, die Gemeinde zu leiten zurückgeführt.[28] Paulus selbst weiß sich wie die Jünger, die Jesus zu Lebzeiten begleiteten, unmittelbar von Christus und Gott selbst berufen, nicht von

26 Vgl. Ex 19,6; Jes 61,6.

27 Nach 1Kor 14,33b-36 sollen die Frauen allerdings in der Gemeinde schweigen. Auf die Frage, ob es sich dabei um eine nachpaulinische Interpolation handelt, braucht hier nicht eingegangen zu werden.

28 Vgl. auch Röm 12,4–8.

Menschen, die ihm ein Amt übertragen hätten.[29] Grundsätzlich kann kein Zweifel bestehen, daß der kirchengründende Verkündigungsdienst der Apostel von der Berufung aller Christen zum Christuszeugnis nicht nur bei Paulus, sondern auch in den übrigen Schriften des Neuen Testaments unterschieden wird. Die paulinische Charismenlehre läßt aber erkennen, daß dieser Unterschied insofern relativ ist, als das Charisma der Verkündigung nicht ausschließlich den Aposteln gegeben oder auf eine bestimmte Gruppe von Amtsträgern beschränkt ist.

Sowohl die lutherische als auch die reformierten Bekenntnisschriften betonen die Einheit von Wortverkündigung und Sakramentsdienst, die beide dem ordinierten Amt zugewiesen werden. Exegetisch ist allerdings daran zu erinnern, daß sich Paulus ausschließlich zur missionarischen Verkündigung des Evangeliums, nicht zum Taufen berufen wußte.[30] Offen bleibt auch, wem in den von ihm gegründeten Gemeinden die Feier des Herrenmahls aufgetragen war. 1Kor 11, wo Paulus gravierende Mißstände der korinthischen Abendmahlspraxis kritisiert, wendet sich an die ganze Gemeinde, nicht an Einzelpersonen, die von Paulus mit dem Dienst der Gottesdienstleitung beauftragt wären. Die Situation und Ämterstruktur der pseudonymen Pastoralbriefe kann für die echten Paulusbriefe noch nicht vorausgesetzt werden.

Auch die johanneische Theologie legt den Gedanken nahe, daß der Dienst der Verkündigung nicht nur einem besonderen Amt vorbehalten bleibt, sondern grundsätzlich allen Glaubenden aufgetragen ist. Die johanneischen Schriften reden von der Zeugenschaft (*martyria*) des Glaubens. Von Bedeutung ist aber auch die Verheißung des Parakleten in den Abschiedsreden Jesu in Joh 13–16. Dagegen mag man einwenden, Jesus wende sich ihn den Abschiedsreden doch offenbar nur an den Zwölferkreis. Wenn Jesus seine Jünger in die Welt sendet (griechisch: *apostellein)*, wie ihn der Vater gesandt hat,[31] scheint nur an die zwölf Aposteln gedacht zu

29 Vgl. Gal 1,1

30 Vgl. 1Kor 1,17.

31 Joh 17,18; 20,21; vgl. Joh 4,38; 13,20.

sein. Nach Ansicht Bultmanns wird die Rede vom Zwölferkreis allerdings in den johanneischen Abschiedsreden bewußt vermieden. Der um Jesus versammelte Jüngerkreis repräsentiert letztlich die ganze christliche Gemeinde.[32] „Es ist *die Gemeinde*, in der Jesus hier steht, und zu der er redet, für die er betet."[33] Das Johannesevangelium „kennt keinen exklusiven Geistbesitz, etwa in der Weise, daß das Geschenk des Geist-Helfers nur den elf Jüngern oder den Aposteln oder einer kirchlichen Hierarchie vorbehalten bliebe. Gerade diese Paraklet-Sprüche in den Abschiedsreden bekennen sich vorbehaltlos zum Priestertum aller Gläubigen!"[34] Insofern muß man nun aber sagen, daß der über 1Petr 2,5 und Apk 1,6 hinausgehende Gedanke vom Priestertum aller Gläubigen bei Luther und in der heutigen evangelischen Theologie durchaus biblisch und theologisch sachgemäß ist.

Der Gedanke des allgemeinen Priestertums kann heute als ökumenisches Gemeingut gelten. Zwischen seiner evangelischen Fassung und anderen konfessionellen Ausprägungen bestehen allerdings deutliche Unterschiede. Für die römisch-katholische Kirche ist auf die einschlägigen Aussagen in „Lumen gentium" zu verweisen. Auch das Lima-Dokument greift den Gedanken vom Priestertum aller Gläubigen auf. Allerdings erklärt das Dokument in III 17, lediglich in einem „abgeleiteten Sinne kann die Kirche als eine Priesterschaft beschrieben werden"[35]. Die ordinierten Amtsträger erfüllten jedoch im Unterschied zu den übrigen Gläubigen „einen besonderen priesterlichen Dienst [...], indem sie das königliche und prophetische Priestertum der Gläubigen durch Wort und Sakramente, durch ihre Fürbitte und durch ihre seelsorgerliche Leitung der Gemeinschaft stärken und auferbauen"[36]. Dies wird behauptet, obwohl der Kommentar zu TEA III 17 einräumen muß, das Neue Testament verwendet „nie-

32 Nur in Joh 17,20 spielt der Unterschied zwischen den verschiedenen Jüngergenerationen eine Rolle.

33 R. Bultmann, Das Evangelium des Johannes, S. 349.

34 S. Schulz, Das Evangelium nach Johannes, S. 187.

35 TEA, S. 34.

36 Ebd.

mals die Ausdrücke ‚Priestertum' oder ‚Priester' (hiereus), um das ordinierte Amt oder den ordinierten Amtsträger zu bezeichnen"[37]. Vielmehr stellt der Kommentar völlig zutreffend fest, daß die genannten Ausdrücke im Neuen Testament „einerseits dem einzigartigen Priestertum Jesu Christi" und „andererseits dem königlichen und prophetischen Priestertum aller Getauften" vorbehalten bleibt.[38] Es ist E. Herms zuzustimmen, daß die Fassung, die der Gedanke des Priestertums aller Gläubigen in der Lima-Erklärung erhalten hat, zwar mit der römisch-katholischen Auffassung in „Lumen gentium", nicht jedoch mit dem reformatorischen Verständnis in Einklang zu bringen ist.[39]

Beide Sichtweisen unterscheiden sich fundamental. Während nach reformatorischer Auffassung letztlich *alle* Getauften zum Dienst der Verkündigung, zur Leitung des Gottesdienstes und zur Episkopé berufen sind, behauptet „Lumen gentium", das gemeinsame Priestertum der Gläubigen und das hierarchische Priestertum unterschieden sich „dem Wesen und nicht bloß dem Grade nach (essentia et non gradu tantum differant)" (LG 10). Zwar seien beide Formen des Priestertums einander zugeordnet, doch während der „Amtspriester [...] kraft seiner heiligen Gewalt, die er innehat", das „priesterliche Volk" heranbildet und leitet, in der Person Christi das eucharistische Opfer vollzieht und es im Namen des ganzen Volkes Gott darbringt, beschränkt sich der priesterliche Dienst der übrigen Gläubigen darauf, an der eucharistischen Darbringung mitzuwirken. Sie „üben ihr Priestertum aus im Empfang der Sakramente, im Gebet, in der Danksagung, im Zeugnis eines heiligen Lebens, durch Selbstverleugnung und tätige Liebe" (LG 10).[40] Auf dieser Linie bewegen sich auch die einschlägigen Aussagen der Lima-Erklärung.[41]

Zwar besteht in der Frage nach dem Verhältnis des Priestertums aller Gläubigen zum ordinierten Amt zwischen den

37 TEA, S. 35.
38 Ebd.
39 Vgl. E. Herms, Stellungnahme, S. 80.
40 Zur Rolle der „Laien" siehe auch LG 30–38.
41 Vgl. TEA III, 12–14.

reformatorischen Kirchen und auch innerhalb derselben keine völlige Übereinstimmung. Konsens besteht aber zumindest darin, daß das ordinierte Amt seinem Wesen nach der Dienst der Verkündigung ist (CA 5) und daß dieses Amt zum Sein der Kirche gehört, daß aber, wie schon die sogenannten „Tampere-Thesen“ 1987 festgestellt haben und durch das Dokument der Leuenberger Kirchengemeinschaft „Die Kirche Jesu Christi“ (1994) bekräftigt wird, „die Aufgabe der Verkündigung und die Verantwortung für die Verkündigung des Wortes und für den rechten Gebrauch der Sakramente nicht nur dem ordinierten Amt, sondern der ganzen Gemeinde zukommt“[42]. Die zweite der Tampere-Thesen lautet: „Die Verkündigung des Evangeliums und das Angebot der Heilsgemeinschaft sind der Gemeinde als ganzer und ihren einzelnen Mitgliedern aufgetragen, die durch die Taufe zum Zeugnis von Christus und Dienst füreinander und für die Welt berufen sind und die durch den Glauben Anteil an Christi priesterlichem Amt der Fürbitte haben.“[43] Ob aber das ordinierte Amt unmittelbar aus dem Priestertum aller Gläubigen abzuleiten ist oder eine weitere Wurzel in einem besonderen Auftrag Christi hat, ist damit noch nicht entschieden. Die Tampere-Thesen und das Dokument „Die Kirche Jesu Christi“ erklären: „Der Dienst des Wortes ist – auch in seiner Wahrnehmung der Verkündigung, des Unterrichts und der pastoralen Fürsorge – stets auf das allgemeine Priestertum der Gemeinde angewiesen und soll ihm dienen, wie auch das allgemeine Priestertum der Gemeinde und aller Getauften auf den besonderen Dienst der Verkündigung des Wortes und der Austeilung der Sakramente angewiesen ist. Das ordinierte Amt ruht so nach reformatorischem Verständnis auf einem besonderen Auftrag Christi und steht zugleich in seinem Dienst mit der ganzen Gemeinde zusammen unter dem Wort.“[44]

Die beiden Aussagen, wonach der Dienst der Verkündigung einerseits der Gemeinde als ganzer und ihren einzelnen

42 Die Kirche Jesu Christi, S. 33.
43 Ebd.
44 Die Kirche Jesu Christi, S. 33f.

Mitgliedern aufgetragen ist, in der Form des ordinierten Amtes aber auf einen besonderen Auftrag Christi zurückzuführen ist, stehen in einer unausgeglichenen Spannung zueinander. Darin werden Differenzen in der Theologie des Amtes nicht nur zwischen Luthertum und reformierten Kirchen, sondern auch innerhalb des Luthertums selbst erkennbar. Darauf wird in Abschnitt 5.3.1 noch näher einzugehen sein.

Unbeschadet solcher Differenzen stimmen die Kirchen der Leuenberger Konkordie aber darin überein, „daß die Verkündigung des Evangeliums der ganzen Gemeinde obliegt und daß die Leitung der Gemeinde (der Kirche) auch durch andere ‚Dienste' geschieht und nicht nur dem ordinierten Amt zukommt", und ferner darin, „daß in allen Kirchen auch nichtordinierte Glieder der Gemeinde an der Leitung der Kirche teilhaben"[45]. Theologische Differenzen hinsichtlich der Begründung des ordinierten Amtes und des Dienstes der Episkopé bleiben bestehen, doch haben sich die Kirchen der Leuenberger Konkordie „darüber geeinigt, daß solche Unterschiede in der Struktur der Kirche einer ‚Kirchengemeinschaft' im Sinne von Kanzel- und Abendmahlsgemeinschaft und der gegenseitigen Anerkennung von Amt und Ordination nicht hinderlich sind, solange die Frage der Kirchenleitung der Herrschaft des Wortes untergeordnet bleibt"[46]. Auch wenn anerkannt wird, daß die protestantischen Kirchen im ökumenischen Dialog „von anderen nichtreformatorischen Kirchen" lernen können und sollen, dürfe und könne doch „keine einzelne historisch gewordene Form von Kirchenleitung und Amtsstruktur als Vorbedingung für die Gemeinschaft und für die gegenseitige Anerkennung gelten"[47].

Insofern besteht nun doch ein grundlegender Unterschied zwischen einer evangelischen und der römisch-katholischen Auffassung vom Priestertum aller Gläubigen. Denn von einer *wesensmäßigen* Differenz zwischen dem Priestertum aller Gläubigen und dem ordinierten Amt kann nach evangelischem Verständnis nicht die Rede sein. „Lumen gentium"

45 Die Kirche Jesu Christi, S. 34.
46 Ebd.
47 Ebd.

begründet die wesensmäßige Verschiedenheit in LG 21 mit der durch das Weihesakrament unter Handauflegung übertragenen Gnade des Heiligen Geistes (gratia Spiritus Sancti), durch die in besonderer Weise ein heiliges Prägemal verliehen wird (sacrum characterem imprimi).

Was evangelischerseits genau unter dem Priestertum aller Gläubigen zu verstehen ist, bedarf freilich einer Klärung. Unter den Reformatoren hat Luther den Gedanken am pointiertesten ausgeführt. Luthers Verständnis und Begründung des allgemeinen Priestertums wird in der Lutherforschung allerdings unterschiedlich interpretiert. Deutlich ist, daß das allgemeine Priestertum nach Luther in der Taufe gründet. Sie ist die „Priesterweihe" und „priesterliche Geburt".[48] Allerdings ist zu beachten, daß nach Luther Taufe und Glaube zuhauf gehören, so daß die Interpretation der Taufe als Priesterweihe an Luthers Verständnis des Rechtfertigungsgeschehens rückgebunden ist.[49]

Daß die Taufe tatsächlich jeden einzelnen Christen mit dem gleichen geistlichen Recht und der gleichen Gewalt ausstattet, wird von dem katholischen Theologen W. Stein bestritten, dessen Arbeit über das kirchliche Amt bei Luther in der sogenannten Konsensökumene große Aufmerksamkeit gefunden hat.[50] Stein behauptet, nach Luthers Verständnis gebe die Taufe allen Christen Anteil an einem gemeinsamen Recht. Weil dieses Recht ein Gemeinbesitz sei, könne es von keinem einzelnen Christen von sich aus ausgeübt werden.[51] Die Ausübung der kirchlichen potestas könne nur so erfolgen, daß die Gesamtkirche einzelne dazu in einem besonderen Akt – d. h. der Ordination – beauftrage.

Nach dem inzwischen erreichten Forschungsstand kann Steins Lutherinterpretation jedoch nur als verfehlt bezeich-

48 So schreibt Luther z. B. schon im Traktat „Von der Freiheit eines Christenmenschen", daß die Christen „durch den glauben geweyhet" werden (WA 7,31,37). Zur geistlichen Geburt in der Taufe vgl. WA 41,205b,25–32 (Predigten über Ps 110). Zum ganzen vgl. H. Goertz, Allgemeines Priestertum, S. 104ff.

49 Vgl. H. Goertz, Allgemeines Priestertum, S. 99ff.

50 W. Stein, Das kirchliche Amt, Wiesbaden 1974.

51 Vgl. W. Stein, Das kirchliche Amt, S. 90.

net werden.[52] Aus zahlreichen Stellen im Werk Luthers geht klar hervor, daß sich das allgemeine Priestertum nicht auf die Teilhabe an einem Gemeinbesitz der Kirche beschränkt, sondern tatsächlich von allen, d. h. von den einzelnen Christen ausgeübt werden soll. Programmatisch ist eine Äußerung, die Luther 1522/23 seiner Auslegung von 1Petr 2,5ff in einer Predigtreihe über den 1. Petrusbrief vorangestellt hat: „Nu ist Christus der hohe und ubirste priester von Gott selbs gesalbet, Hat auch seyn eygenen leyb geopffert fur uns, wilchs das hoehiste priester ampt ist. Darnach hat er am Creutz fur uns gebeten. Zum dritten hat er auch das Evangelion verkundiget und alle menschen geleret, Got und sich erkennen. Diese drey ampt hat er auch uns allen geben. Drumb weyl er priester ist, und wyr seyne brüder sind, so habens alle Christen macht und befelh, und müssens thun, das sie predigen und fur Got treten, eyner fur den andern bitte, und sich selbs Got opffere."[53]

Evangeliumsverkündigung, stellvertretende Fürbitte und Selbstopfer in der tätigen Nachfolge sind also nach Luther die drei Grundelemente des Priestertums aller Gläubigen. Allerdings bedarf der Glaube des äußeren Wortes, das er sich nicht selbst sagen kann. Insofern liegt der Verkündigung des Evangeliums in Wort und Sakrament eine göttliche Stiftung zugrunde. Wenn Luther von einem besonderen Amt der Verkündigung spricht, meint er freilich zunächst keine besondere Institution, sondern einen Dienst, zu dem alle Christen berufen sind. Keiner kann sich selber predigen, sondern die Christen sollen wie der Welt so auch einander das Evangelium immer wieder bezeugen. Zur Verkündigung des Evangeliums gehört gemäß den Schmalkaldischen Artikeln auch das mutuum colloquium und die consolatio fratrum.[54] Einander das Evangelium bezeugend und füreinander betend sollen die

52 Siehe v. a. die in Anm. 49 zitierte einschlägige Arbeit von H. Goertz. Zur Kritik an Stein vgl. H. Goertz, Allgemeines Priestertum, S. 21f; E. Herms, Stellungnahme, S. 75ff.

53 WA 12,307,27–308,7. Vgl. dazu H. Goertz, Allgemeines Priestertum, S. 96f.

54 BSLK 449,8–13.

Christen einander Priester sein.[55] Obwohl jeder Christ im evangelischen Sinne ein Priester ist, bleibt er stets auf den Dienst seiner „Mitpriester“ angewiesen.[56] Keineswegs wird also der Dienst der Verkündigung aus dem allgemeinen Priestertum abgeleitet. Er gründet vielmehr unmittelbar im Willen Gottes, daß aller Welt das Evangelium gepredigt werden soll. Der Auftrag aber ergeht nicht nur an die Kirche als ganze, sondern an alle einzelnen Getauften.[57] Die individuelle Vollmacht, d. h. die potestas divina, zu seiner Ausübung gründet in der Taufe, die mit der Verheißung des Glaubens und der Gabe des Heiligen Geistes versehen ist. Die Taufe ist daher auch als die für den Dienst der Verkündigung notwendige Berufung durch Gott zu verstehen. Allen Christen wird durch die Taufe ein geistliches Amt und zugleich eine geistliche Befähigung, ein Charisma, verliehen, wobei unterschiedslos alle Christinnen und Christen ausschließlich Empfänger und nicht Tradenten des Geistes sind.[58]

Wieweit das ordinierte Amt der Verkündigung neben dem Priestertum aller Gläubigen noch einer weiteren Begründung bedarf, ist innerevangelisch umstritten. Soviel aber läßt sich zumindest übereinstimmend feststellen: „Das Selbstverständliche also ist das gemeinsame Priestertum aller Gläubigen, der besonderen Begründung dagegen bedarf das jeweilige besondere ‚Amt‘.“[59]

Das gilt nicht nur für das ordinierte Amt der Verkündigung, sondern auch für den besonderen Dienst der Episkopé. Gemäß CA 7 ist die Kirche „die Versammlung aller Glaubigen, bei welchen das Evangelium rein gepredigt und die heiligen Sakrament lauts des Evangelii gereicht werden“[60]. Analog kann im Sinne des evangelischen Verständnisses vom Priestertum aller Gläubigen die Gemeindeversammlung zum

55 Vgl. auch H.-M. Barth, Einander Priester sein.
56 Vgl. H. Goertz, Allgemeines Priestertum, S. 141 und die dortige Kritik an H. Prenter, Einsetzung.
57 Vgl. H. Goertz, Allgemeines Priestertum, S. 194.
58 So mit Recht E. Herms, Stellungnahme, S. 68.
59 H.-M. Barth, Einander Priester sein, S. 34.
60 BSLK 61,4–7.

Zweck der Beratung und Entscheidung als Grundform des synodalen Elements in der presbyterial-synodal geordneten Kirche angesehen werden. „In ihr kommt die gemeinsame Verantwortung und die umfassende Beteiligung aller Christen an der Aufgabe der Kirchenleitung am unmittelbarsten zum Ausdruck.“[61] Zwar ist es auch nach evangelischem Verständnis undenkbar, daß es eine christliche Gemeinde ohne ein geordnetes Verkündigungsamt gibt. Dagegen ist, wie I. U. Dalferth mit Recht feststellt, sehr wohl denkbar, „daß in einer solchen Gemeinde *alle übrigen Aufgaben durch die einzelnen Christen ausgeübt werden, ohne dafür öffentliche Gemeindeämter zu schaffen*. Das gilt auch für die *Gemeindeleitung*, die im Prinzip als Aktion aller in Gestalt einer Vollversammlung organisiert werden könnte.“[62]

5.2.3 Presbyterial-synodale Grundordnung und moderne Demokratie

In der Praxis geschieht die Gemeindeleitung freilich durch ein durch Urwahl gewähltes Gremium, das Presbyterium bzw. den Kirchenvorstand.[63] In manchen Kirchenverfassungen, z. B. in derjenigen der Evangelischen Kirche A. u. H. B. in Österreich wird durch Urwahl eine Gemeindevertretung gewählt, aus deren Reihen dann das Presbyterium gewählt wird. Aktives und passives Wahlrecht werden durch Kirchenverfassung oder gesonderte Kirchengesetze geregelt und variieren je nach zu besetzender Funktion.

Die übrigen Gremien der evangelischen Kirche, welche auf der mittleren und der oberen Ebene das synodale Element repräsentieren, werden im deutschsprachigen Raum üblicherweise nach dem sogenannten Filtriersystem gewählt. D. h., daß nur die untersten Instanzen durch Urwahl, alle

61 W. Härle, Dogmatik, S. 589.

62 I. U. Dalferth, Weg der Ökumene, S. 180.

63 Selbstverständlich ist die Terminologie nicht mit derjenigen der römisch-katholischen Kirche zu verwechseln, wo das Presbyterium die Priesterschaft einer Diözese bezeichnet.

weiteren von den nächst höheren Instanzen gewählt werden.[64] Daneben gibt es in allen Landeskirchen Synodale, die nicht gewählt, sondern berufen werden, weil sie z. B. Ämter und Werke oder theologische Fakultäten repräsentieren, die nach Kirchenverfassung in der Synode vertreten sein sollen.[65]

Generell läßt sich sagen, daß die mit dem Priestertum aller Gläubigen begründete presbyterial-synodale Ordnung der evangelischen Kirche eine Affinität zum modernen demokratischen Prinzip aufweist. Dennoch ist zwischen moderner Demokratie und presbyterial-synodaler Kirchenverfassung zu unterscheiden. Zwar gehört zur Existenzweise jeder Einzelkirche notwendigerweise eine Verfassung, die in manchen Kirchen auch Kirchenordnung genannt wird, um die Kontinuität zu den evangelischen Kirchenordnungen des 16.–9. Jahrhunderts zum Ausdruck zu bringen.[66] Die Verfassungen der evangelischen Kirchen sind jedoch nicht das Produkt einer autonomen verfassungsgebenden Gewalt auf der Basis des Prinzips der Volkssouveränität, sondern werden aus dem stiftungsgemäßen Auftrag der Kirche abgeleitet, der auf Christus selbst zurückgeführt wird. Die Kirchenverfassung ist demnach „kein in erster Linie voluntaristisch zu erklärender Akt“[67]. So repräsentieren auch die Synoden „nicht als ‚Kirchenparlamente‘ das ‚Kirchenvolk‘, sondern die ganze Kirche“[68]. Die innere Gliederung und Zuordnung der kirchlichen Organe beruht nicht auf dem demokratischen Prinzip der Gewaltenteilung. Auch findet das demokratische Mehrheitsprinzip in der evangelischen Kirche nur eingeschränkte Anwendung. Zwar wird nach ihm in weiten Bereichen der Kirche verfahren, grundsätzlich sind aber alle

64 Vgl. M. Ohst, Art. Kirchenverfassung, Sp. 1330. Eine Ausnahme vom Filtriersystem bildet z. B. die Evangelische Landeskirche in Württemberg.

65 Vgl. Th. Barth, Elemente und Typen, S. 64ff.

66 So z. B. in den evangelischen Landeskirchen des Rheinlands, Westfalens und Hessen-Nassaus.

67 D. Pirson, Art. Kirchenverfassung, Sp. 1343.

68 Th. Barth, Elemente und Typen, S. 56.

Gremien dazu verpflichtet, sich um Einmütigkeit zu bemühen. In Fragen von theologischem Gewicht, zumal dann, wenn der Bekenntnisstand berührt oder der status confessionis gegeben ist, gilt das Prinzip des „magnus consensus", der unter Einbeziehung aller Ebenen der Kirche gefunden und im Zusammenwirken aller Leitungsorgane festgestellt werden muß.[69]

Im folgenden ist nun das Verhältnis des synodalen zum episkopalen Element genauer zu untersuchen. Dabei muß nun aber auch das Verhältnis des kirchenleitenden Amtes zum geistlichen Amt, d. h. zum ordinierten Amt der Verkündigung und Sakramentsverwaltung genauer in den Blick genommen werden.

5.3 Kirchenleitung und geistliches Amt

5.3.1 Ordnendes und geordnetes Amt

Auch wenn Verkündigung, Sakramentsverwaltung und Kirchenleitung die gemeinsame Aufgabe aller Getauften sind, gibt es in der Kirche doch besondere Ämter, die nicht im Sinne eines modernen Verständnisses von Demokratie lediglich als ausführende Organe des „Kirchenvolkes" aufzufassen sind, sondern einen eigenverantwortlich wahrzunehmenden Auftrag erfüllen.[70] Die Beauftragung geschieht im Namen des Herrn der Kirche, Jesus Christus, und für die solchermaßen Beauftragten erbittet die Kirche den Beistand des Heiligen Geistes.

Das Amt der Verkündigung und Sakramentsverwaltung, auch kurz das geistliche Amt genannt, ist von demjenigen der Kirchenleitung zu unterscheiden. Ersteres können wir mit E. Herms als *geordnetes* Amt, letzteres als *ordnendes* Amt bezeichnen.[71] Während die lutherische Tradition von Haus aus nur ein Amt kennt, nämlich das Verkündigung und

69 Vgl. Th. Barth, Elemente und Typen, S. 105f.
70 Vgl. D. Pirson, Art. Kirchenverfassung, Sp. 1346.
71 Vgl. E. Herms, Stellungnahme, S. 80.

Sakramentsverwaltung umfassende Predigtamt (vgl. CA 5), ist für die reformierte Tradition die Lehre vom mehrfachen Amt charakteristisch. Die Wurzeln dieser Lehre liegen in der Theologie M. Bucers, dessen Lehre vom dreifachen Amt sich auf Eph 4,11 beruft. Bucer unterscheidet zwischen außerordentlichen, historisch begrenzten, und ordentlichen oder bleibenden Ämtern in der Kirche. Erstere sind die Apostel, Propheten, Zungenredner und Krankenheiler in den Anfängen der Kirche, letztere die Pastoren, Lehrer (Doktoren) und Diakone. Calvin hat Bucers Theorie zur Lehre vom vierfachen Amt (Prediger, Lehrer, Älteste und Diakone) erweitert.[72] In der Praxis der von Calvin beeinflußten Kirchen herrscht jedoch durchweg die Lehre vom dreifachen Amt, bei welcher das Amt des Predigers und des Lehrers in dem des Pastoren vereinigt sind.

Der neutestamentliche Gedanke des Priestertums aller Gläubigen spielt für Calvins Ämterlehre allerdings keine Rolle. Sein Kirchenmodell ist von der Christologie her begründet. Pastoren, Lehrer, Älteste und Diakone fungieren nicht als Beauftragte der Gemeinde, sondern Christi. Ganz so lehren auch die reformierten Bekenntnisschriften. In den Gemeinden der zwinglischen Reformation, die lange Zeit keine der calvinischen Kirchenordnung entsprechenden Presbyterien kannten, fehlte die Lehre vom dreifachen oder vierfachen Amt.[73] Auch hatten die Gemeinden kein Wahlrecht, um ihre Prediger selbst zu bestimmen. Vielmehr wurde die Besetzung der kirchlichen Ämter durch eine 1532 von einer Synode beschlossene Prädikantenordnung geregelt.

Die presbyterial-synodale Ordnung der Kirche ist das spezifische Erbe Calvins und der reformierten Kirchen in Westeuropa, vor allem in Frankreich, in den südlichen Niederlanden und am Niederrhein sowie in Schottland, wo das Modell

72 In seinem Matthäus-Kommentar von 1536 vertrat auch schon Bucer eine Lehre vom vierfachen Amt. Die vier Ämter sind demnach doctrina, exhortatio, procuratio egenitum und gubernatio. Diese Frühform einer Lehre vom vierfachen Amt hat sich jedoch praktisch kaum ausgewirkt. Vgl. W. Andersen, Art. Amt, Sp. 108.

73 Vgl. W. Andersen, Art. Amt, Sp. 108.

Calvins besondere Wirkung entfaltete.[74] Die Leitung der Kirche oblag hier dem aus Pfarrern und gewählten Ältesten bestehenden Gemeindevorstand („Kirk-Session"), den paritätisch besetzten Bezirkssynoden sowie den Regionalsynoden und der „General Assembly".[75] Gemeinsam übten diese Gremien die Rechte des Bischofsamtes aus, weshalb hier „Presbyterianismus" nicht nur besonders konsequent als Gegenprinzip zum katholischen und zum anglikanischen Episkopalismus ausgebildet und später zu einer Bezeichnung für die reformierte Kirche werden konnte.

Auch wenn die historischen und theologischen Unterschiede zwischen Luthertum und Reformiertentum nicht beiseite gestellt werden sollen, bestehen zwischen beiden Traditionssträngen doch insofern grundlegende Gemeinsamkeiten, als einerseits das Luthertum in Geschichte und Gegenwart neben dem Predigtamt bzw. dem geordneten Pfarramt auch weitere Ämter für denkbar und je nach Zweckmäßigkeit für wünschenswert hält, und andererseits auch nach reformierter Lehre dem Predigtamt unter den Ämtern der Kirche eine zentrale Stellung zukommt. Überhaupt gibt es im Luthertum und im Reformiertentum zahlreiche Varianten von Kirchenverfassungen und Ämterstrukturen, die sich nicht ausschließlich konfessionell begründen lassen.[76]

In allen aus der Reformation hervorgegangenen Konfessionen wird das Predigtamt als notwendiger Bestandteil jeder rechten, d. h. schriftgemäßen, Kirchenverfassung und zugleich als eine unteilbare Einheit gesehen. Auch stehen die verschiedenen Ämter der Gemeinde in keinem hierarchischen Verhältnis zueinander. Wenn Calvins Ämterlehre strukturelle Gemeinsamkeiten mit der katholischen Ekklesiologie aufweist,[77] bleibt der Unterschied zwischen beiden doch darin fundamental, daß Calvin schon darum kein hier-

74 Zu den Eigentümlichkeiten der nach der Hugenottenvertreibung auf deutschem Boden entstandenen französisch-reformierten Gemeinden vgl. M. Beintker, Konsequenzen.

75 Vgl. W.-D. Hauschild, Art. Presbyter/Presbyterium, Sp. 1614.

76 Vgl. I. Dingel, Art. Kirchenverfassung, Sp. 1321.

77 Vgl. dazu A. Ganoczy, Ecclesia ministrans.

archisch gegliedertes Amt kennt, weil er den Gedanken eines hierarchisch gestuften Weihesakraments als unbiblisch verwirft.[78]

Auch Luther vertritt die Auffassung, das ordinierte Amt der Verkündigung sei von Christus selbst angeordnet. Allerdings hat das öffentliche und geordnete Predigtamt nach Luther seinen Grund in der Berufung aller Getauften zur Verkündigung und zur Feier der Sakramente. Die einschlägigen Aussagen Luthers[79] setzen voraus, daß alle Getauften hierzu nicht nur in gleicher Weise berufen, sondern durch den Heiligen Geist auch befähigt sind. Daß es eines besonderen Amtes der Verkündigung und Sakramentsverwaltung bedarf, rührt einzig daher, daß „der Haufen" diese Aufgabe nicht kollektiv wahrnehmen kann, weil dies nur zu Unordnung führen würde. Wenn sich ähnlich wie Calvin auch Luther auf Eph 4,11 berufen kann, um zu betonen, daß die Ordnung des Predigtamtes nicht nur eine Forderung der praktischen Vernunft, sondern von Christus selbst geboten ist,[80] wird die Herleitung des Predigtamtes aus dem Priestertum aller Gläubigen keineswegs abgeschwächt oder gar zurückgenommen.[81]

Es ist daher nur theologisch folgerichtig, wenn die evangelischen Kirchen vor einigen Jahrzehnten die Frauenordination eingeführt haben. Sie ergibt sich mit innerer Konsequenz aus dem biblischen Zeugnis wie aus der reformatorischen Lehre vom Priestertum aller Gläubigen.[82] Zwar hat Luther die These vertreten, daß Frauen für das öffentliche Amt der Wortverkündigung die rechte Eignung fehle. Die geringere Eignung der

78 Vgl. auch A. Heron, Das ordinierte Amt.

79 Z. B. WA 38,240,24ff (Von der Winkelmesse und Pfaffenweihe, 1533); WA 50,632,35–633,11 (Von den Konziliis und Kirchen, 1539).

80 WA 50,633,5ff.

81 Vgl. E. Herms, Stellungnahme, S. 70.

82 In einer Predigt vom November 1528 hat Luther sowohl Väter als auch Mütter, die ihren Kindern das Evangelium bezeugen sollen, als „Bischoffe uud Bischoffyn" bezeichnet (WA 30,58b, 23f). Vgl. G. Maron, Hindernis, S. 103. Zum ganzen siehe auch EKD/Kammer für Theologie, Frauenordination und Bischofsamt; Chr. Globig, Frauenordination.

Frau zum Predigtamt wird aber keinesfalls mit prinzipiellen theologischen Argumenten, sondern mit zeitbedingten Ansichten über die Fähigkeiten von Frauen begründet.[83] Daher kann Luther auch gelegentlich sagen: „wenn aber keyn man prediget, ßo werß von nötten, das die weyber predigeten."[84]

Unter Berufung auf Luther wurden im 19. Jahrhundert zwei gegensätzliche Theorien über das Verhältnis des allgemeinem Priestertums zum ordiniertem Amt entwickelt. Die Kontroverse wirkt bis in die gegenwärtige Diskussion über das ordinierte Amt in der evangelischen Kirche nach. Während F.J. Stahls Stiftungstheorie das Predigtamt auf eine unabhängig vom allgemeinen Priestertum gegebene unmittelbare Stiftung Gottes zurückführen wollte,[85] sah J. W. Höflings Übertragungstheorie in der geordneten Übertragung des Predigtamtes eine notwendige Konsequenz des Priestertums aller Gläubigen[86]. Daß Luther die Existenz des Predigtamtes auf göttliche Anordnung zurückführt, läßt sich nicht bestreiten. Das Gegenüber von Amt und Gemeinde ist jedoch nicht im Sinne von Stahls Stiftungstheorie zu bestimmen, sondern eher im Sinne von J. W. F. Höflings Übertragungstheorie.[87] Zwei Elemente der Übertragungstheorie Höflings sind in unserem Zusammenhang wichtig: 1. Die Unterscheidung von ministerium ecclesiasticum und Kirchenregiment. Im Gegensatz zu Stahl sieht Höfling die Aufgaben des Kirchenregiments bzw. der Kirchenleitung nicht an das ordinierte Amt gebunden.[88] 2. Die Übertragung des

83 Vgl. H. Goertz, Allgemeines Priestertum, S. 252ff.

84 WA 8,498,13f.

85 Vgl. F.J. Stahl, Kirchenverfassung. Unterstützung fand Stahl u.a. durch W. Löhe, Kirche und Amt.

86 J.W.F. Höfling, Grundsätze.

87 Zur Diskussion im 19. und 20. Jahrhundert zur Stiftungs- und zur Übertragungstheorie vgl. N. Slenczka, Diskussion; H. Goertz, Allgemeines Priestertum, S. 1ff.

88 Vgl. J.W.F. Höfling, Grundsätze, S. 132ff, bes. S. 150. Allerdings spricht sich Höfling gegen die reine Presbyterial- und Synodalverfassung nach reformiertem Vorbild aus (S. 152ff). Der lutherische Lehre entspreche vielmehr eine Mischverfassung mit synodalen und konsistorialen Elementen, wobei Höfling im Zusammenhang der

ordinierten Amtes ist nicht im Sinne eines reinen Delegationsprinzips zu verstehen, durch das die einzelnen Gläubigen ihre individuellen Rechte abtreten würden, sondern die Weise, wie die Kirche *als Gemeinschaft* den ihr aufgetragenen Dienst der Evangeliumsverkündigung ordnet.[89]

Die Gemeinschaft Evangelischer Kirchen in Europa hat die Frage, welcher der beiden Theorien der Vorzug zu geben sei, bislang unentschieden gelassen. Die einschlägigen Dokumente[90] tragen dem Umstand Rechnung, daß hierüber unter den an der Leuenberger Konkordie beteiligten Kirchen keine Einigkeit herrscht. Systematisch-theologisch sprechen aber alle Argumente für die Übertragungstheorie. Die Stiftungstheorie leidet an dem Mangel ihrer inneren Widersprüchlichkeit, den sie entweder Luther oder sich selbst zuzuschreiben hat. Wären die inneren Widersprüche tatsächlich auf Luther zurückzuführen, müßte man an seiner Lehre vom Priestertum aller Gläubigen theologische Sachkritik üben. Es läßt sich jedoch zeigen, daß Luthers eigene Theorie durchaus konsistent und zwar im Sinne der Übertragungstheorie zu interpretieren ist.

Wie zuletzt H. Goertz nachgewiesen hat, lassen sich bei Luther keinerlei Anzeichen für eine Doppelbegründung des ordinierten Amtes erkennen. Nirgends, so lautet das Ergebnis seiner Untersuchung, werden von Luther „der Stiftungsgedanke und die gegenseitig zu respektierende Vollmachtsgemeinschaft als zwei gleichartige Argumente zur Begründung der Amtsinstitution nebeneinandergestellt. Zudem müßte für eine solche ‚Zweipoligkeit' in Luthers Amtslehre eine plausible Erklärung gegeben werden, die jedoch keinem ihrer Vertreter überzeugend gelingt."[91]

damaligen Diskussionen im Grundsatz das landesherrliche Kirchenregiment verteidigt (S. 158ff).

89 Vgl. J. W. F. Höfling, Grundsätze, S. 58ff. Höfling unterscheidet sich in diesem Punkt von dem Mitbegründer des Protestantenvereins Daniel Schenkel ab. Siehe v. a. D. Schenkel, Die kirchliche Frage und ihre protestantische Lösung, Elberfeld 1862. Vgl. dazu N. Slenczka, Diskussion, S. 118ff.

90 Vgl. oben Anm. 14.

91 H. Goertz, Allgemeines Priestertum, S. 222. Vgl. auch E. Herms, Stellungnahme, passim.

Bereits A. W. Dieckhoff hat auf den logischen Widerspruch der Stiftungstheorie aufmerksam gemacht:[92] Entweder ergibt sich das ordinierte Amt mit innerer Notwendigkeit aus der allen Getauften gemeinsamen Vollmacht. Dann ist sie im Priestertum aller Gläubigen begründet. Oder das allgemeine Priestertum erstreckt sich von vornherein nicht auf bestimmte öffentliche Funktionen des Dienstes an Wort und Sakrament. Dann aber läßt sich die prinzipielle Vollmacht aller Getauften zur Verkündigung nicht mehr ernsthaft behaupten. Vom Priestertum aller Gläubigen könnte nur noch eingeschränkt die Rede sein, ganz so, wie es z. B. „Lumen gentium" oder das Lima-Dokument tun.

Es ist jedoch gerade das Priestertum *aller* Gläubigen, aus welchem Luther nicht etwa nur die Möglichkeit, sondern sogar die Notwendigkeit des ordinierten Amtes ableitet.[93] Er begründet dies damit, daß die eigenmächtige Wahrnehmung des allen Christen aufgetragenen Dienstes am Wort die übrigen Gläubigen in ihrem Recht zur Verkündigung beschneiden würde. Wollten alle im Gottesdienst gleichzeitig predigen oder die Sakramente austeilen, würde die Gemeinde ins Chaos gestürzt. Um der Ordnung willen ist es nach Luther notwendig, daß einzelne von der Gemeinde in besonderer Weise und auf Dauer mit der öffentlichen Wortverkündigung und Sakramentsverwaltung beauftragt werden.

Wichtig ist in diesem Zusammenhang der Unterschied zwischen geistlichem *Amt* und geistlichem *Stand*, auf den bereits J. W. F. Höfling aufmerksam gemacht hat. Wohl gibt es wie in der katholischen auch in der evangelischen Kirche einen geistlichen Stand. Und auch Luthers Ständelehre kennt neben dem ordo politicus und dem ordo oeconomicus den ordo ecclesiasticus. Unter Berufung auf Luther bestreitet Höfling aber, daß die Wirksamkeit der Gnadenmittel, d. h.

92 A. W. Dieckhoff, Luthers Lehre von der kirchlichen Gewalt. Historisch dargestellt, Berlin 1865, S. 97ff.

93 Zu den einschlägigen Belegen aus Luthers Adelsschrift (WA 6,408,11–17), aus „De captivitate Babylonica" (WA 6,566,28–30) sowie Luthers Schreiben an den Prager Senat aus dem Jahr 1523 (WA 12,160ff) siehe H. Goertz, Allgemeines Priestertum, S. 196ff.

der Evangeliumsverkündigung und der Verwaltung der Sakramente an einen besonderen Stand gebunden ist, weil andernfalls dieser ordo selbst zu einem medium salutis erklärt werden müßte. Genau an dieser Stelle besteht, wie Höfling zutreffend feststellt, eine entscheidende Differenz zwischen dem römisch-katholischen und dem reformatorischen Verständnis der Ordination. Die Beantwortung der Frage, ob die Ordination auch im evangelischen Sprachgebrauch als Sakrament bezeichnet werden könnte,[94] hängt nicht nur vom vorausgesetzten Sakramentsverständnis, sondern auch davon ab, ob die Existenz eines ordo ecclesiasticus unter die medii salutis zu rechnen ist oder nicht.

Höfling hat die Alternative deutlich benannt: „Entweder muß man sich die Wirksamkeit der Gnadenmittel wirklich an eine besondere göttliche Ordnung hinsichtlich der persönlichen Organe ihrer Spendung in zeremonialgesetzlicher Weise gebunden denken und dadurch den geistlichen *Stand* selbst zu einem neuen und hauptsächlichen Gnadenmittel machen, oder man darf sich gegen die Anerkennung nicht sträuben, daß das geistliche Amt, d. h. die Befähigung, Verpflichtung und Berechtigung zu wirksamer Spendung der Gnadenmittel ursprünglich und divino jure nicht bei den Mitgliedern eines besonderen göttlich privilegirten Standes, sondern bei allen Gläubigen ist.“[95] Die evangelische Lehre bringt Höfling mit wünschenswerter Klarheit auf den Punkt: „Der *kirchenordnungsmäßige* geistliche Stand beruht auf dem *heilsordnungsmäßigen* allgemeinen Priesterthum der Gläubigen, nicht umgekehrt.“[96]

Vertreter der Stiftungstheorie machen geltend, daß Luther doch von einer besonderen göttlichen Stiftung des Amtes gesprochen habe. Luther gebraucht den Amtsbegriff allerdings äquivok und keineswegs durchgängig als Synonym für Institution. „Amt“ kann bei Luther auch für „Dienst“ stehen. Ganz in diesem Sinne kann übrigens auch das „institutum

94 Vgl. dazu unten Abschnitt 5.2.

95 J. W. F. Höfling, Grundsätze, S. VIII (Kursivierung im Original gesperrt), Vgl. auch a. a. O., S. 75f.

96 Ebd. (Kursivierung im Original gesperrt).

und ministerium docendi evangelii et porrigendi sacramenta" in CA 5 verstanden werden.[97] Das ordinierte Amt als ständige Institution wird erst in CA 14 angesprochen, wo es heißt, „daß niemand in der Kirchen öffentlich lehren oder predigen oder Sakrament reichen soll ohn ordentlichen Beruf (nisi rite vocatus)"[98]. Dieser „ordo ecclesiasticus" wird in der deutschen Fassung der CA als „Kirchenregiment" bezeichnet. Von solcher äußeren oder mittelbaren Berufung (vocatio mediata) ist aber die innere oder unmittelbare Berufung (vocatio immediata) zu unterscheiden, welche im Glauben unterschiedslos allen Christen zuteil wird. Dem entspricht auch Luthers Auffassung von der Ordinationshandlung, durch die keineswegs ein besonderes Amtscharisma verliehen wird. Die Handauflegung wird vielmehr als Benediktionshandlung und äußeres Zeichen der Beauftragung gesehen: „Aufflegunge der Hende, die Segenen, bestettigen uud bezeugen solchs, wie ein Notarius und Zeugen eine Weltliche sache bezeugen, Und wie der Pfarrherr, so Brauts und Breutgam segenet, ir Ehe bestiget oder bezeuget"[99].

Im Sinne Luthers gilt nun aber auch, *daß nicht nur das Amt der Verkündigung und Sakramentsverwaltung (CA 5), sondern daß auch das Amt der Episkopé im Priestertum aller Gläubigen gründet*, so gewiß beide Ämter auch der Ge-

97 Neben H. Goertz, Allgemeines Priestertum, S. 180.192 vgl. auch E. Wolf, Verwaltung, S. 246f; W. Joest, Amt, S. 239; W. Maurer, Historischer Kommentar, S. 140; G. Wenz, Theologie der Bekenntnisschriften I, S. 587f. CA 5 ist zunächst im Kontext der Artikelreihe CA 4–6 zu lesen. Vgl. auch die Schwabacher Artikel, die in Schwab 7 synonym von „Predigtambt oder mundlich Wort" sprechen. Anders als Maurer oder Joest kommt Wenz allerdings zu dem Ergebnis, „daß es sich bei dem ministerium ecclesiasticum von CA V um kein anderes Amt handelt als um das ordinationsgebundene Amt von CA XIV" (G. Wenz, Theologie der Bekenntnisschriften II, S. 325). Siehe auch G. Wenz, Ekklesiologie. Ebenso urteilt W. Pannenberg, Das kirchliche Amt, S. 297ff, wobei auch die Thesen Höflings und seiner Anhänger kritisiert werden (S. 289ff).

98 BSLK 69,2–5.

99 WA 53,257,6–9 (Exempel, einen rechten christlichen Bischof zu weihen). Vgl. dazu H. Goertz, Allgemeines Priestertum, S. 317.

meinde in relativer Selbständigkeit gegenübertreten. *Beide* Ämter, also auch das Predigtamt, gründen nicht in einem besonderen Sakrament der Weihe, sondern in der Taufe und im Empfang des Heiligen Geistes, der mit der Taufe allen Christinnen und Christen verheißen und zugesprochen ist. Sowohl das geordnete als auch das ordnende Amt sind aber nach evangelischem Verständnis den Kriterien von CA 7 unterworfen, d. h. der Verkündigung des Evangeliums in Wort und Sakrament. Denn auch die Taufe ist ja eine Form der Evangeliumsverkündigung, die nicht ex opere operato den Geist als habituelle Gnade verleiht, sondern den individuellen Glauben fordert. Somit geht das Evangelium jeder konkreten Gestalt sowohl des geordneten wie auch des ordnenden Amtes voraus. Die Verkündigung des Evangeliums konstituiert also auch das geordnete Amt.

5.3.2 Synodale Episkopé und gegliedertes Amt der Kirche

Das geordnete Amt setzt seinerseits ein ordnendes Amt voraus. Wie das geordnete Predigtamt ist aber auch das ordnende Amt der Kirchenleitung als Amt der gesamten Kirche und nicht als dasjenige eines besonderen geistlichen Standes zu verstehen. Zumindest ist es unevangelisch, wenn auch die Aufgabe des ordnenden Amtes kategorisch und exklusiv den Inhabern des geordneten Amtes zugewiesen wird. Das mit dem Priestertum aller Gläubigen der Kirche als ganzer aufgetragene Amt schließt die Ordnung des Predigtamtes ein. Dieses umfaßt die Verkündigung des Evangeliums in Wort und Sakrament, nicht aber zugleich das Amt des Ordnens und Leitens des kirchlichen Lebens. Zwar kann dies, wie es historisch vor allem im Luthertum der Fall war, gegebenenfalls auch den Inhabern des ordinierten Amtes übertragen werden. Wenn diese in Personalunion unter konkreten historischen Umständen sowohl das geordnete als auch das ordnende Amt ausüben, ist in dieser Ämterhäufung doch nicht das Wesen des Predigtamtes nach CA 5 zu sehen. Wird dagegen das Amt des Bischofs oder ein funktionales Äquivalent desselben – wie dasjenige des (Landes)superintendenten, des

Präses oder Kirchenpräsidenten – als Ausdifferenzierung des ordinierten Predigtamtes verstanden, dann kann es, wie I. U. Dalferth richtig feststellt, „die Aufgaben der Episkope nicht vollständig übernehmen. Soll es die Aufgaben vollständig übernehmen können, muß es ein ‚Bischofsamt' sein, das im Prinzip auch Christen offen steht, die nicht für das geistliche Amt ordiniert sind."[100]

Theologisch gilt also grundsätzlich, daß das ordnende Amt der Kirchenleitung dem geordneten Amt der Evangeliumsverkündigung in Wort und Sakrament vorausgeht und in das Priestertum aller Gläubigen – in seiner evangelischen Form – eingebunden bleibt.[101] Eben deshalb kann die Wahrnehmung des ordnenden Amtes bzw. das Amt der Episkopé nach evangelischem Verständnis nicht auf ordinierte Amtsträger beschränkt werden – unter denen sich inzwischen mit innerer Folgerichtigkeit auch Frauen befinden –, sondern ist grundlegend die Angelegenheit der Gemeinden und Synoden, in denen heutzutage die Nichtordinierten – Frauen und Männer – die Mehrheit bilden. Sofern Ordinierten in der evangelischen Kirche in besonderer Weise ein Amt der Kirchenleitung bzw. der geistlichen Aufsicht übertragen wird, muß man von einer *synodalen Episkopé* sprechen. Ihre Autorität gründet sich auf die mit der Taufe allen Christen und also der Kirche als ganzer verliehene Autorität und nicht auf besondere Traditionslinien einer bischöflichen Sukzession, die womöglich noch im Sinne einer historischen Kontinuität seit apostolischer Zeit behauptet oder gefordert wird.

Synodale Episkopé bedeutet kirchenrechtlich konkret, daß die Übertragung eines episkopalen Amtes nach vorhergehender Wahl durch die aus ordinierten und nichtordinierten Mitgliedern zusammengesetzte Synode erfolgt. Hierbei wirken das synodale und das episkopale Element zusammen. Die Wahlsysteme der verschiedenen evangelischen Kirchen können im einzelnen variieren. Sie sollen aber sicherstellen, daß die zu wählenden Amtsinhaber sowohl das Vertrauen der zuständigen synodalen Gremien als auch das-

100 I. U. Dalferth, Weg der Ökumene, S. 145.
101 Vgl. E. Herms, Stellungnahme, S. 80.

jenige des jeweils zuständigen episkopalen Amtsinhabers (Superintendent, Bischof, Präses, Kirchenpräsident) haben.[102] Im Unterschied zur evangelischen Kirche ist es z. B. in der römisch-katholischen Kirche gemäß dem Dekret des II. Vatikanums „Christus Dominus“ über die Hirtenaufgabe der Bischöfe in der Kirche „wesentliches, eigenständiges und an sich ausschließliches [!] Recht der zuständigen kirchlichen Obrigkeiten [...], Bischöfe zu ernennen und einzusetzen“ (CD 20).

Gemäß reformatorischer Theologie ist von dem *einen* Amt der Kirche zu sprechen, das aber in sich gegliedert ist, wie die unierten evangelischen Kirchen betonen. Das ordinationsgebundene Amt ist *eine*, aber nicht die einzige Gestalt dieses Amtes.[103] In diesem Sinne kann auch Calvins Lehre vom vierfachen bzw. die reformierte Lehre vom dreifachen Amt verstanden werden. Die Ämter der Kirche sind die Ausdifferenzierung des einen, im Amt Jesu Christi gründenden Amtes, zu dem die Getauften in ihrer Gesamtheit berufen und befähigt sind. „Das gegliederte Amt“, so hat es der Theologische Ausschuß der Evangelischen Kirchen von Westfalen 1970 in einer Thesenreihe formuliert, „ist in seiner Vielfalt wesenhaft eins, ganzheitlich und umfassend. Auftrag und Verheißung Jesu Christi bleiben für jeden Teilbereich unverkürzt und ungeteilt. Wo Auftrag und Inhalt der verschiedenen Dienste, Ämter, Berufungsweise, Amtsbezeichnung, Ausbildungsweg, räumliche und fachliche Gege-

102 Vgl. W. Härle, Dogmatik, S. 590.

103 Auch D. Wendebourg, Amt, spricht von dem einen Amt der Kirche, konzentriert ihre Darstellung aber auf das ordinierte Predigtamt, dessen primäre Gestalt mit dem Pfarramt gleichgesetzt wird, und interpretiert das Bischofsamt einseitig als sekundäre Gestalt des ordinationsgebundenen Amtes, ohne besonders auf seine synodale Einbettung einzugehen. Lediglich auf S. 27 wird kurz erwähnt, „daß die meisten lutherischen Kirchen mittlerweile auch synodale Formen der Episkopé ausgebildet haben, die die im Luthertum traditionellerweise, wenn auch ohne prinzipielle Begründung vorgezogenen personalen Lösungen ergänzen.“ In ihrer theologischen Tragweite wird die synodale Episkopé in diesem Beitrag Wendebourgs aber nicht weiter gewürdigt.

benheiten voneinander differieren, schließt die Teilhabe am korporativen Amt Christi alle Amtsträger zusammen. Eine Gliederung des Amtes hebt daher die Einheit des Amtes nicht auf, sondern konkretisiert diese lediglich."[104]

5.3.3 Ordination und Installation

Das Amt der Kirche ist nach evangelischer Auffassung nicht hierarchisch, sondern funktional gegliedert. Die Ämter und Dienste stehen nebeneinander und wirken miteinander. Daher ist das gegliederte Amt in keiner Weise mit der dreigliedrigen Struktur aus Bischof, Presbyter und Diakon in der römisch-katholischen Kirche und den orthodoxen Kirchen zu verwechseln. Das gilt auch für jene Funktionen der Episkopé, welche in der evangelischen Kirche dem geordneten, d. h. dem ordinationsgebundenen Amt übertragen werden.

Für das evangelische Amtsverständnis sind zwei Sachverhalte grundlegend: 1. Die Ordination ist die Beauftragung zum öffentlichen und zeitlich unbegrenzten Dienst der Evangeliumsverkündigung in Wort und Sakrament, jedoch kein Weihesakrament, durch welches ein kategorialer Unterschied zwischen Ordinierten und Nichtordinierten begründet würde. 2. Von der Ordination ist die Übertragung eines konkreten Dienstes oder Amtes, d. h. die Installation grundsätzlich zu unterscheiden.[105] Die Übertragung eines episko-

104 Theologische Überlegungen zum gegliederten Amt. Thesen des Theologischen Ausschusses für die Landesynode im Oktober 1970, in: A. Burgsmüller/R. Frieling (Hg.), Amt und Ordination, S. 88–89, hier S. 88f.

105 Die reformierte Tradition unterscheidet freilich nicht durchgängig so streng zwischen Ordination und Installation wie die lutherische. Das Wesen der Ordination wird dann in der Beauftragung mit einem konkreten Dienst gesehen. In diesem Sinne müßte die Ordination nicht zeitlich unbefristet sein, so daß sich jede neue Beauftragung als weitere Ordination bezeichnen ließe. – Für das Luthertum urteilte J. W. F. Höfling, Grundsätze, S. 86, die Unterscheidung zwischen einmaliger, unwiederholbarer Ordination und wiederholbarerer Installation (Institution oder Introduktion) „scheint ohne rechten Vor-

palen Amtes, also des Bischofs-, Präses oder Kirchenpräsidentenamtes sowie des Superintendenten- oder Dekansamtes ist keine Form der Ordination, sondern der Installation.

Nun ist die Ordination in den evangelischen Kirchen an das episkopale Element gebunden. Dabei ist allerdings schon in den Bekenntnisschriften der Reformationszeit vorausgesetzt, daß die primäre Gestalt des bischöflichen Amtes das Pfarramt ist, dem von der Gemeinde, die den Pfarrer wählt,[106] in Personalunion das Amt der Verkündigung und das Amt der Gemeindeleitung übertragen ist. Die Unterzeichner der Confessio Augustana erklärten sich zur Anerkennung der bisherigen Bischöfe bereit, sofern diese die evangeliumsgemäße Verkündigung nicht hinderten und im Sinne der reformatorischen Unterscheidung zwischen weltlichem und geistlichen Regiment zur Beschränkung ihrer Machtbefugnisse bereit wären (CA 28). Die Aufgabe der Bischöfe bestehe aber darin, „das Evangelium zu predigen, die Sunde zu vergeben und zu behalten und die Sakramente zu reichen und zu handeln“[107]. Luther, Melanchthon und auch die lutherischen Bekenntnisschriften treffen die historische Feststellung, das Bischofsamt sei ursprünglich das Pfarramt

bedacht, ohne in protestantischer Anschauung und in dem protestantischen Lehrsysteme begründete ratio sufficiens nur vom katholischen Kirchenrechte her beibehalten worden zu sein. Man kann sich über den Unterschied von Ordination und Institution oder Introduktion um so weniger Rechenschaft geben, als ja nicht blos der Begriff der öffentlichen und feierlichen Bestätigung des Berufs für ein bestimmtes Kirchenamt, sondern auch die Vollzugsform mittels des Gebetes und der Handauflegung beiden Akten gemein ist.“ Die Unterscheidung von Ordination und Installation rechtfertigt Höfling schließlich in der Weise, „daß sich die Ordination auf den Beruf für das Kirchenamt überhaupt, die Institution oder Introduktion auf den für die Ausübung desselben an einer besonderen und bestimmten Gemeinde bezieht“ (a. a. O., S. 89; im Original gesperrt).

106 Die heutigen Kirchenverfassungen sehen vor, daß der Gemeindepfarrer oder die Gemeindepfarrerin entweder vom Presbyterium oder in direkter Wahl von allen wahlberechtigten Gemeindegliedern gewählt wird. Letzteres ist z. B. in der Evangelischen Kirche A. B. und in der Evangelischen Kirche H. B. in Österreich der Fall.

107 BSLK 121,15–17.

gewesen.[108] Nach reformatorischer Auffassung steht es den Pfarrern – und heute auch den Pfarrerinnen – zu, zu ordinieren. Das gilt nicht nur von den reformierten Kirchen, die keine bischöfliche Verfassung ausgebildet haben. Gemäß der Genfer Kirchenordnung und anderer reformierter Kirchenordnungen oblag den Pfarrern (pasteurs) sowohl die Ordination als auch die Leitung der Gemeinde bzw. der Kirche. Doch auch die lutherischen Bekenntnisschriften haben, wo sie ausdrücklich von der Ordination handeln,[109] in erster Linie einen von Pfarrern und nicht von bischöflichen Amtsträgern vollzogenen Akt im Sinn.[110]

Daß um der kirchlichen Ordnung und Einheit willen die Kompetenz zur Ordination einem bischöflichen Amt übertragen wird, ändert nichts daran, daß nach lutherischer Auffassung zum bischöflichen Amt des Pfarrers grundsätzlich die Vollmacht zur Weitergabe des Amtes gehört. Umgekehrt ist auch ein Bischof als Pfarrer zu betrachten, wenngleich als Pfarrer mit spezifischen, übergemeindlichen Aufgaben.[111] Die kirchenrechtliche Bindung der Ordination an ein episkopales Amt darf folglich nicht mißverstanden werden, als sei dieses eine höhere Stufe des geistlichen Amtes, auf welcher erst die Befähigung und Vollmacht zur Ordination gegeben wäre.[112] Die Installation eines Bischofs, Superintendenten o. ä. aber unterscheidet sich qualitativ nicht von derjenigen eines Pfarrers, der in eine neue Gemeinde oder Funktionspfarrstelle eingeführt wird. Und schließlich ist nochmals daran zu erinnern, daß der Dienst der Episkopé in der evange-

108 Vgl. nur Luthers Schrift „An den christlichen Adel deutscher Nation“ (1520), WA 6,440,21–29, sowie Melanchthons „Tractatus de potestate papae“, bes. 60f (BSLK 489,30–45). Siehe ferner Schmalkaldische Artikel, 4. Art. (BSLK 430,10–12) und CA 28 (BSLK 129,13f.29f).

109 Tractatus 65 (BSLK 490,37–40); Schmalkadische Artikel, Art. 10 (BSLK 458,8–15) u. ö.

110 Vgl. D. Wendebourg, Amt, S. 30.

111 Im Wittenberger Ordinationsformular von 1535 ist die Ordination der Pfarrer bewußt als Bischofsweihe konzipiert. Vgl. D. Wendebourg, Amt, S. 16.19.

112 Dagegen mit Recht D. Wendebourg, Amt, S. 33.

lischen Kirche nicht exklusiv an ein episkopales Amt gebunden ist, sondern in theologisch sachgemäßer Weise heute selbst in solchen evangelischen Kirchen, die das Bischofsamt kennen, die Aufgabe der Episkopé und der Kirchenleitung auch von nichtordinierten Gliedern der Kirche wahrgenommen wird.

Daß es sich bei der Installation in ein bischöfliches Amt nicht um eine eigene Stufe des ordinierten Amtes handelt, wird auch daraus ersichtlich, daß die Wahl und Einsetzung in solch ein Amt im Unterschied zur lebenslangen Ordination auf Zeit erfolgt. Auch hier sind die Bestimmungen der einzelnen Kirchenverfassungen uneinheitlich. Kirchenverfassungen, in denen das synodale Element dominiert, sehen in der Regel eine zeitliche Befristung kirchenleitender und episkopaler Ämter vor, wobei die Wiederwahl möglich ist. Kirchenverfassungen, in denen das episkopale Element stärkeres Gewicht haben, praktizieren die Übertragung bis zum Eintritt des Amtsinhabers in den Ruhestand. Im ersten Fall wird der Delegationscharakter aller kirchenleitenden und so auch der episkopalen Ämter zum Ausdruck gebracht, im zweiten Fall die Bindung bestimmter kirchenleitender Ämter an das ordinierte Amt.[113] Letzteres entspricht vor allem der lutherischen Tradition, die das – in der Regel unbefristet übertragene – Gemeindepfarramt mit dem ursprünglichen Bischofsamt der Kirche gleichsetzt. Freilich gibt es heutzutage auch lutherische Kirchen, in denen bischöfliche Ämter – und dazu gehören auch, historisch betrachtet in der lutherischen Kirche sogar an erster Stelle, die Superintendenten und Superintendentinnen – zeitlich befristet sind.[114] Die Frage, welche kirchenrechtliche Regelung dem evangelischen Verständnis kirchenleitender Ämter am besten entspricht, kann theologisch offen bleiben. Beide Lösungen stimmen aber darin überein, daß sie keine lebenslange Übertragung episkopaler Ämter vorsehen, worin die Unterscheidung von Ordination und Installation klar zum Ausdruck kommt.

113 Vgl. W. Härle, Dogmatik, S. 590.
114 Das ist z. B. in der Evangelischen Kirche A. B. in Österreich der Fall.

5.4.1 Entwicklungen seit der Reformationszeit

Die heutige Grundform einer presbyterial-synodalen Ordnung und der darin eingebetteten synodalen Episkopé hat sich seit der Reformationszeit in einem längeren und uneinheitlichen Prozeß herausgebildet. Eine wichtige Rolle spielt hierbei der Pietismus. Kirchenrechtsgeschichtlich ist vor allem die Theorie des Kollegialismus von Bedeutung, welche im 18. Jahrhundert entstand und im 19. Jahrhundert die Theorien des Episkopalismus und des Territorialismus abzulösen begann. Während der Episkopalismus die Kirche als ständisch organisierte Stiftung Gottes interpretierte und die Legitimation für das landesherrliche Kirchenregiment lieferte,[115] und während die Theorie des Territorialismus die Kirche auf der Grundlage naturrechtlicher Anschauungen als Anstalt öffentlichen Rechtes deutete,[116] ist die sichtbare Kirche nach der Theorie des Kollegialismus eine von den Glaubenden freiwillig eingegangene Gemeinschaft, die als Kollegium mit gleichberechtigten Mitgliedern und eigenen Rechten im Staate lebt.[117]

Vor allem F. Schleiermachers theoretische und praktische Beiträge zur Reform der evangelischen Kirche – konkret in Preußen – greifen auf die Ideen des Kollegialismus zurück, die sich mit Reminiszenzen an reformierte Presbyterial- und Synodalverfassungen der Reformationszeit verbanden.[118] „Als aus dem Wesen der evangelischen Kirche hervorgehend und sich selbst aussprechend können wir nur die Presbyterialverfassung ansehen", heißt es in Schleiermachers „Praktischer Theologie".[119] Die evangelischen Partikularkirchen

115 Zum Episkopalismus vgl. M. Heckel, Staat und Kirche, bes. S. 79ff.
116 Zur Theorie des Territorialismus vgl. K. Schlaich, Der rationale Territorialismus.
117 Vgl. dazu I. Dingel, Art. Kirchenverfassung, Sp. 1326.
118 Vgl. K. Schlaich, Die Kirche als Anstalt und Verein.
119 F. Schleiermacher, Praktische Theologie, S. 564. Vgl. dazu Chr. Dinkel, Kirche gestalten.

bezeichnet er auch als „evangelische Kirchenvereine", wobei er jedoch ganz im Sinne des neuprotestantischen Unionsgedankens voraussetzt, „daß wir, ungeachtet der Mehrheit evangelischer Kirchenvereine, welche verschiedenen Maximen folgen, doch Eine evangelische Kirche und eine diese Einheit bezeugende Lehrgemeinschaft anerkennen"[120].

Im Umkreis Schleiermachers entstand die Theorie des kirchlichen Konstitutionalismus, wonach die Kirche sich von den Gemeinden her aufbaut und sich unabhängig von staatlichen Vorgaben selbst organisiert und leitet.[121] Die Idee des kirchlichen Konstitutionalismus wurde aber nicht nur von reformierten, sondern auch von neulutherischen Theologen wie J. F. W. Höfling vertreten, wenngleich mit der sich gegen Schüler Schleiermachers und den deutschen Protestantenverein richtenden Einschränkung, daß das Bekenntnis nicht zur Disposition gestellt und zum Gegenstand von Mehrheitsentscheidungen gemacht werden dürfe. Jedenfalls wendete sich die Konzeption des kirchlichen Konstitutionalismus gegen lutherische Kirchentheorien, welche Kirche und Kirchenverfassung einseitig vom ordinierten Amt und vom Kirchenregiment her dachten.[122]

Der nur im älteren Protestantismus gebräuchliche Begriff des Kirchenregiments ist im 20. Jahrhundert durch denjenigen der Kirchenleitung ersetzt worden. Im Unterschied zur Aufgabe des geistlichen Amtes ist die äußere Leitung der Kirche gemeint. Nach Schleiermacher beruht das Kirchenregiment „in der Gestaltung eines Zusammenhanges unter einem Komplexus von Gemeinden"[123] und besteht aus zwei Elementen, „dem gebundenen, nämlich der Gestaltung des Gegensatzes für den gegebenen Komplexus, und dem ungebundenen, nämlich der freien Einwirkung auf das Ganze, welche jedes einzelne Mitglied der Kirche versuchen kann, das sich dazu berufen glaubt"[124].

120 F. Schleiermacher, Kurze Darstellung, § 323 (S. 124).
121 Vgl. G. Ris, Konstitutionalismus.
122 Vgl. dazu auch M. Ohst, Art. Konstitutionalismus, Sp. 1638.
123 F. Schleiermacher, Kurze Darstellung, § 309 (S. 118).
124 F. Schleiermacher, Kurze Darstellung, § 312 (S. 119).

Der auch im Zusammenhang mit den allgemeinen demokratischen Bestrebungen in der ersten Hälfte des 19. Jahrhunderts zu sehende kirchliche Konstitutionalismus erlitt nach anfänglichen Fortschritten politische Rückschläge. Immerhin konnte aber die Rheinisch-Westfälische Kirchenordnung von 1835 die presbyterial-synodale Struktur der evangelischen Gemeindeverbände in den preußischen Westprovinzen bewahren.[125] Mit dem landesherrlichen Kirchenregiment hatte sich seit der Reformationszeit eine Konsistorialverfassung herausgebildet, in welche presbyteriale und synodale Elemente eingefügt wurden. So bildete sich eine Mischverfassung heraus, die später auch von anderen evangelischen Kirchen übernommen wurde und bis in die Gegenwart maßgeblich geblieben ist. Als Grundform evangelischer Kirchenverfassung konnte sich die konsistoriale und presbyterial-synodale Elemente verbindende Mischverfassung allgemein erst nach dem Ende des landesherrlichen Kirchenregimentes, d. h. nach dem Ende der Monarchie 1918 durchsetzen. Versuche in der Zeit des Nationalsozialismus, auch in der evangelischen Kirche das „Führerprinzip“ einzuführen und die Kirchen „gleichzuschalten“ waren letztlich zum Scheitern verurteilt. Die kirchliche Neuordnung nach 1945 knüpfte an die Mischverfassungen der Landeskirchen aus der Zeit vor 1933 an.[126]

Die Entwicklung nach dem Ende der Monarchie in Deutschland weist allerdings konfessionelle Unterschiede auf. In lutherisch geprägten Landeskirchen wurde den Konsistorien und den leitenden Geistlichen eine starke Stellung eingeräumt, in stärker reformiert geprägten Landeskirchen dagegen den Synoden. In den lutherischen Landeskirchen sind das Bischofsamt und die Leitung der Synode voneinander getrennt, wogegen in den von reformierter Tradition geprägten Landeskirchen die Kirchenleitung in die Synode integriert ist. Der Präses der Synode ist gleichzeitig der leitende geistliche Amtsträger wie auch der Leiter des Landeskirchenamtes, welches das konsistoriale Element repräsentiert.

125 Zu ihrer Entstehungs- und Wirkungsgeschichte vgl. W. H. Neuser, Entstehung; J. Mehlhausen, Kirche, S. 228ff.260ff.

126 Vgl. M. Ohst, Art. Kirchenverfassung, Sp. 1331f.

Exemplarisch seien die Aufgaben genannt, die dem oder der Präses der Evangelischen Kirchen von Westfalen gemäß Artikel 153 (1) der Kirchenverfassung – in Westfalen Kirchenordnung genannt – übertragen sind:[127] „Der Präses oder dem Präses ist das Hirtenamt an den Gemeinden, insbesondere an den Amtsträgerinnen und Amtsträgern der Evangelischen Kirche von Westfalen anvertraut. Das Amt wird in Verantwortung vor dem Herrn der Kirche geführt. Der Präses oder die Präses führt den Vorsitz der Landessynode, der Kirchenleitung und des Landeskirchenamtes. Der Dienst der Leitung wird in gemeinsamer Verantwortung mit den Mitgliedern der Kirchenleitung und des Landeskirchenamtes ausgeübt. Die vornehmste Aufgabe der Präses oder des Präses ist der Dienst der Verkündigung und der Seelsorge. Sie oder er besucht die Gemeinden, insbesondere die ordinierten Amtsträgerinnen und Amtsträger, um ihnen mit Beratung, Mahnung und Tröstung zu dienen. Die Präses oder der Präses trägt die besondere Verantwortung für die Ausbildung der Theologinnen und Theologen und die Zurüstung der Pfarrerinnen und Pfarrer. Sie oder er hat das Recht zur Durchführung der Ordination. Die Präses oder der Präses hat das Recht, in allen Kirchengemeinden den Dienst an Wort und Sakrament auszurichten. Die Präses oder der Präses führt die Superintendentinnen und Superintendenten in ihr Amt ein und versammelt sie regelmäßig zu gemeinsamer Beratung. Sie oder er weiht Kirchen und andere gottesdienstliche Stätten ein. Die Präses oder der Präses vertritt die evangelische Kirche von Westfalen innerhalb der Evangelischen Kirche der Union (seit 1. Juli 2003: Union Evangelischer Kirchen), der Evangelischen Kirche in Deutschland, der Ökumene und in der Öffentlichkeit."

Wenn insbesondere die reformierten oder von der reformierten Tradition beeinflußten Kirchen die reformatorischen Wurzeln der presbyterial-synodalen Ordnung der evangelischen Kirche betonen, dürfen freilich die Transformationsprozesse nicht übersehen werden, welchen die kir-

127 Kirchenordnung der Evangelischen Kirche von Westfalen in: D. Kraus (Hg.), Evangelische Kirchenverfassungen, S. 886.

chenleitenden Ämter und Gremien seit der Reformationszeit unterworfen waren. Das von Nichtordinierten wahrgenommene Amt des Presbyters oder des Ältesten ist in den reformierten Kirchenordnungen des 16. Jahrhunderts die Ausübung der Kirchenzucht.[128] Gemäß den „Ordonnances ecclèstiastiques" (1541) befaßte sich in Genf auch das aus den Pfarrern und den Ältesten bestehende Konsistorium, welches wöchentlich unter dem Vorsitz eines (nichtordinierten) Syndicus oder Ratsherren tagte, vor allem mit disziplinarischen Angelegenheiten. Die Wahl der Pfarrer war in Genf keineswegs die Angelegenheit aller Gemeindeglieder, sondern erfolgte durch die übrige Pfarrerschaft, die „Vénérable Compagnie des Pasteurs" auf dem Wege der Kooptierung.[129] Die von Calvin für Frankreich entworfene „Discipline ecclesiastique" (1559) mit ihrer dreigliedrigen Ämterstruktur sah die Leitung der Kirche durch das Konsistorium vor, welche die Ältesten und Diakone unter dem Vorsitz der Pastoren bildeten. Während in der Schweiz die weltliche Obrigkeit an der Leitung der Kirche beteiligt war, gaben sich die Kirche in Frankreich, aber auch die calvinistischen Kirchen und Flüchtlingsgemeinden z. B. in Ostfriesland, am Niederrhein oder in Frankfurt a. M., die auf eine Anlehnung an staatliche Autoritäten verzichten mußten, eine presbyterial-synodale Verfassung, in deren Rahmen auch die nichtordinierten Ältesten (Presbyter) Mitwirkungsrechte hatten.[130]

„Seit ihrer Wiedergeburt steht die Synode [...] im Spannungsfeld zwischen Amt und Gemeinde."[131] Die neu ent-

128 Eine zweisprachige Ausgabe reformierter Kirchenordnungen bietet E. Mengin, Recht.

129 Allerdings war die Wahl durch den Rat der Stadt zu bestätigen und die formelle Zustimmung der jeweiligen Gemeinde einzuholen.

130 Als Zwischenglied zwischen Konsistorium und Synode gab es in Frankreich seit 1572 das Kolloquium, bestehend aus den Pastoren der unmittelbaren Nachbargemeinden und je einem Ältesten. Dieses Gremium, das sich viermal im Jahr traf, übernahm später auch Aufgaben des Konsistoriums, darunter die Wahl der Pfarrer. Vgl. I. Dingel, Art. Kirchenverfassung, Sp. 1325.

131 Th. Barth, Elemente und Typen, S. 40.

wickelten Synoden begegnen im 19. Jahrhundert zunächst teilweise noch als reine Geistlichkeitssynoden. Schon bald aber dringt das Laienelement vor. Die rheinische und die westfälische Kirchenordnung sehen bis heute eine Parität von Ordinierten und Nichtordinierten in der Synode vor. In den Synoden anderer Landeskirchen haben die Nichtordinierten die Mehrheit, in einigen Kirchen sogar eine 2/3-Mehrheit.

Wie gezeigt, hat sich die heutige Form der presbyterial-synodalen Grundordnung evangelischer Kirchen im deutschsprachigen Raum zwar erst im Verlauf des 19. und 20. Jahrhunderts herausgebildet. Sie läßt sich aber für Westeuropa direkt auf die Reformation zurückführen. Allerdings hat in der theologischen Begründung der presbyterial-synodalen Kirchenverfassung im 19. Jahrhundert eine Verschiebung stattgefunden. Die für Calvin maßgebliche christologische Begründung des reformierten Kirchenmodells wurde im Kampf gegen das landesherrliche Kirchenregiment durch die Idee des modernen Konstitutionalismus ersetzt.[132] Damit konnte nun die für Luther, nicht aber für Calvin zentrale Idee des Priestertums aller Gläubigen theologisch mit dem ursprünglich reformierten Modell der presbyterial-synodalen Ordnung der Kirche verbunden und auch in den lutherischen Kirchen rezipiert werden.

Die Variationsbreite moderner evangelischer Kirchenverfassungen ist zwar nicht ohne die Kenntnis zeitgeschichtlicher Einflüsse und regionaler Besonderheiten zu verstehen. Die Grundstruktur heutiger evangelischer Kirchenverfassungen ergibt sich jedoch mit innerer Folgerichtigkeit aus den reformatorischen Grundeinsichten zur Rechtfertigung des Sünders allein durch den Glauben und dem darin begründeten Priestertum aller Gläubigen. Die historisch beschreibbaren Transformationsprozesse des Protestantismus sind demnach systematisch-theologisch unbedingt zu bejahen.

132 Vgl. W.-D. Hauschild, Art. Presbyter/Presbyterium, Sp. 1615.

5.4.2 Typen evangelischer Kirchenleitung

Im einzelnen lassen sich heute verschiedene Typen der Kirchenleitung und der Kirchenverwaltung unterscheiden. Th. Barth differenziert zwischen episkopalbehördlichen, vereinigenden, nämlich einerseits kombinatorischen und andererseits senatorischen Kirchenleitungen, synodal-gemischten Kirchenleitungen und rein synodalen Kirchenleitungen.[133] Episkopalbehördlich ist die Kirchenleitung in Bayern, Oldenburg und Württemberg, deren evangelische Landeskirchen keine besondere Kirchenleitung ausbilden, sondern wo die bischöflich strukturierte Verwaltung zugleich als ständige Leitung der Kirche fungiert. Kombinatorisch ist die Kirchenleitung in Baden, die sich als direkte Fortentwicklung des Typus der episkopalbehördlichen Kirchenleitung deuten läßt, dabei aber konsistoriale und synodale Elemente integriert. Auch die Landeskirchen von Braunschweig, Hannover, Kurhessen-Waldeck und Schaumburg-Lippe bilden eine besondere Kirchenleitung unter Beteiligung der Synode, des Bischofs und der Kirchenverwaltung, die aber anders als in Baden nicht als ganze, sondern durch einzelne ihrer Mitglieder vertreten ist. Barth bezeichnet dieses Modell in Anlehnung an den hannoverschen Kirchensenat als Senatsprinzip.[134] Zum synodal-gemischten Kirchenleitungstypus zählt Barth die Landeskirchen in der Pfalz, Lippe, Berlin-Brandenburg und Hessen-Nassau.[135] Der Extremfall einer rein synodalen Kirchenleitung findet sich in der Bremischen Evangelischen Kirche, wo der bremische Kirchentag alle kirchenregimentlichen Befugnisse direkt ausübt und außerhalb der Synode keine Verfassungsorgane existieren.[136] Eine eigenständige Kirchenleitung und Kirchenverwaltung bilden dagegen die Evangelisch reformierte Kirche sowie die Evangelische Kirche im Rheinland

133 Vgl. Th. Barth Elemente und Typen, S. 233ff. Einen Sonderfall stellt die Leitung der nordelbischen Kirche dar, die aus drei Bischöfen und zehn von der Synode aus ihrer Mitte gewählten Mitgliedern besteht. Siehe Th. Barth, a. a. O., S. 274ff.

134 Th. Barth, Elemente und Typen, S. 248.

135 Vgl. Th. Barth, Elemente und Typen, S. 259ff.

136 Vgl. Th. Barth, Elemente und Typen, S. 282.

und die Evangelische Kirche von Westfalen aus, die sich ebenfalls dem synodalen Typus zuordnen lassen. Allerdings vereinigt der oder die Präses im Rheinland und in Westfalen eine Fülle von Befugnissen auf sich, die eigentlich dem episkopalen Typus entspricht, weil der Präses in Personalunion Bischof, Vorsitzender der Synode und Leiter der obersten kirchlichen Verwaltungsbehörde ist. In der Evangelisch-reformierten Kirche wird die Kirchenleitung als Moderamen bezeichnet.[137]

Was nun das episkopale Element der presbyterial-synodalen Ordnung der evangelischen Kirche betrifft, so kommt dieses nicht nur in Kirchenverfassungen mit episkopalbehördlicher Kirchenleitung, sondern auch in solchen mit synodaler Kirchenleitung vor. Ob die geistlichen Amtsträger in kirchenleitender Funktion als Bischof bezeichnet werden oder nicht, ist letztlich zweitrangig. Im evangelischen Bereich ist der Bischofstitel auch nicht auf das Luthertum beschränkt. So gebraucht z. B. die reformierte Kirche in Ungarn ebenfalls den Bischofstitel für das leitende geistliche Amt. Andererseits kann die Stellung und Kompetenz des mit dem Bischofstitel versehenen Amtes in den verschiedenen Kirchenverfassungen variieren. Während dem Bischof im Rahmen einer episkopalbehördlichen Kirchenleitung ein erhebliches Maß an rechtlichen Leitungsbefugnissen zukommt, sind z. B. die auf Zeit gewählten Bischöfe der Nordelbischen Evangelisch-Lutherischen Kirche an der rechtlichen Leitung der Kirche nicht mehr maßgeblich beteiligt, weil sie im Verwaltungskollegium nur mit beratender Stimme vertreten sind.[138]

Einige evangelischen Kirchen haben an ihrer Spitze das Amt eines Kirchenpräsidenten. Neben der reformierten Schweiz begegnet dieser Titel in der Evangelischen Kirche in Hessen-Nassau und in der Evangelischen Kirche der Pfalz. In Deutschland handelt es sich beim Titel des Kirchenpräsidenten um ein Relikt der Organisationsstatuten, die sich die Kirchen nach dem Ende der Monarchie und des landesherr-

137 Zum synodalen Charakter des reformierten Moderamens vgl. Th. Barth, Elemente und Typen, S. 297.

138 Vgl. Th. Barth, Elemente und Typen, S. 281.

lichen Kirchenregiments gegeben haben. Bis 1988 wurde der Titel auch in der Evangelisch-reformierten Kirche in Nordwestdeutschland verwendet, jedoch nicht in die Verfassung der heutigen Evangelisch-Reformierten Kirche übernommen.[139] Während in Hessen-Nassau nur ordinierte Theologen zum Kirchenpräsidenten gewählt werden können, steht das Amt in der Pfalz ausdrücklich auch Nichtordinierten offen. Hier hat die Funktion des Kirchenpräsidenten „nichts mit dem synodalen Bischofsamt zu tun“[140]. Anders liegen die Dinge in Hessen-Nassau. Als einzige deutsche Landeskirche spricht sie ausdrücklich in ihrer Verfassung vom „Leitenden Geistlichen Amt“, das freilich vom Kirchenpräsidenten und seinem Stellvertreter gemeinsam mit den Pröpsten wahrgenommen wird. Dem leitenden geistlichen Amt sind eindeutig bischöfliche Aufgaben zugewiesen, die aber zum größten Teil nur kollegial und nicht vom Kirchenpräsidenten allein durchgeführt werden können.

5.4.3 Superintendentenamt und Visitation

Das eigentliche evangelische Bischofsamt aber ist, abgesehen vom Gemeindepfarramt als seiner primären Gestalt, zunächst gar nicht das Amt des Landesbischofs, sondern dasjenige des Superintendenten oder der Superintendentin.[141] Entstanden ist dieses urevangelische Amt im Rahmen der Visitationen, die im Zuge der fortschreitenden Reformation notwendig wurden. Auch wenn CA 28 grundsätzlich zur Anerkennung der bisherigen Bischöfe bereit war, wurde doch die Schaffung eines neuen episkopalen Amtes unumgänglich, weil sich die altgläubigen Bischöfe nicht der Refor-

139 Vgl. Th. Barth, Elemente und Typen, S. 132ff. Auch die württembergischen Landesbischöfe hatten bis zur Änderung der Kirchenverfassung 1988 rechtlich die Funktion eines Kirchenpräsidenten.

140 A. v. Campenhausen, Entstehung, S. 22.

141 Erstaunlicherweise geht die ansonsten vorzügliche Arbeit von Th. Barth auf dieses urevangelische Amt gar nicht ein. Lediglich das Amt des (reformierten) Landessuperintendenten wird kurz erwähnt (Elemente und Typen, S. 136).

mation anschlossen. Das neu entstehende evangelische Visitationswesen trägt freilich durchaus dem Gedanken vom Priestertum aller Gläubigen Rechnung. Denn die Aufgabe der Visitation, die doch als eine der wesentlichen Funktionen der Episkopé zu gelten hat, wurde im Bereich der Wittenberger Reformation zunächst nicht einem gesonderten geistlichen Amt übertragen, sondern ad hoc für konkrete Visitationsvorhaben aufgestellten Gremien, die aus Theologen für den engeren geistlichen Bereich und juristischen Beamten für alle übrigen Belange bestanden. Diese, darunter aber eben auch Nichtordinierte (!), bezeichnete Luther theologisch konsequent als „Bischöfe“[142]. Bischöfe waren sie, „weil und solange sie taten, was dieses Amt ausmacht“[143].

Als Verstetigung dieser geistlichen Aufgabe wurde schließlich ein neues bischöfliches Amt eingerichtet, für das nun aber der Titel ἐπίσκοπος in lateinischer Übersetzung gebraucht wurde, um eine Verwechslung mit dem katholischen Bischofsamt und dem von ihm vorausgesetzten Weihesakrament auszuschließen: „Superintendent“ oder „Superattendent“.[144] In einigen reformierten Kirchen ist Superintendent oder auch Landessuperintendent die Amtsbezeichnung für das höchste geistliche Amt.[145] Hier entspricht das Amt des Superintendenten demjenigen des Landesbischofs in Kirchen mit episkopalbehördlicher Kirchenleitung.

Visitation und Ordination, d. h. also ganz klar episkopale Funktionen, gehören bis heute zu den besonderen Aufgaben evangelischer Superintendentinnen und Superintendenten. Zugleich üben sie das Amt eines Seelsorgers, einer Seelsorgerin der Pfarrerinnen und Pfarrer, Vikarinnen und Vikare ihres Kirchenkreises oder Sprengels aus. Sofern das Amt des

142 Vgl. WA Br 4, Nr. 1347,5f; Nr. 1350,14; WA Br 5, Nr. 1410, Anrede 20.

143 D. Wendebourg, Amt, S. 24.

144 Zu Belegen für diese Übersetzung bereits in altkirchlicher Zeit vgl. D. Wendebourg, Amt, S. 25, Anm. 74.

145 In Deutschland: Lippische Landeskirche, vormals auch die Evangelisch-Reformierte Kirche, die aber vor kurzem den Titel eines Kirchenpräsidenten eingeführt hat; in Österreich: Evangelische Kirche H. B.

Superintendenten, für das in manchen Kirchen die Bezeichnung „Dekan“ verwendet wird, auf der mittleren Ebene der kirchlichen Organisation angesiedelt ist, versehen Superintendentinnen und Superintendenten ihr Amt zugleich im Auftrag der Landeskirche. Sie repräsentieren also in Mischverfassungen sowohl das synodale als auch das konsistoriale Element, wobei die Stellung des Superintendenten in den verschiedenen Kirchenverfassungen variiert.

Die dem Superintendenten wie dem Bischof, Präses oder Kirchenpräsidenten erteilte Befugnis zur Ordination ist eine geistliche Aufgabe, die an die Ordination gebunden ist. Das episkopale Amt der Visitation ist dagegen in der evangelischen Kirche keine ausschließlich geistlichen Amtsträgern vorbehaltene Aufgabe. Die Visitation verbindet Elemente eines brüderlichen Besuchsdienstes mit solchen einer Verwaltungsprüfung. Über ihr eigentliches Wesen, d. h. darüber, wieweit es sich um eine Aufgabe der geistlichen oder der äußeren Kirchenleitung handelt, gehen die Auffassungen auseinander, worauf hier jedoch nicht näher eingegangen werden soll.[146] An der Visitation sind jedenfalls auch nichtordinierte Personen beteiligt, neben Mitgliedern des Kreissynodalvorstandes (bzw. des entsprechenden Gremiums) weitere Personen, die von der Leitung der Regionalsynode beauftragt werden. Allerdings handeln diese Personen nicht eigenständig, sondern unter der Leitung des Superintendenten oder Dekans.

In reformierten Kirchen obliegt die Visitation dem Moderamen der Regionalsynoden, also überhaupt einem kirchenleitenden Gremium und nicht einem einzelnen geistlichen Amtsträger. Hier kommt besonders klar zum Ausdruck, daß die Episkopé im Sinne der Visitation nach evangelischem Verständnis nicht die alleinige Aufgabe eines vom „Kirchenvolk“ unterschiedenen geistlichen Amtes ist, sondern ein Handeln der Kirche in ihrer Gesamtheit, in welchem sie ihre Verantwortung für die schriftgemäße Evangeliumsverkündigung in Wort und Sakrament wahrnimmt, welche der gemeinschaft-

146 Vgl. dazu M. Honecker, Visitation; H.Ph. Meyer, Visitation; Th. Barth, Elemente und Typen, S. 178ff.

liche Auftrag der Kirche im Sinne des Priestertums aller Gläubigen ist.

5.5 Der Dienst der Episkopé – notwendiges Zeichen der Einheit?

5.5.1 Differenzierter Konsens in der Ämterfrage?

Welche Schlußfolgerungen ergeben sich aus der bisherigen Darstellung für das ökumenische Gespräch?[147] Eine genaue Untersuchung der Funktionen und Formen der Episkopé in der evangelischen Kirche zeigt, daß nicht nur zwischen Episkopé und Bischofsamt unterschieden werden muß, sondern daß zwischen einem evangelischen Verständnis von synodaler Episkopé und den Konzeptionen anderer Kirchen weitaus größere Unterschiede bestehen, als Dokumente der Konsensökumene bisweilen den Anschein erwecken. Die vorliegende Untersuchung schätzt im Ergebnis die Möglichkeit eines Konsenses in der Ämterfrage deutlich kritischer ein als das Dokument des Ökumenischen Arbeitskreises evangelischer und katholischer Theologen „Lehrverurteilungen – kirchentrennend?" aus dem Jahr 1986.[148]

Wohl besteht ein ökumenischer Grundkonsens, „dass es in der Kirche ein besonderes Amt gibt, das nicht einfach aus dem gemeinsamen Priestertum der Glaubenden ableitbar ist, ferner, dass dieses Amt seinen Ursprung in einer göttlichen Setzung hat, die in der bleibenden Aufgabe der Verkündigung und Lehre des Evangeliums und der Verwaltung der Sakramente besteht [...] und insofern eine Art Fortsetzung der Sendung der Apostel selbst darstellt"[149]. Er trägt aber nicht weit, weil schon umstritten ist, ob diese Grundüberzeugung evangelischerseits im Sinne der neulutherischen

147 Vgl. auch R. Frieling, Amt.

148 K. Lehmann/W. Pannenberg (Hg.), Lehrverurteilungen – kirchentrennend?, Bd. I, S. 157–169.

149 U. Kühn, Ordination, S. 345. Kühn verweist auf „Lehrverurteilungen – kirchentrennend?", Bd. I, S. 158 und TEA III 39.

Stiftungstheorie oder der Übertragungstheorie zu verstehen ist. Was soll z. B. in dem angeführten Zitat von U. Kühn „nicht einfach“ bedeuten? Ist das Amt auf das allgemeine Priestertum nun zurückzuführen oder nicht? Die vorliegende Untersuchung stützt die These, daß der Auftrag Christi, aller Welt das Evangelium zu verkündigen, nicht nur an die Kirche als ganze, sondern an alle einzelnen Getauften ergeht. Nicht das ordinierte Amt als solches, sondern Wort und Sakrament stehen der Gemeinde gegenüber. Das Amt dient dem allgemeinen Priestertum dadurch, daß es dieses Gegenüber bezeugt.

Das römisch-katholische oder das orthodoxe Amtsverständnis ist damit wohl nicht in Einklang zu bringen.[150] Bereits das Gutachten, welches der Päpstliche Rat zur Förderung der Einheit der Christen zum Amtskapitel in dem Dokument „Lehrverurteilungen – kirchentrennend?“ abgegeben hat, kam zu dem Ergebnis: „Die Ehrlichkeit zwingt zu dem Schluß, daß dieses Kapitel die bisherigen Dialogergebnisse nicht übertrifft und keinen Durchbruch zu einem höherem Maß an Konsens bietet.“[151] Ein solcher Durchbruch ist auch in absehbarer Zeit nicht zu erwarten.

Wie R. Frieling richtig feststellt, demonstriert die ökumenische Amtsdebatte „eine ‚Aporie‘, d. h. die Unlösbarkeit eines logischen Problems wegen immanenten Widerspruchs. Das mühsame Ringen, die alte Kontroverstheologie zugunsten einer ökumenischen Konvergenztheologie zu überwinden, ist sicherlich unerläßlich. Doch es ist wohl aussichtslos, alle bisherigen Kontroversen in eine ‚versöhnte Verschiedenheit‘ oder in einen ‚differenzierten Konsens‘ zu überführen. Gut, wenn es wenigstens teilweise gelingt; aber das Problem ‚unversöhnter Gegensätze‘ ist das eigentliche Problem und muß nüchtern gesehen und angepackt werden.“[152]

150 Vgl. W. Thönissen, Weichenstellung, S. 139f.

151 Gutachten des Päpstlichen Rates für die Förderung der Einheit der Christen zur Studie „Lehrverurteilungen – kirchentrennend?“, S. 113.

152 R. Frieling, Amt, S. 240.

5.5.2 Heilungsbedürftiger Defectus ordinis?

Was bedeutet dies konkret für den evangelisch-katholischen Dialog zur Ämterfrage? Seit dem II. Vatikanum hat es in dieser Frage durchaus theologische Annäherungen gegeben. Ein Grund dafür liegt in dem Umstand, daß „Lumen gentium" eine Ämterlehre entfaltet, die den Anschluß an die altkirchliche Zuordnung und inhaltliche Bestimmung von Episkopat, Presbyterat und Diakonat sucht (LG 18–29). Aus evangelischer Sicht ist es erfreulich, daß „Lumen gentium" das Wesen des Bischofsamtes in erster Linie nicht von der Jurisdiktionsvollmacht, sondern vom Dienst der Verkündigung und der Sakramentsverwaltung her bestimmt. An die Stelle der Unterscheidung von potestas ordinis und potestas iuris tritt die Lehre vom dreifachen Amt des Bischofs (Verkündigung des Evangeliums, Hirtendienst und Feier des Gottesdienstes bzw. der Eucharistie), wobei der Dienst der Verkündigung an der Spitze steht. Auch dadurch, daß Episkopat und Presbyterat im Sinne der auf Hieronymus zurückreichenden Traditionslinie in ihrer inneren Einheit gesehen werden, ergeben sich neue Gesprächsmöglichkeiten mit den Kirchen der Reformation, die wie Hieronymus davon ausgehen, daß *epískopos* und *presbýteros* im altkirchlichen Sprachgebrauch synonym verwendet wurden. Wenn LG 21 und 26 erklären, die Fülle des Weihesakramentes (plenitudo sacramenti Ordinis) sei im Bischofsamt gegeben, ließe sich darin zumindest insofern eine Entsprechung zur lutherischen Lehre vom kirchlichen Amt erkennen, als dieses in analoger Weise das Predigtamt bzw. das Pfarramt als das *eine* Amt der Kirche bestimmt. Die reformierte Tradition redet freilich von den – nicht hierarchisch gestuften – Ämtern der Kirche im Plural. Unierte evangelische Kirchen sprechen heute von dem *einen* Amt, das in sich gegliedert und nicht mit dem Predigtamt identisch ist.

In jedem Fall springen die gravierenden Unterschiede zwischen katholischer und reformatorischer Tradition ins Auge. Während vor allem nach lutherischer Lehre das ministerium ecclesiasticum das Predigt- oder Pfarramt ist, ist dies nach der Lehre des II. Vatikanischen Konzils das davon unterschiedene Bischofsamt. Die Priester (presbyteri) sind wie die Diakone lediglich Helfer (adiutores) des Bischofs, die an der Fülle *seines* Amtes Anteil haben (LG 20).[153] Diese haben „die Aufgabe ihres Dienstamtes in mehrfacher Abstufung verschiedenen Trägern in der Kirche rechtmäßig weitergegeben“ (LG 28). Exegetisch muß der spezifischen Art und Weise, in der „Lumen gentium“ das römisch-katholische Bischofsamt auf Christus und die Apostel zurückführt, widersprochen werden.[154] Christus, so die katholische Sichtweise, habe bereits zu seinen Lebzeiten eine Art Kollegium eingesetzt, das aus den Aposteln bestand. Wie diese ihre eigenen Nachfolger bestellten, so sei es auch heute die Aufgabe des Episkopats, sich selbst immer wieder zu ergänzen. Das Bischofskollegium als ganzes ist nach „Lumen gentium“ an die Stelle des Apostelkreises getreten. Eben dies bedeutet nach katholischem Verständnis apostolische Sukzession, auch wenn heute katholischerseits durchaus zugestanden wird, daß sich historisch eine lückenlose Kette von Handauflegungen bis zurück zu den Aposteln im Sinne einer „pipeline-Theorie“ nicht behaupten läßt.[155]

Gerade an dieser Stelle ist die Differenz zum evangelischen Verständnis des Priestertums *aller* Gläubigen, welches auch den Auftrag und die Vollmacht der Episkopé einschließt, offenkundig. Verschärfend kommt hinzu, daß nach katholischer Lehre Frauen von der Nachfolge der Apostel ausgeschlossen sind, weil dies angeblich dem Willen Christi widerspreche. Und schließlich darf nicht außer acht gelassen werden, daß die Bischöfe nach katholischem Verständnis ihren Dienst nur in der Einheit mit dem Papst versehen können, dem als Nachfolger Petri ein besonderes Amt für die Gesamtkirche aufgetragen sei. Ausdrücklich erklärt „Lumen

153 CD 30 bezeichnet die Priester immerhin als „cooperatores“. Vgl. auch CD 11, wonach die Bischöfe ihr Hirtenamt „cum cooperatione presbyteri“ ausüben sollen.

154 Vgl. auch CD 20: „Das apostolische Amt der Bischöfe ist von Christus dem Herrn eingesetzt (apostolicum Episcoporum munus [...] a Christus institutum)“.

155 Vgl. dazu O.H. Pesch, Enzyklika, S. 514. Siehe auch W. Breuning, Verständnis. – Zur Rezeption des II. Vatikanums siehe insgesamt H.J. Pottmeyer/G. Alberigo/J.-P. Josua (Hg.), Rezeption; O.H. Pesch, Das Zweite Vatikanische Konzil.

gentium" zu Beginn des Abschnitts über das Bischofsamt, die Lehrentwicklung des I. Vatikanums fortführen zu wollen (LG 19). Die Aufwertung des Episkopats durch das II. Vatikanum ist also in Kontinuität mit der Weiterentwicklung der Lehre vom Primat des Papstes durch das I. Vatikanum zu sehen.

Bedenkt man dies alles, dürfte in der Frage, ob der katholischerseits erhobene Vorwurf, das Amt in der evangelischen Kirche leide an einem „defectus ordinis", aufgrund von umsichtigen Forschungen zur Reformationsgeschichte und entsprechenden ökumenische Bemühungen um einen „differenzierten Konsens" entschärft oder gar zurückgenommen werden kann, Nüchternheit angebracht sein. Auch wenn mit dem Ökumenismusdekret des II. Vatikanum ein neues Kapitel in der Geschichte der ökumenischen Bewegung aufgeschlagen und seither eine Reihe von bikonfessionellen Lehrgesprächen geführt wurde,[156] ist es doch aus evangelischer Sicht durchaus verständlich, wenn Papst Johannes Paul II. weiter auf der Aussage in UR 22 bestand, wonach den Kirchen der Reformation das Weihesakrament im katholischen Sinne fehlt (sacramenti Ordinis defectus).[157]

Aus evangelischer Sicht geht es durchaus in Ordnung, wenn der lateinische Text in UR 22 mit *„Fehlen* des Weihesakramentes" übersetzt wird. Daß lediglich ein *Mangel* an der als solcher in den evangelischen Kirchen gegebenen Ordination vorliege, wie O.H. Pesch in ökumenisch wohlwollender Absicht zu übersetzen vorschlägt,[158] wird m. E. weder dem katholischen Verständnis des Weihesakraments noch dem evangelischen Ordinationsverständnis gerecht. Daß die evangelische Kirche aufgrund *ihres* Ordinationsverständnisses allen Grund hat, den schon auf can. 7 des Tridentinums

156 Zu Verlauf und Ergebnissen der verschiedenen bikonfessionellen und multilateralen Lehrgespräche siehe R. Frieling, Amt, S. 115ff.

157 So zuletzt in seiner Enzyklika „Ecclesia de Eucharistia", Nr. 30. Vgl. auch das Dokument der Glaubenskongregation „Dominus Iesus", Nr. 17.

158 O.H. Pesch, Enzyklika, S. 516. Vgl. auch U. Kühn, Ordination, S. 338.

zurückreichenden Vorwurf des defectus ordinis zurückzuweisen, versteht sich von selbst.[159] Und selbstverständlich ist es erfreulich, wenn durch umsichtige historische und dogmatische Untersuchungen katholischer Theologen neue Bewegung in die Diskussion kommt, so daß eine gewisse Hoffnung besteht, der Vorwurf des defectus ordinis müsse nicht für alle Zeiten das letzte Wort der römisch-katholischen Kirche sein.[160] Zwischen den Konfessionen fortbestehende Gegensätze sollten jedoch nicht in wohlmeinender Absicht verschleiert werden.

Der Ordination eignet nach evangelischem Verständnis nun einmal kein sakramentaler Charakter. Sie ist zwar wie die Sakramente ein performativer Sprechakt, aber nicht jeder performative Sprechakt ist ein Sakrament. Der performative Sprechakt der Ordination besteht aus den Elementen der Berufung (vocatio), der Sendung (missio) und der Segnung. *Auf Berufung und Sendung liegt in den evangelischen Kirche alles Gewicht der Ordinationshandlung.*[161] Auch die unter Handauflegung erfolgende Segenshandlung vermittelt keine beson-

159 Anders (und gelinde gesagt erstaunlich) die vom ÖAK in: W. Pannenberg/Th. Schneider (Hg.), Lehrverurteilungen – kirchentrennend?, Bd. IV, S. 96 vertretene Ansicht, die reformatorischen Kirchen bräuchten „ihrerseits die Feststellung eines ‚Mangels' im Zusammenhang mit ihrer Ordinationspraxis nicht gänzlich zurückweisen", weil sich die Reformatoren „sehr wohl ihrer Abweichung von der kirchenrechtlich festgelegten Ordnung der Amtsübertragung durch bischofliche Ordination bewußt" gewesen seien. Eine solche Behauptung verfehlt die reformatorisch klar und gut begründete Lehre, wonach das Ordinationsrecht grundsätzlich und keineswegs bloß in Zeiten eines außerordentlichen Notstands zum ordinierten Amt, d. h. dem Pfarramt gehört.

160 Vgl. dazu aus lutherischer Sicht W. Pannenberg, Das kirchliche Amt, S. 304f. Die evangelischen Kirchen haben in verschiedenen Dokumenten betont, daß sie die katholische Ordination trotz der Differenzen in der Frage des sakramentalen Charakters anerkennen. In dieser Frage besteht also im ökumenischen Dialog eine Asymmetrie, insofern man nicht von wechselseitigen Lehrverurteilungen sprechen kann.

161 Nach CA 14 sind diejenigen, welche das Amt der öffentlichen Predigt und der Sakramentsverwaltung ausüben, „rite vocati". Die vocatio macht also nach CA 14 das Wesen der Ordination aus.

dere Amtsgnade, wie dies z. B. von lutherischer Seite in dem bilateralen Dokument „Kirchengemeinschaft in Wort und Sakrament“[162] oder neuerdings in dem Dokument „Communio Sanctorum“[163] behauptet wird.[164] Der Einwand, daß Melanchthon[165] oder Calvin[166] gelegentlich die Ordination als Sakrament bezeichnet oder gegen ein solche Bezeichnung zumindest keine Einwände erhoben haben, verfängt nicht, da beide Reformatoren lediglich zum Ausdruck bringen wollen, daß die Ordination auf Befehl und Verheißung Gottes geschieht. Ganz in diesem Sinne kann Melanchthon auch das Gebet und das Almosengeben oder auch das Kreuz und die Trübsal der Christen ein Sakrament nennen, „denn die haben auch Gottes Zusage“[167]; ein Umstand, der in ökumenischen Dialogen zur Ämterfrage oftmals übersehen wird.[168]

Die auch bei der Ordination in den evangelischen Kirchen (in Gebet und Lied) stattfindende Anrufung des Heiligen Geistes ist nicht als Übertragung eines besonderen, über die mit der Taufe verheißene Geistverleihung hinausgehenden Amtscharismas zu verstehen.[169] Aus theologisch gutem Grund wird

162 Kirchengemeinschaft in Wort und Sakrament, S. 63 behauptet, durch Gebet und Handauflegung werde bei der Ordination „eine Gnadengabe des Heiligen Geistes zuteil“.

163 Communio Sanctorum, S. 142 behauptet, bei der Ordination werde „die zur Führung des Amtes befähigende Geistgabe wirksam mitgeteilt“.

164 Vgl. auch J. W. F. Höfling, Grundsätze, S. 94f. R. Frieling, Amt, S. 226 bezeichnet die in der Amtsfrage von „einigen Katholiken“ und „einigen Evangelischen“ suggerierte Konvergenz zu Recht als „eine brüchige Harmonie, die kaum Aussicht auf Erfolg hat“.

165 ApolCA 13,10f.

166 Inst IV,19,28.

167 ApolCA 13,16 (BSLK 294,44f).

168 So mit Recht R. Brandt, Art. Ordination, Sp. 623. Anders dagegen z. B. U. Kühn, Ordination, S. 342.

169 Auch wenn sie sich in einigen Formulierungen unterscheiden, haben doch Ordinationsliturgien der lutherischen, reformierten und unierten Kirchen im wesentlichen den gleichen Aufbau. Danach wird vor der eigentlichen Ordination, nämlich der Segnung und Sendung, für den Ordinanden gebetet. Dieses Gebet enthält zumeist auch die Bitte um den Geist, jedoch nicht in einer Weise, die als Bitte um ein spezielles Amtscharisma zu deuten ist. Vgl. die Gebetsformulare in den

(Fortsetzung von Fußnote 169)

vom Theologischen Ausschuß der Arnoldshainer Konferenz erarbeiteten Gottesdienstordnungen, in: Ordination. Gottesdienstordnungen für Ordination und Einführung, Witten 1973: Eines der vorgeschlagenen Gebete folgt der Hessischen Kirchenordnung von 1536: „Allmächtiger Gott, himmlischer Vater, Du allein berufst und sendest die Diener Deiner Kirche und gibst ihnen zu ihrem Dienst Kraft und Vollmacht. Wir bitten Dich, erleuchte das Herz dieses Bruders [dieser Schwester] durch den Heiligen Geist und leite ihn [sie] mit Deiner starken Hand, daß er sein [sie ihr] Amt in Treue führe zur Ehre Deines Namens und zur Auferbauung Deiner Gemeinde. Amen" (S. 10). Ein weiteres Gebet stammt vom Liturgischen Ausschuß der VELKD. Darin heißt es u. a.: „Wir bitten dich: gib ihm [ihr] den Heiligen Geist, daß er [sie] dein Wort recht verkündigt und deiner Gemeinde mit den Sakramenten nach deinem Willen dient. Bewahre ihn [sie] in Anfechtung und Zweifel. Stärke ihn [sie], wenn er [sie] verzagt und müde wird. Schenke ihm [ihr] Mut und Zuversicht, dein Heil vor der Welt zu bezeugen" (S. 11). Auch dieses lutherische Gebet ist keineswegs als Bitte um ein besonderes Amtscharisma zu verstehen, sondern als Bitte um das beständige, d. h. aber je und je neue Wirken des Geistes. Ganz in diesem Sinne ist es auch zu verstehen, daß die Gemeinde üblicherweise vor der eigentlichen Ordinationshandlung den Hymnus „Nun bitten wir den Heiligen Geist" (EG 124) singt. (Nach den verschiedenen Versionen des Wittenberger Ordinationsformulars sang der Chor vor der eigentlichen Ordinationshandlung „Veni sancte spiritus", die Gemeinde aber nach der Segnung und Beglückwünschung des Ordinanden das Lied „Nun bitten wir den Heiligen Geist"; vgl. WA 38,419). Weder die aus dem 13. Jahrhundert stammende erste Strophe noch die übrigen von Martin Luther gedichteten haben aber irgend einen besonderen Bezug zur Ordination. In Wir-Form bittet die Gemeinde vielmehr für alle Christen um den Beistand des Heiligen Geistes. Man lese nur die erste Strophe: „Nun bitten wir den heiligen Geist / um den rechten Glauben allermeist, / daß er uns behüte an unserm Ende, / wenn wir heimfahrn aus diesem Elende. / Kyrieleis." Die eigentliche Ordination aber besteht aus den Elementen der Sendung und der unter Handauflegung erfolgenden Segnung. Von einer Geistverleihung ist in der Segensformel keine Rede. Das gilt auch für die Segensvoten der Assistenten. Dagegen erklärt U. Kühn, Ordination, S. 344, daß es „in der Segnung um die erbetene Gabe des Heiligen Geistes geht. Die Auflegung der Hände wird zum effektiven Zeichen des in der Ordination Geschehenden." Mit solch einer zweideutigen Formulierung wird eine sachliche Übereinstimmung mit dem katholischen Weihesakrament insinuiert, die in Wahrheit nicht besteht.

eine derartige Interpretation z. B. im bilateralen Dialog zwischen Reformiertem Weltbund und römisch-katholischer Kirche vermieden.[170]

Die Entwicklung der letzten 150 Jahre hat im interkonfessionellen Gespräch eben nicht nur zu Annäherungen, sondern auf manchen Gebieten auch zu neuen essentiellen Unterschieden geführt. Die Papstdogmen des I. Vatikanum sind auf ihre Weise ebenso folgerichtig wie die in den evangelischen Kirchen z. T. erst nach dem II. Vatikanum erfolgte Einführung der Frauenordination. Auch wenn man historisch mit guten Gründen argumentieren kann, daß die evangelischen Amtsträger keineswegs an einem defectus ordinis litten, sondern durchaus den Amtsinhabern der orthodoxen Kirche gleichzustellen seien, denen trotz des andauernden Schismas katholischerseits kein defectus ordinis zugeschrieben wird, muß doch – und zwar durchaus auch aus evangelischer Sicht! – die Frage erlaubt sein, ob es unter gegenwärtigen Bedingungen sachlogisch nicht schlüssig und somit verständlich ist, wenn Papst Johannes Paul II. den Amtsinhabern der evangelischen Kirchen nach wie vor einen defectus ordinis unterstellte. Ja, man kann sogar fragen, ob gemäß katholischer Amtslehre, wie sie das II. Vatikanum formuliert, heutzutage nicht sogar noch mehr Gründe für die Kritik am ordinierten wie am ordnenden Amt der

170 Vgl. das Dokument „Die Gegenwart Christi in Kirche und Welt. Schlußbericht des Dialogs zwischen Reformiertem Weltbund und dem Sekretariat für die Einheit der Christen“, 1977, in: H. Meyer/H. J. Urban/L. Vischer (Hg.), Dokumente wachsender Übereinstimmung, Bd. I, S. 487–517, Nr. 98: „Die liturgische Gültigmachung im Rahmen der Ordination schließt die Anrufung des Heiligen Geistes (‚Epiklese‘) unter Handauflegung durch andere ordinierte Amtsträger ein. Die Invokation des Heiligen Geistes erinnert an die wesentliche Rolle, welche die Trinitätslehre in jedem ausgewogenen Verständnis des Amtes haben muß. Sie erkennt das eigene Gewicht, sei es dem historischen und gegenwärtigen Handeln Jesu, sei es dem stetigen Wirken des Heiligen Geistes zu. Die Handauflegung ist ein wirksames Zeichen, wodurch der Glaubende in das übertragene Amt eingeführt und darin bestätigt wird. Nicht die Gemeinde bringt das Amt hervor, sondern der lebendige Christus schenkt es ihr und fügt es in ihr Leben ein.“

evangelischen Kirchen als zur Zeit der Reformation sprechen.

Sollte man dem vorigen Papst für seine klare Position in dieser Frage nicht dankbar sein, weil die dadurch eintretende Ernüchterung für das ökumenische Gespräch nur heilsam sein kann? Die evangelische Kirche sollte dies positiv als Herausforderung begreifen, sich der biblischen und theologischen Grundlagen ihrer Lehre vom Priestertum aller Gläubigen und einer dieser entsprechenden Lehre vom Amt, von der Episkopé und der Leitung Kirche, sowie ihres Ordinationsverständnisses zu vergewissern. Erst dann lassen sich realistische Perspektiven für das weitere ökumenische Gespräch entwickeln.[171] Dann aber dürfte auch deutlich werden, daß die sogenannte Stiftungstheorie keineswegs ein vielversprechender Weg ist, um den Vorwurf des defectus ordinis, den die evangelischen Kirchen mit Recht zurückweisen, aus der Welt zu schaffen.

Die Theologische Kommission der Arndoldshainer Konferenz hat den Kern der Differenz in ihrer Stellungnahme zum Dokument „Lehrverurteilungen – kirchentrennend" mit wünschenswerter Deutlichkeit auf den Punkt gebracht: „Nicht die Tatsache eines hierarchisch gegliederten Amtes in der römisch-katholischen Kirche ist der Anstoß für evangelische Christen, auch nicht die Tatsache der Superiorität eines Amtes über das andere, sondern dasjenige Verständnis des Amtes, welches sich aus dem römisch-katholischen Ordinationsverständnis ergibt."[172]

171 Dies ist ein konkretes Beispiel für das, was ich als Differenzökumene bezeichne. Siehe dazu oben Kapitel 1.

172 Stellungnahme der von der Arnoldshainer Konferenz eingesetzten Theologischen Kommission zum Dokument „Lehrverurteilungen – kirchentrennend?" (1991), in: Lehrverurteilungen im Gespräch, S. 17–56, hier S. 47.

5.5.3 Übernahme der episkopalen Sukzession durch die evangelischen Kirchen?

Auch die eingangs zitierte Lima-Erklärung zu Taufe, Eucharistie und Amt trägt nicht zur Lösung der bestehenden Probleme, die einer wechselseitigen Anerkennung der Kirchen und ihrer Ämter nach wie vor im Wege stehen, sondern zu ihrer Verunklarung bei.[173] Die Konzentration der Debatte um die apostolische Sukzession, die auch diejenigen evangelischen Kirchen für sich in Anspruch nehmen, welche nicht nur im Unterschied zur lutherischen Kirche Schwedens und zur anglikanischen Kirche keine historische bischöfliche Sukzession vorzuweisen haben, sondern nicht einmal dem Titel nach das Amt eines Bischofs kennen, auf die Streitfrage einer wie auch immer gearteten bischöflichen Sukzession, geht am Kern des Problems vorbei. Daran krankt seit längerem die gesamte ökumenische Bewegung. Es nimmt daher nicht wunder, daß auch das von „Faith and Order" 1998 vorgelegte Studiendokument „Das Wesen und die Bestimmung der Kirche" in den uns hier beschäftigenden Fragen nicht wirklich weiterführt.[174]

Aus der Sicht einer der reformatorischen Theologie verpflichteten Lehre vom Amt der Kirche handelt es sich bei der Frage des historischen Episkopats bestenfalls um ein theologisches Problem an der Oberfläche. Keineswegs müssen die evangelischen Kirchen „vielleicht (!) das Zeichen der bischöflichen Sukzession wieder neu entdecken"[175], wie ihnen das Lima-Dokument in gewundener, gleichwohl unmißverständlicher Formulierung anrät. Evangelische Stellungnahmen, die allen Ernstes die „Übernahme des Zeichens der episkopalen Sukzession durch die reformatorischen Kirchen" in Erwägung ziehen[176], drohen das reformatorische Grund-

173 Zur Diskussion über das Lima-Dokument siehe M. Thurian (Hg.), Churches respond, Bd. I–VI; Kommission für Glaube und Kirchenverfassung (Hg.), Diskussion.

174 Das Wesen und die Bestimmung der Kirche.

175 TEA III, Nr. 53 b) (S. 48).

176 U. Kühn, Eine ökumenische Schlüsselfrage, S. 308.

verständnis des ordinierten Amtes zu verdunkeln.[177] Das gilt schon allein deshalb, weil die episkopale Sukzession, wie sie die Lima-Erklärung bejaht, ein für die reformatorische Theologie schlechterdings unannehmbares Ordinationsverständnis impliziert.[178]

Diesem widerspricht auch die im Lima-Dokument vorausgesetzte dreigliedrige Struktur des ordinierten Amtes aus Bischof, Presbyter und Diakon, die mit dem gegliederten Amt in der evangelischen Kirche keinesfalls gleichzusetzen ist, welches vom ordinierten Amt in der Gemeinschaft mit nichtordinierten Ämtern ausgeübt wird. Daß „das dreifache Amt des Bischofs, Presbyters und Diakons heute als Ausdruck der Einheit, die wir suchen, und auch als ein Mittel, diese zu erreichen, dienen" könnte, wie das Lima-Dokument hofft,[179] entspricht zwar römisch-katholischer, orthodoxer und anglikanischer Sichtweise von Ökumene. Entgegen anderslautenden Interpretationen des Lima-Dokuments läuft dessen Amtsverständnis jedoch den Grundaussagen reformatorischer Theologie zuwider. Man kann sich auf evangelischer Seite nicht ernsthaft die Frage stellen, ob die gestufte dreigliedrige Ämterstruktur der genannten Kirchen von den evangelischen Kirchen übernommen werden sollte,[180] ohne sich von zentralen Aussagen reformatorischer Theologie über das Wesen der Kirche zu verabschieden, die in den vorangehenden Abschnitten meines Beitrags in Erinnerung gerufen worden sind.

Klarer noch und eindeutiger als die Reformation selbst[181] hat die Barmer Theologische Erklärung von 1934 einen

177 Innerhalb der evangelischen Kirchen werden die Thesen des Lima-Dokumentes zum Amtsverständnis kontrovers beurteilt. Vgl. dazu L. Kugelmann, Diskussionsbericht.

178 Vgl. E. Herms, Stellungnahme, S. 93. – Auf die zusätzlichen Schwierigkeiten, die der Zeichenbegriff in den verschiedenen bilateralen und multilateralen Diskussionen zur Ämterlehre bereitet, soll hier nicht näher eingegangen werden. Vgl. dazu ausführlich I. U. Dalferth, Weg der Ökumene, S. 138ff.

179 TEA III, Nr. 22 (S. 38).

180 Vgl. TEA III, Nr. 25 (S. 39).

181 So urteilt zu Recht I. U. Dalferth, Weg der Ökumene, S. 179.

Grundgedanken der Reformation zur Geltung gebracht: „Die verschiedenen Ämter in der Kirche begründen keine Herrschaft der einen über die anderen, sondern die Ausübung des der ganzen Gemeinde anvertrauten und befohlenen Dienstes“ (Barmen IV). Mit dieser These wird keineswegs bestritten, daß es auch in der evangelischen Kirche Ordnungen und Leitungsfunktionen mit entsprechenden Entscheidungsvollmachten gibt.[182] Worauf es in unserem Zusammenhang aber ankommt, ist die vom Theologischen Ausschuß der EKU in seinem Votum zu Barmen IV getroffene Feststellung: „Barmen IV hat eine deutliche Nähe zur synodalen Leitungsstruktur.“[183] Gemeint ist eine synodale Leitungsstruktur, welche auf allen Ebenen die konstitutive Mitwirkung von Nichtordinierten vorsieht. „Im ganzen muß man von Barmen her sagen: die Überordnung des Bischofsamtes in der dreigliedrigen Ämterstruktur entspricht einer evangelischen Ämterordnung nicht.“[184] Bemerkenswert und bedauerlich ist allerdings, daß Barmen IV bisher in keinem der innerevangelischen Dialogdokumente zitiert und für die weitere Lehrbildung fruchtbar gemacht worden ist.[185]

Im lutherisch-anglikanischen Dialog gibt es Bestrebungen, die lutherischen Kirchen in die bischöfliche Sukzession nach anglikanischem Verständnis einzugliedern. Dies könnte auf

182 Zur Frage, wie sich Leitungs- und Entscheidungsstrukturen, die entsprechende Kompetenzen einschließen und auch in der evangelischen Kirche unverzichtbar sind, mit dieser These vereinbaren lassen, siehe J. Ochel (Hg.), Dienst, Bd. 1: Vorträge; Bd. 2: Votum. Das Votum nimmt übrigens auch zum Lima-Dokument Stellung und erklärt, die unveränderte Aufnahme einer Empfehlung der ersten Weltkonferenz für Glauben und Kirchenverfassung in Lausanne (192) in TEA III, Nr. 26 sei „faktisch ein Eingeständnis, daß hinsichtlich der Begründung und Struktur des Amtes in all den Jahrzehnten kein wirklicher Fortschritt zu erreichen war“ (Bd. 2, S. 97f). „Kritisch muß auch gefragt werden, ob eine Fixierung der Ämterstruktur auf eine bestimmte historische Epoche überhaupt hilfreich sein kann“ (a. a. O., S. 98).

183 EKU-Votum, in: J. Ochel (Hg.), Dienst, Bd. 2, S. 103.

184 EKU-Votum, in: J. Ochel (Hg.), Dienst, Bd. 2, S. 104.

185 Vgl. EKU-Votum, in: J. Ochel (Hg.), Dienst, Bd. 2, S. 108.

der Basis der Porvoo-Erklärung von 1992[186] in der Weise geschehen, daß bei allen Einführungen von Bischöfen jeweils Bischöfe der anderen Kirche durch Handauflegung mitwirken, wodurch nach anglikanischer Auffassung die Einheit im historischen Episkopat hergestellt würde. Eine analoge Vorgangsweise ließe sich auch zwischen lutherischer und orthodoxer und vielleicht auch zwischen lutherischer und römisch-katholischer Kirche vorstellen, wenngleich in diesem Fall vor einer Annäherung in der Ämterfrage schon allein in der Frage des Ordinationsverständnisses eine Reihe von zusätzlichen theologischen und kirchenrechtlichen Problemen gelöst werden müßte.

Ich halte es jedoch für ein fundamentales Mißverständnis evangelischer Freiheit in Fragen der Kirchenordnung, wenn sich manche lutherische Kirchen, z. B. im lutherisch-anglikanischen Dialog, auf einen derartigen Weg begeben wollen.[187] Auch sollten bei allen bilateralen ökumenischen Bemühungen stets die möglichen Konsequenzen für die innerevangelische Ökumene, insbesondere für die Kirchengemeinschaft der Leuenberger Konkordie mitbedacht werden. Bei allen verbleibenden Unterschieden in der Ämterfrage setzen doch die Kirchen-, Kanzel- und Abendmahlsgemeinschaft in der Gemeinschaft evangelischer Kirchen in Europa einen gemeinsamen reformatorischen Grundsinn des Amtes voraus. Allerdings ist es wünschenswert, daß die verbleibenden Differenzen in den Fragen des ordinierten Amtes und des Dienstes der Episkopé zum Gegenstand weiterer innerevangelischer Lehrgespräche gemacht werden. Andernfalls besteht die Gefahr, daß einseitige Vorstöße, insbesondere der lutherischen Kirchen, die innerevangelische Einheit sprengen könnten.

Die Eingliederung kirchenleitender evangelischer Geistlicher in die vermeintliche historische Bischofssukzession – deren Historizität ohnehin fraglich ist – wäre, wie D. Wendebourg zu Recht kritisiert, nicht nur historisch unsinnig,

186 The Porvoo Common Statement, London/Helsinki 1992; deutsche Übersetzung in: epd-Dokumentation 23/1995, S. 9–27.
187 Vgl. dazu R. Frieling, Bischofsamt, S. 7f.

weil sie unterstellte, daß eine Kirche „in die geschichtliche Kontinuität einer anderen hineinschlüpfen und diese als ihre eigene übernehmen könnte", sondern „widerspräche [...] der *raison d'être* der Reformation selbst"[188]. Man mag es drehen und wenden wie man will: Mit der Übernahme des hierarchisch gegliederten dreifachen Amtes und der bischöflichen Sukzession würde die evangelische Kirche die Behauptung eines Defektes akzeptieren, der letztlich das geistliche Recht der Reformation in Abrede stellte. Daß die evangelischen Landeskirchen im deutschsprachigen Raum das Bischofsamt in historischer Sukzession „weder haben noch (so ist zu hoffen) erstreben, ist kein bedauerlicher Zufall, sondern genau im theologischen Sinn dieses Amtes begründet"[189].

Die Grundfrage, die sich am Ende unserer Untersuchung stellt, lautet nicht, ob es in der evangelischen Kirche ein ordiniertes Amt gibt oder ob sie notwendigerweise ein Amt der Episkopé braucht, sondern allein, ob es für die volle, sichtbare Einheit der Kirchen, die immer wieder als Ziel der Ökumene herausgestellt wird,[190] notwendig ist, daß dieses Amt die Gestalt des dreifachen Amtes und des historischen bzw. an ein gestuftes Weihesakrament gebundenen Episkopats hat. Diese Notwendigkeit läßt sich auf der Grundlage reformatorischer Theologie schlechterdings nicht behaupten.

188 D. Wendebourg, Amt, S. 36, Anm. 111. – In den USA haben die Evangelical Lutheran Church und die Episcopal Church 1999 eine Übereinkunft erzielt (Called to Common Mission. Concordat to Agreement). Auf ihrer Grundlage wirken nun anglikanische Bischöfe bei lutherischen Bischofseinführungen mit, wobei die Lutheraner ihr Bischofsamt und ihre Form der Bischofseinführung als „evangelische Sukzession" definieren (Nr. 8). Daß der Dienst der Episkopé an eine historische apostolische Sukzession gebunden ist, die durch eine Handlungskette durch „gültig" geweihte Bischöfe gewährleistet wird, wird von der Evangelical Lutheran Church jedoch ausdrücklich bestritten. Die Episcopal Church akzeptiert offensichtlich diese von ihrer Auffassung abweichende Position. Vgl. R. Frieling, Bischofsamt, S. 8.

189 I. U. Dalferth, Weg der Ökumene, S. 238.

190 Vgl. nur Ökumenischer Rat der Kirchen, Verfassung, III. Ziele und Funktionen.

Zu bestreiten ist auch, daß die Episkopé an sich das entscheidende Zeichen der Einheit wäre, wie es z. B. die Lima-Erklärung unterstellt.[191] Im Sinne reformatorischer Theologie ist vielmehr mit I. U. Dalferth festzustellen: „Die *notae unitatis ecclesiae* sind keine anderen als die *notae ecclesiae*, und diese sind nur *Kennzeichen* der Kirche, weil und insofern sie die *Vollzüge sind, anhand derer durch Gott selbst die Kirche konstituiert wird:* die reine Verkündigung des Evangeliums und die evangeliumsgemäße Verwaltung der Sakramente (CA 7).“[192]

Es ist die der Kirche als ganzer aufgetragene Verkündigung des Evangeliums in Wort und Sakrament Grund und Zeichen der Einheit. Das eine Amt der Kirche schließt das Amt der Episkopé als ein notwendiges ein. Dieses Amt ist jedoch nicht Garant der Einheit der Kirche,[193] sondern hat lediglich eine dienende Funktion, indem sie auf ihre Weise der Kirche hilft, bei ihrer Sache zu bleiben.

5.6 Thesen

Die Ergebnisse des vorliegenden Kapitels werden im folgenden nochmals in Thesen zusammengefaßt:

1. Aufgabenstellung und Begriffsbestimmungen

1.1 Evangelische Episkopé im ökumenischen Kontext

1.1.1 Unter den Fragen, die sich in der ökumenischen Diskussion über den Dienst der Episkopé stellen, hat folgende besonderes Gewicht: Welche Bedeutung hat der Umstand, daß alle Ämter und Dienste in heutigen Kirchenverfassungen evangelischer Kirchen, gleich ob lutherisch, reformiert

191 Vgl. oben Anm. 2.
192 I. U. Dalferth, Weg der Ökumene, S. 219.
193 Auch TEA III, Nr. 38 (S. 44) erklärt, die bischöfliche Sukzession könne nicht als „eine Garantie der Kontinuität und Einheit der Kirche“ gelten. Genau dies aber hat die römisch-katholischen Kirche in ihrer offiziellen Antwort auf das Lima-Dokument ein weiteres Mal bekräftigt (Verlautbarungen des apostolischen Stuhls 79, Bonn 1987, S. 43). Vgl. dazu auch R. Frieling, Bischofsamt (Anm. 174), S. 10.

oder uniert, in eine presbyterial-synodale Ordnung eingebunden sind, für die theologische Ämterlehre und für das theologische Grundverständnis von Episkopé? Inwiefern ist eine presbyterial-synodale Struktur von Episkopé im Sinne des evangelischen Kirchenrechts mit der Ämterstruktur z. B. der römisch-katholischen Kirchenverfassung oder der orthodoxen Kirchenverfassungen überhaupt vergleichbar?

1.1.2 Eine systematische Darstellung von Wesen und Funktion evangelischer Episkopé kann sich nicht auf die Bekenntnisschriften der Reformation oder die Anfänge einer evangelischen Ämterlehre beschränken. Vielmehr hat sie sich auf die empirischen Gegebenheiten heutiger Kirchenverfassungen und ihre kirchenrechtliche Vielfalt zu beziehen.

1.2 Begriffsbestimmungen

1.2.1 Etymologisch bedeutet das griechische *episkopé* zunächst „*Aufsicht*" oder auch das „Aufsichtsamt". In 1Tim 3,1 ist mit *episkopé* das Bischofsamt bezeichnet, ohne daß freilich schon an den sich erst im 2. Jahrhundert herausbildende monarchische Episkopat zu denken wäre. Grundsätzlich ist aber zwischen *episkopé* und *epískopos* zu unterscheiden, weil – jedenfalls nach evangelischem Verständnis – die Funktion der *episkopé* historisch wie gegenwärtig nicht notwendigerweise an das Amt eines Bischofs oder eines einzelnen *epískopos* gebunden ist, sondern auch durch ein kollegiales Organ ausgeübt werden kann.

1.2.2 Zur Episkopé gehört die Aufgabe der *Kirchenzucht.* Das Amt der Aufsicht geht nicht in der Ausübung der Kirchenzucht auf, schließt diese aber ein. Wenn wir nach evangelischen Gestalten der *episkopé* in Geschichte und Gegenwart fragen, müssen wir uns also mit Ämtern oder Kollegialorganen im Rahmen evangelischer Kirchenverfassungen befassen, denen die Aufgabe der Kirchenzucht zugewiesen war oder ist.

1.2.3 Die *episkopé* kann aber auch im Sinne der *Kirchenleitung* verstanden werden. Dementsprechend verlangt mein Thema auch, sich mit Ämtern und Organen der Kirchenleitung in den evangelischen Kirchen zu befassen, wenn wir das evangelische Verständnis von Episkopé erfassen wollen.

1.2.3.1 Kirchenrechtlich lassen sich im evangelischen Sprachgebrauch eine weitere und eine engere Bedeutung des Begriffs der Kirchenleitung unterscheiden. Im weiteren Sinne bezeichnet der Begriff der Kirchenleitung die Gesamtheit der kirchenleitenden Organe oder Gremien einer Einzelkirche, z. B. einer Nationalkirche oder einer Territorialkirche (Landeskirche). Im engeren Sinne ist unter Kirchenleitung das Organ zu verstehen, dem die ständige Leitung der Kirche aufgetragen ist. Dazu gehören in der evangelischen Kirche aber auch die kirchlichen Verwaltungsbehörden.

1.2.3.2 Daß im Zusammenhang mit dem Thema der Episkopé auch das Verhältnis zwischen Kirchenleitung und kirchlicher Verwaltung kirchenrechtlich und theologisch eine eigene Frage ist, zeigt bereits einen signifikanten Unterschied z. B. zum Kirchenrecht der römisch-katholischen Kirche, wo Kirchenregiment, Kirchenleitung und Kirchenverwaltung in einer Hand ruhen. Für das evangelische Kirchenverfassungsrecht ist dagegen konstitutiv, daß die Verwaltungsbehörde an der Kirchenleitung Anteil hat.

1.2.3.3 Der Sammelbegriff der Kirchenleitung faßt verschiedene Funktionen zusammen: die Ordination in das Amt der Verkündigung und der Sakramentsverwaltung, die Einsetzung (Installation) von Personen in kirchliche Ämter, die Aufsicht über die Personen, die kirchliche Ämter bekleiden, ihre Ausbildung, ihre Amtsführung und Lehre, nötigenfalls auch ihre Amtsenthebung, die Verantwortung für die ordnungsgemäße Durchführung von kirchlichen Veranstaltungen aller Art, die Verwaltung und Verwendung der finanziellen, räumlichen und sachlichen Ressourcen der Kirche, die Legitimation und Autorität, kirchliche Ordnungen und Gesetze zu erlassen.

1.2.4 Kirchenleitung und also Episkopé in diesem umfassenden Sinne geschieht in den heutigen evangelischen Kirchen im Rahmen einer presbyterial-synodalen Grundordnung. So sehr die heutigen Kirchenverfassungen und Ämterstrukturen im einzelnen variieren, so handelt es sich doch bei ihnen um Variationen eines gemeinsamen Grundmodells von Kirchenaufbau, das theologisch aus dem Priestertum aller Gläubigen hergeleitet wird.

1.2.5 Das heutige Modell einer presbyterial-synodalen Grundordnung hat sich – jedenfalls im deutschsprachigen Raum – freilich erst in den letzten beiden Jahrhunderten entwickelt. Auch wenn es sich historisch-genetisch auf die Reformation Calvins und sein in den reformierten Kirchen Westeuropas, vor allem in der hugenottischen Kirche Frankreichs und in Schottland zurückführen läßt, müssen doch auch die historischen Transformationsprozesse, aus denen die moderne Gestalt einer presbyterial-synodalen Grundordnung evangelischer Kirchen hervorgegangen ist, stets mitbedacht und theologisch bewertet werden.

2. Die presbyterial-synodale Grundordnung der evangelischen Kirche und ihre theologische Begründung

2.1 Grundelemente evangelischer Kirchenverfassungen

2.1.1 Zwar bestehen im europäischen und im deutschsprachigen Bereich, auf den sich meine Darstellung beschränkt, zwischen den Kirchenverfassungen der einzelnen evangelischen Kirchen z. T. deutliche Unterschiede.

Jedoch enthalten heute alle lutherischen, reformierten und unierten Kirchenverfassungen Elemente einer presbyterial-synodalen Grundstruktur.

2.1.2 Gemeinsam ist den heutigen evangelischen Kirchenverfassungen, daß sich in ihnen ein *synodales Element* von einem *episkopalen Element* unterscheiden läßt, wobei in der Ausgestaltung und Zuordnung beider Elemente erhebliche Unterschiede bestehen können. Das synodale Element wird durch repräsentative Gremien verkörpert, allen voran die Presbyterien (Kirchenvorstände) und Synoden (Regionalsynoden und landeskirchliche Synoden). Das episkopale Element wird durch Pfarrer und Pfarrerinnen, Superintendentinnen und Superintendenten, Bischöfe und Bischöfinnen, Präsides oder Kirchenpräsidentinnen und Kirchenpräsidenten repräsentiert.

2.1.3 Wenn hier vom episkopalen Element die Rede ist, sind also das bischöfliche Amt und seine funktionalen Äquivalente gemeint, nicht die Episkopé im grundlegenden Sinne des Wortes, denn diese obliegt sowohl dem synodalen also auch dem episkopalen Element im engeren Sinne des Wortes.

2.1.4 Folgende Gesichtspunkte dürfen im ökumenischen Gespräch über die Ämterfrage und die Möglichkeit einer wechselseitigen Anerkennung der Ämter in den konfessionell verschiedenen Kirchen nicht außer acht gelassen werden:

2.1.4.1 Zwar erfolgt in der evangelischen Kirche die Ordination geistlicher Amtsträger und ihre Amtseinführung (Installation), auch die Einführung in ein episkopales Amt, grundsätzlich nur durch andere ordinierte Personen. Beides bleibt aber rückgebunden an Presbyterien und Synoden, d. h. an die Gesamtheit aller getauften evangelischen Christen ohne Unterschied zwischen Ordinierten und Nichtordinierten. Das Amt der Episkopé im Sinne der geistlichen Aufsicht ist also nicht allein Ordinierten vorbehalten, sondern wird in Form des synodalen Elementes letztlich von allen getauften Christen gemeinsam wahrgenommen.

2.1.4.2 Diese Ordnung unterscheidet sich fundamental von anderen Kirchenverfassungen, in denen es einen sich selbst rekrutierenden Klerus gibt, der aufgrund eines Weihesakraments von den übrigen Gläubigen essentiell unterschieden ist – auch wenn diese Unterscheidung in der neueren katholischen Theologie nicht mehr in ontologischen Begriffen gedacht wird – und dem allein der Dienst der Episkopé aufgetragen ist.

2.1.4.3 Männer und Frauen sind kraft der Taufe in gleicher Weise nicht nur zur Teilhabe am synodalen, sondern auch episkopalen Element der Kirchenleitung befähigt. Nicht nur das Predigt- oder Pfarramt, sondern auch jede Form des Bischofsamtes steht Frauen und Männern in gleicher

Weise offen, sofern sie die für das Amt notwendigen Voraussetzungen erfüllen. D. h. aber, daß nicht nur das ordinierte, sondern daß auch das ordinierende Amt von Frauen ausgeübt wird. Dieser Umstand kann aus der Diskussion über die prinzipielle Möglichkeit einer Anerkennung der Ämter in der evangelischen Kirche durch andere Kirchen nicht ausgeklammert werden, sondern ist stets mitzubedenken.

2.2 Priestertum aller Gläubigen

2.2.1 Theologisch wird die presbyterial-synodale Grundordnung der evangelischen Kirche mit dem Priestertum aller Gläubigen begründet (vgl. 1Petr 2,5; Apk 1,6), das seinerseits in der Taufe gründet. Die heutige evangelische Ekklesiologie beruft sich hierfür auf die Theologie der Reformation. Zu erinnern ist auch an die tragende Rolle, welche nichtordinierte Christen („Laien") in der reformatorischen Bewegung gespielt haben.

2.2.2 Historisch betrachtet ist das Priestertum aller Gläubigen allerdings in der Reformationszeit keineswegs die durchgängige Begründung für eine evangelische Kirchen- und Ämterlehre gewesen. Der geradezu axiomatische Charakter des allgemeinen Priestertum aller Getauften für die evangelische Ekklesiologie und Ämterlehre kann sich unmittelbar weder auf die lutherischen noch auf die reformierten Bekenntnisschriften des 16. Jahrhunderts berufen. Er ist vielmehr das Ergebnis einer produktiven Weiterentwicklung reformatorischer Grundimpulse, für die man sich auf das Zeugnis der Heiligen Schrift, aber auch auf Aussagen Luthers beruft, die sich bei im von seinen frühen bis zu seinen späten Schriften finden.

2.2.3 Was in der heutigen Ämterfrage mit der Rede vom Priestertum aller Gläubigen gemeint ist, läßt sich biblisch-theologisch sachgemäßer aus der paulinischen Charismenlehre entwickeln. Auf ihrer Grundlage läßt sich die innere Einheit des ordinierten Amtes mit dem an alle Christen ergehenden Auftrag, das Evangelium zu bezeugen, in einer Weise bestimmen, welche den Bekenntnisschriften nicht zuwiderläuft. Auch die johanneische Theologie legt den Gedanken nahe, daß der Dienst der Verkündigung nicht nur einem besonderen Amt vorbehalten bleibt, sondern grundsätzlich allen Glaubenden aufgetragen ist.

2.2.4 Der Gedanke des allgemeinen Priestertums kann heute als ökumenisches Gemeingut gelten. Zwischen seiner evangelischen Fassung und anderen konfessionellen Ausprägungen bestehen allerdings deutliche Unterschiede. Für die römisch-katholische Kirche ist auf die einschlägigen Aussagen in „Lumen gentium" zu verweisen. Auch das Lima-Dokument greift den Gedanken vom Priestertum aller Gläubigen auf. Nach Ansicht der römisch-katholischen Kirche wie auch der orthodoxen Kirchen besteht freilich aufgrund des Weihesakraments eine *wesensmäßige* Differenz zwischen dem Priestertum aller Gläubigen und dem ordinierten Amt. Davon kann nach evangelischem Verständnis nicht die Rede sein, auch wenn in der Frage nach dem Verhältnis des Priestertums aller Gläubigen zum ordinierten Amt zwischen den reformatorischen Kirchen und auch innerhalb derselben keine völlige Übereinstimmung besteht.

2.2.5 Konsens besteht unter den evangelischen Kirchen zumindest darin, daß das ordinierte Amt seinem Wesen nach der Dienst der Verkündigung ist (CA 5) und daß dieses Amt zum Sein der Kirche gehört, daß aber, wie schon die sogenannten „Tampere-Thesen" 1987 festgestellt haben und durch das Dokument der Leuenberger Kirchengemeinschaft „Die Kirche Jesu Christi" (1994) bekräftigt wird, „die Aufgabe der Verkündigung und die Verantwortung für die Verkündigung des Wortes und für den rechten Gebrauch der Sakramente nicht nur dem ordinierten Amt, sondern der ganzen Gemeinde zukommt".

2.2.6 Was evangelischerseits genau unter dem Priestertum aller Gläubigen zu verstehen ist, bedarf freilich einer Klärung. Unter den Reformatoren hat Luther den Gedanken am pointiertesten ausgeführt. Luthers Verständnis und Begründung des allgemeinen Priestertums werden in der Lutherforschung allerdings unterschiedlich interpretiert.

2.2.6.1 Deutlich ist, daß das allgemeine Priestertum nach Luther in der Taufe gründet. Sie ist die „Priesterweihe" und „priesterliche Geburt". Allerdings ist zu beachten, daß nach Luther Taufe und Glaube zuhauf gehören, so daß die Interpretation der Taufe als Priesterweihe an Luthers Verständnis des Rechtfertigungsgeschehens rückgebunden ist.

2.2.6.2 Evangeliumsverkündigung, stellvertretende Fürbitte und Selbstopfer in der tätigen Nachfolge sind nach Luther die drei Grundelemente des Priestertums aller Gläubigen. Aus zahlreichen Stellen im Werk Luthers geht außerdem klar hervor, daß sich das allgemeine Priestertum nicht auf die Teilhabe an einem Gemeinbesitz der Kirche beschränkt, sondern tatsächlich von allen, d. h. von den einzelnen Christen ausgeübt werden soll.

2.2.7 Allerdings bedarf der Glaube des äußeren Wortes, das er sich nicht selbst sagen kann. Insofern liegt der Verkündigung des Evangeliums in Wort und Sakrament eine göttliche Stiftung zugrunde. Wenn Luther von einem besonderen Amt der Verkündigung spricht, meint er freilich keine besondere Institution, sondern einen Dienst, zu dem alle Christen berufen sind. Keiner kann sich selber predigen, sondern die Christen sollen wie der Welt so auch einander das Evangelium immer wieder bezeugen.

2.2.7.1 Der Dienst der Verkündigung wird keineswegs aus dem allgemeinen Priestertum abgeleitet. Er gründet vielmehr unmittelbar im Willen Gottes, daß aller Welt das Evangelium gepredigt werden soll. Der Auftrag aber ergeht nicht nur an die Kirche als ganze, sondern an alle einzelnen Getauften.

2.2.7.2 Die individuelle Vollmacht, d. h. die potestas divina, zu seiner Ausübung gründet in der Taufe, die mit der Verheißung des Glaubens und der Gabe des Heiligen Geistes versehen ist. Die Taufe ist daher auch als die für den Dienst der Verkündigung notwendige Berufung durch Gott zu verstehen. Allen Christen wird durch die Taufe ein geistliches Amt und zugleich eine geistliche Befähigung, ein Charisma, verliehen, wobei unterschiedslos alle Christinnen und Christen ausschließlich Empfänger und nicht Tradenten des Geistes sind.

2.2.7 Wieweit das ordinierte Amt der Verkündigung neben dem Priestertum aller Gläubigen noch einer weiteren Begründung bedarf, ist innerevangelisch umstritten. Soviel aber läßt sich zumindest übereinstimmend feststellen: „Das Selbstverständliche also ist das gemeinsame Priestertum aller Gläubigen, der besonderen Begründung dagegen bedarf das jeweilige besondere ‚Amt'" (H.-M. Barth).

2.2.8 Das gilt nicht nur für das ordinierte Amt der Verkündigung, sondern auch für den besonderen Dienst der Episkopé. Gemäß CA 7 ist die Kirche „die Versammlung aller Glaubigen, bei welchen das Evangelium rein gepredigt und die heiligen Sakrament lauts des Evangelii gereicht werden". Analog kann im Sinne des evangelischen Verständnisses vom Priestertum aller Gläubigen die Gemeindeversammlung zum Zweck der Beratung und Entscheidung als Grundform des synodalen Elements in der presbyterial-synodal geordneten Kirche verstanden werden.

2.3 Presbyterial-synodale Grundordnung und moderne Demokratie

2.3.1 Generell läßt sich sagen, daß die mit dem Priestertum aller Gläubigen begründete presbyterial-synodale Ordnung der evangelischen Kirche eine Affinität zum modernen demokratischen Prinzip aufweist. Dennoch ist zwischen moderner Demokratie und presbyterial-synodaler Kirchenverfassung zu unterscheiden.

2.3.2 Zwar gehört zur Existenzweise jeder Einzelkirche notwendigerweise eine Verfassung, die in manchen Kirchen auch Kirchenordnung genannt wird, um die Kontinuität zu den evangelischen Kirchenordnungen des 16. bis 19. Jahrhunderts zum Ausdruck zu bringen. Die Verfassungen der evangelischen Kirchen sind jedoch nicht das Produkt einer autonomen verfassungsgebenden Gewalt auf der Basis des Prinzips der Volkssouveränität, sondern werden aus dem stiftungsgemäßen Auftrag der Kirche abgeleitet, der auf Christus selbst zurückgeführt wird.

3. Kirchenleitung und geistliches Amt

3.1 Ordnendes und geordnetes Amt

3.1.1 Auch wenn Verkündigung, Sakramentsverwaltung und Kirchenleitung die gemeinsame Aufgabe aller Getauften sind, gibt es in der Kirche doch besondere Ämter, die nicht im Sinne eines modernen Verständnisses von Demokratie lediglich als ausführende Organe des „Kirchenvolkes" aufzufassen sind, sondern einen eigenverantwortlich wahrzunehmenden Auftrag erfüllen. Die Beauftragung geschieht im Namen des Herrn der Kirche, Jesus Christus, und für die solchermaßen Beauftragten erbittet die Kirche den Beistand des Heiligen Geistes.

3.1.2 Das Amt der Verkündigung und der Sakramentsverwaltung, auch kurz das geistliche Amt genannt, ist von demjenigen der Kirchenleitung zu unterscheiden. Ersteres können wir mit E. Herms als *geordnetes* Amt, letzteres als *ordnendes* Amt bezeichnen.

3.1.2.1 Während die lutherische Tradition von Haus aus nur ein Amt kennt, nämlich das Verkündigung und Sakramentsverwaltung umfassende Predigtamt (vgl. CA 5), ist für die reformierte Tradition die Lehre vom mehrfachen Amt charakteristisch.

3.1.2.2 Auch wenn die historischen und theologischen Unterschiede zwischen Luthertum und Reformiertentum nicht beiseite gestellt werden sollen, bestehen zwischen beiden Traditionssträngen doch insofern grundlegende Gemeinsamkeiten, als einerseits das Luthertum in Geschichte und Gegenwart neben dem Predigtamt bzw. dem geordneten Pfarramt auch weitere Ämter für denkbar und je nach Zweckmäßigkeit für wünschenswert hält, und andererseits auch nach reformierter Lehre dem Predigtamt unter den Ämtern der Kirche eine zentrale Stellung zukommt. Überhaupt gibt es im Luthertum und im Reformiertentum zahlreiche Varianten von Kirchenverfassungen und Ämterstrukturen, die sich nicht ausschließlich konfessionell begründen lassen.

3.1.3 In allen aus der Reformation hervorgegangenen Konfessionen wird das Predigtamt als notwendiger Bestandteil jeder rechten, d. h. schriftgemäßen, Kirchenverfassung und zugleich als eine unteilbare Einheit gesehen. Auch stehen die verschiedenen Ämter der Gemeinde in keinem hierarchischen Verhältnis zueinander.

3.1.3.1 Wie Calvin vertritt auch Luther die Auffassung, das ordinierte Amt der Verkündigung sei von Christus selbst angeordnet. Allerdings hat das öffentliche und geordnete Predigtamt nach Luther seinen Grund in der Berufung aller Getauften zur Verkündigung und zur Feier der Sakramente. Die einschlägigen Aussagen Luthers setzen voraus, daß alle Getauften hierzu nicht nur in gleicher Weise berufen sondern durch den Heiligen Geist auch befähigt sind.

3.1.3.2 Daß es eines besonderen Amtes der Verkündigung und Sakramentsverwaltung bedarf, rührt einzig daher, daß „der Haufen" diese Aufgabe nicht kollektiv wahrnehmen kann, weil dies nur zu Unordnung führen würde. Wenn sich Luther ähnlich wie Calvin auf Eph 4,11 berufen kann, um zu betonen, daß die Ordnung des Predigtamtes nicht nur eine Forderung der praktischen Vernunft, sondern von Christus selbst geboten ist, wird die Herleitung des Predigtamtes aus dem Priestertum aller Gläubigen keineswegs abgeschwächt oder gar zurückgenommen.

3.1.4 Es ist daher nur theologisch folgerichtig, wenn die evangelischen Kirchen vor einigen Jahrzehnten die Frauenordination eingeführt haben. Sie ergibt sich mit innerer Konsequenz aus dem biblischen Zeugnis wie aus der reformatorischen Lehre vom Priestertum aller Gläubigen.

3.1.5 Unter Berufung auf Luther wurden im 19. Jahrhundert zwei gegensätzliche Theorien über das Verhältnis von allgemeinem Priestertum und ordiniertem Amt entwickelt. Die Kontroverse wirkt bis in die gegenwärtige Diskussion über das ordinierte Amt in der evangelischen Kirche nach. Während F. J. Stahls Stiftungstheorie das Predigtamt auf eine unabhängig vom allgemeinen Priestertum gegebene unmittelbare Stiftung Gottes zurückführen wollte, sah J. W. Höflings Übertragungstheorie in der geordneten Übertragung des Predigtamtes eine notwendige Konsequenz des Priestertums aller Gläubigen.

3.1.5.1 Daß Luther die Existenz des Predigtamtes auf göttliche Anordnung zurückführt, läßt sich nicht bestreiten. Das Gegenüber von Amt und Gemeinde ist jedoch nicht im Sinne von Stahls Stiftungstheorie zu bestimmen, sondern eher im Sinne von J. W. F. Höflings Übertragungstheorie.

3.1.5.2 Die Gemeinschaft Evangelischer Kirchen in Europa hat die Frage, welcher der beiden Theorien der Vorzug zu geben sei, bislang unentschieden gelassen. Die einschlägigen Dokumente tragen dem Umstand Rechnung, daß hierüber unter den an der Leuenberger Konkordie beteiligten Kirchen keine Einigkeit herrscht. Systematisch theologisch sprechen aber alle Argumente für die Übertragungstheorie.

3.1.5.3 Die Stiftungstheorie leidet an dem Mangel ihrer inneren Widersprüchlichkeit, den sie entweder Luther oder sich selbst zuzuschreiben hat. Wären die inneren Widersprüche tatsächlich auf Luther zurückzuführen, müßte man an seiner Lehre vom Priestertum aller Gläubigen theologische Sachkritik üben. Es läßt sich jedoch zeigen, daß Luthers eigene Theorie durchaus konsistent und zwar im Sinne der Übertragungstheorie zu interpretieren ist.

3.1.5.4 Bereits A. W. Dieckhoff hat im 19. Jahrhundert auf den logischen Widerspruch der Stiftungstheorie aufmerksam gemacht: Entweder ergibt sich das ordinierte Amt mit innerer Notwendigkeit aus der allen Getauften gemeinsamen Vollmacht. Dann ist sie im Priestertum aller Gläubigen begründet. Oder das allgemeine Priestertum erstreckt sich von vornherein nicht auf bestimmte öffentliche Funktionen des Dienstes an Wort und Sakrament. Dann aber läßt sich die prinzipielle Vollmacht aller Getauften zur Verkündigung nicht mehr ernsthaft behaupten. Vom Priestertum aller Gläubigen könnte nur noch eingeschränkt die Rede sein, ganz so, wie es z. B. „Lumen gentium" oder das Lima-Dokument tun.

3.1.5.5 Es ist jedoch gerade das Priestertum *aller* Gläubigen, aus welchem Luther nicht etwa nur die Möglichkeit, sondern sogar die Notwendigkeit des ordinierten Amtes ableitet. Er begründet dies damit, daß die eigenmächtige Wahrnehmung des allen Christen aufgetragenen Dienstes am Wort die übrigen Gläubigen in ihrem Recht zur Verkündigung beschneiden würde. Wollten alle im Gottesdienst gleichzeitig predigen oder die Sakramente austeilen, würde die Gemeinde ins Chaos gestürzt. Um der Ordnung willen ist es nach Luther notwendig, daß einzelne von der Gemeinde in besonderer Weise und auf Dauer mit der öffentlichen Wortverkündigung und Sakramentsverwaltung beauftragt werden.

3.1.5.6 Vertreter der Stiftungstheorie machen geltend, daß Luther doch von einer besonderen göttlichen Stiftung des Amtes gesprochen habe. Luther gebraucht den Amtsbegriff allerdings äquivok und keineswegs durchgängig als Synonym für Institution. „Amt" kann bei Luther auch für „Dienst" stehen. Ganz in diesem Sinne kann übrigens auch das „institutum und ministerium docendi evangelii et porrigendi sacramenta" in CA 5 verstanden werden.

3.1.6 Im Sinne Luthers gilt nun aber auch, daß nicht nur das Amt der Verkündigung und Sakramentsverwaltung (CA 5), sondern daß auch das Amt der Episkopé im Priestertum aller Gläubigen gründet, so gewiß beide Ämter auch der Gemeinde in relativer Selbständigkeit gegenübertreten. *Beide* Ämter, also auch das Predigtamt, gründen nicht in einem besonderen Sakrament der Weihe, sondern in der Taufe und im Empfang des Heiligen Geistes, der mit der Taufe allen Christinnen und Christen verheißen und zugesprochen ist.

3.1.7 Sowohl das geordnete als auch das ordnende Amt sind aber nach evangelischem Verständnis den Kriterien von CA 7 unterworfen, d. h. der Verkündigung des Evangeliums in Wort und Sakrament. Auch die Taufe ist ja eine Form der Evangeliumsverkündigung, die nicht ex opere operato den Geist als habituelle Gnade verleiht, sondern den individuellen Glauben fordert. Somit geht das Evangelium jeder konkreten Gestalt sowohl des geordneten wie auch des ordnenden Amtes voraus. Die Verkündigung des Evangeliums konstituiert also auch das geordnete Amt.

3.2 Synodale Episkopé und gegliedertes Amt der Kirche

3.2.1 Das geordnete Amt setzt seinerseits ein ordnendes Amt voraus. Wie das geordnete Predigtamt ist aber auch das ordnende Amt der Kirchenleitung als Amt der gesamten Kirche und nicht als dasjenige eines besonderen geistlichen Standes zu verstehen. Zumindest ist es unevangelisch, wenn auch die Aufgabe des ordnenden Amtes kategorisch und exklusiv den Inhabern des geordneten Amtes zugewiesen wird.

3.2.1.1 Das mit dem Priestertum aller Gläubigen der Kirche als ganzer aufgetragene Amt schließt die Ordnung des Predigtamtes ein. Dieses umfaßt die Verkündigung des Evangeliums in Wort und Sakrament, nicht aber zugleich das Amt des Ordnens und Leitens des kirchlichen Lebens.

3.2.1.2 Zwar kann dies, wie es historisch vor allem im Luthertum der Fall war, gegebenenfalls auch den Inhabern des ordinierten Amtes übertragen werden. Wenn diese in Personalunion unter konkreten historischen Umständen sowohl das geordnete als auch das ordnende Amt ausüben, ist in dieser Ämterhäufung doch nicht das Wesen des Predigtamtes nach CA 5 zu sehen.

3.2.1.3 Wird dagegen das Amt des Bischofs oder ein funktionales Äquivalent desselben – wie dasjenige des (Landes)superintendenten, des Präses oder Kirchenpräsidenten – als Ausdifferenzierung des ordinierten Predigtamtes verstanden, dann kann es, wie I. U. Dalferth richtig feststellt, „die Aufgaben der Episkope nicht vollständig übernehmen. Soll es die Aufgaben vollständig übernehmen können, muß es ein ‚Bischofsamt' sein, das im Prinzip auch Christen offen steht, die nicht für das geistliche Amt ordiniert sind."

3.2.2 Theologisch gilt also grundsätzlich, daß das ordnende Amt der Kirchenleitung dem geordneten Amt der Evangeliumsverkündigung in Wort und Sakrament vorausgeht und in das Priestertum aller Gläubigen – in seiner evangelischen Form – eingebunden bleibt. Eben deshalb kann die Wahrnehmung des ordnenden Amtes bzw. das Amt der Episkopé nach evangelischem Verständnis nicht auf ordinierte Amtsträger beschränkt werden – unter denen sich inzwischen mit innerer Folgerichtigkeit auch Frauen befinden –, sondern ist grundlegend die Angelegenheit der Gemeinden und Synoden, in denen heutzutage die Nichtordinierten –Frauen und Männer – die Mehrheit bilden.

3.2.3 Sofern Ordinierten in der evangelischen Kirche in besonderer Weise ein Amt der Kirchenleitung bzw. der geistlichen Aufsicht übertragen wird, muß man von einer *synodalen Episkopé* sprechen. Ihre Autorität gründet sich auf die mit der Taufe allen Christen und also der Kirche als ganzer verliehene Autorität und nicht auf besondere Traditionslinien einer bischöflichen Sukzession, die womöglich noch im Sinne einer historischen Kontinuität seit apostolischer Zeit behauptet oder gefordert wird.

3.2.4 Synodale Episkopé bedeutet kirchenrechtlich konkret, daß die Übertragung eines episkopalen Amtes nach vorhergehender Wahl durch die aus ordinierten und nichtordinierten Mitgliedern zusammengesetzte Synode erfolgt. Hierbei wirken das synodale und das episkopale Element zusammen.

3.2.5 Gemäß reformatorischer Theologie ist von dem *einen* Amt der Kirche zu sprechen, das aber in sich gegliedert ist, wie die unierten evangelischen Kirchen betonen. Das ordinationsgebundene Amt ist *eine*, aber nicht die einzige Gestalt dieses Amtes. In diesem Sinne kann auch Calvins Lehre vom vierfachen bzw. die reformierte Lehre vom dreifachen Amt verstanden werden. Die Ämter der Kirche sind die Ausdifferenzierung des einen, im Amt Jesu Christi gründenden Amtes, zu dem die Getauften in ihrer Gesamtheit berufen und befähigt sind.

3.3 Ordination und Installation

3.3.1 Das Amt der Kirche ist nach evangelischer Auffassung nicht hierarchisch, sondern funktional gegliedert. Die Ämter und Dienste stehen nebeneinander und wirken miteinander. Daher ist das gegliederte Amt in keiner Weise mit der dreigliedrigen Struktur aus Bischof, Presbyter und Diakon in der römisch-katholischen Kirche und den orthodoxen Kirchen zu verwechseln. Das gilt auch für jene Funktionen der Episkopé, welche in der evangelischen Kirche dem geordneten, d. h. dem ordinationsgebundenen Amt übertragen werden.

3.3.2 Für das evangelische Amtsverständnis sind zwei Sachverhalte grundlegend: 1. Die Ordination ist die Beauftragung zum öffentlichen und zeitlich unbegrenzten Dienst der Evangeliumsverkündigung in Wort und Sakrament, jedoch kein Weihesakrament, durch welches ein kategorialer Unterschied zwischen Ordinierten und Nichtordinierten begründet würde. 2. Von der Ordination ist die Übertragung eines konkreten Dienstes oder Amtes, d. h. die Installation grundsätzlich zu unterscheiden.

3.3.3 Die Übertragung eines episkopalen Amtes, also des Bischofs-, Präses oder Kirchenpräsidentenamtes sowie des Superintendenten- oder Dekansamtes ist keine Form der Ordination, sondern der Installation.

3.3.4 Nun ist die Ordination in den evangelischen Kirchen an das episkopale Element gebunden (vgl. CA 28). Dabei ist allerdings schon in den

Bekenntnisschriften der Reformationszeit vorausgesetzt, daß die primäre Gestalt des bischöflichen Amtes das Pfarramt ist, dem von der Gemeinde, die den Pfarrer wählt, in Personalunion das Amt der Verkündigung und das Amt der Gemeindeleitung übertragen ist.

3.3.4.1 Luther, Melanchthon und auch die lutherischen Bekenntnisschriften treffen die historische Feststellung, das Bischofsamt sei ursprünglich das Pfarramt gewesen. Nach reformatorischer Auffassung steht es den Pfarrern – und heute auch den Pfarrerinnen – zu, zu ordinieren.

3.3.4.2 Daß um der kirchlichen Ordnung und Einheit willen die Kompetenz zur Ordination einem bischöflichen Amt übertragen wird, ändert nichts daran, daß nach lutherischer Auffassung zum bischöflichen Amt des Pfarrers grundsätzlich die Vollmacht zur Weitergabe des Amtes gehört. Umgekehrt ist auch ein Bischof als Pfarrer zu betrachten, wenngleich als Pfarrer mit spezifischen, übergemeindlichen Aufgaben.

3.3.4.3 Die kirchenrechtliche Bindung der Ordination an ein episkopales Amt darf folglich nicht mißverstanden werden, als sei dieses eine höhere Stufe des geistlichen Amtes, auf welcher erst die Befähigung und Vollmacht zur Ordination gegeben wäre. Die Installation eines Bischofs, Superintendenten o. ä. aber unterscheidet sich qualitativ nicht von derjenigen eines Pfarrers, der in eine neue Gemeinde oder Funktionspfarrstelle eingeführt wird.

3.3.4.4 Und schließlich ist nochmals daran zu erinnern, daß der Dienst der Episkopé in der evangelischen Kirche nicht exklusiv an ein episkopales Amt gebunden ist, sondern in theologisch sachgemäßer Weise heute selbst in solchen evangelischen Kirchen, die das Bischofsamt kennen, die Aufgabe der Episkopé und der Kirchenleitung auch von nichtordinierten Gliedern der Kirche wahrgenommen wird.

4. Funktionen und Gestalten der Episkopé

4.1 Entwicklungen seit der Reformationszeit

4.1.1 Die heutige Grundform einer presbyterial-synodalen Ordnung und der darin eingebetteten synodalen Episkopé hat sich seit der Reformationszeit in einem längeren und uneinheitlichen Prozeß herausgebildet. Kirchenrechtsgeschichtlich ist dabei vor allem die Theorie des Kollegialismus von Bedeutung, welche im 18. Jahrhundert entstand und im 19. Jahrhundert die Theorien des Episkopalismus und des Territorialismus abzulösen begann.

4.1.2 Mit dem landesherrlichen Kirchenregiment begann sich seit der Reformationszeit eine Konsistorialverfassung zu entwickeln, in welche presbyteriale und synodale Elemente eingefügt wurden. So bildete sich eine Mischverfassung heraus, die später auch von anderen evangelischen Kirchen übernommen wurde und bis in die Gegenwart maßgeblich geblieben ist.

4.1.3 Zwar hat sich die heutige Form der presbyterial-synodalen Grundordnung evangelischer Kirchen im deutschsprachigen Raum erst im Verlauf des 19. und 20. Jahrhunderts herausgebildet. Sie läßt sich aber für Westeuropa direkt auf die Reformation zurückführen. Allerdings hat in der theologischen Begründung der presybterial-synodalen Kirchenverfassung im 19. Jahrhundert eine Verschiebung stattgefunden. Die für Calvin maßgebliche christologische Begründung des reformierten Kirchenmodells wurde im Kampf gegen das landesherrliche Kirchenregiment durch die Idee des modernen Konstitutionalismus ersetzt. Damit konnte nun die für Luther, nicht aber für Calvin zentrale Idee des Priestertums aller Gläubigen theologisch mit dem ursprünglich reformierten Modell der presbyterial-synodalen Ordnung der Kirche verbunden und auch in den lutherischen Kirchen rezipiert werden.

4.2 Typen evangelischer Kirchenleitung

4.2.1 Im einzelnen lassen sich heute verschiedene Typen der Kirchenleitung und der Kirchenverwaltung unterscheiden. Th. Barth differenziert zwischen episkopalbehördlichen, vereinigenden, nämlich einerseits kombinatorischen und andererseits senatorischen Kirchenleitungen, synodalgemischten Kirchenleitungen und rein synodalen Kirchenleitungen.

4.2.2 Episkopalbehördliche Kirchenverfassungen bilden keine besondere Kirchenleitung aus, sondern die bischöflich strukturierte Verwaltung fungiert zugleich als ständige Leitung der Kirche. Kombinatorische oder senatorische Kirchenleitungen sind eine direkte Fortentwicklung des Typus der episkopalbehördlichen Kirchenleitung, integrieren aber konsistoriale und synodale Elemente. Der synodal-gemischte Kirchenleitungstypus basiert auf dem presbyterial-synodalen Prinzip, schließt aber konsistoriale und episkopale Elemente ein. Beim rein synodalen Kirchenleitungstyp werden alle kirchenregimentlichen Befugnisse direkt von der Synode ausgeübt, so daß außerhalb der Synode keine Verfassungsorgane existieren.

4.2.3 Das episkopale Element der presbyterial-synodalen Ordnung der evangelischen Kirche kommt nicht nur in Kirchenverfassungen mit episkopalbehördlicher Kirchenleitung, sondern auch in solchen mit synodaler Kirchenleitung vor. Ob die geistlichen Amtsträger in kirchenleitender Funktion als Bischof bezeichnet werden oder nicht, ist letztlich zweitrangig.

4.3 Superintendentenamt und Visitation

4.3.1 Das eigentliche evangelische Bischofsamt ist, abgesehen vom Gemeindepfarramt als seiner primären Gestalt, zunächst gar nicht das Amt des Landesbischofs, sondern dasjenige des Superintendenten oder der Superintendentin. Entstanden ist dieses urevangelische Amt im Rahmen der Visitationen, die im Zuge der fortschreitenden Reformation notwendig wurden.

4.3.1.1 Allerdings zeigt sich geschichtlich auch in diesem Fall die Verankerung der bischöflichen Funktion im Priestertum aller Gläubigen. Denn die Aufgabe der Visitation, die doch als eine der wesentlichen Funktionen der Episkopé zu gelten hat, wurde im Bereich der Wittenberger Reformation zunächst nicht einem gesonderten geistlichen Amt übertragen, sondern ad hoc für konkrete Visitationsvorhaben aufgestellten Gremien, die aus Theologen für den engeren geistlichen Bereich und juristischen Beamten für alle übrigen Belange bestanden. Diese, darunter aber eben auch Nichtordinierte (!), bezeichnete Luther theologisch konsequent als „Bischöfe". Bischöfe waren sie, „weil und solange sie taten, was dieses Amt ausmacht" (D. Wendebourg).

4.3.1.2 Als Verstetigung dieser geistlichen Aufgabe wurde schließlich ein neues bischöfliches Amt eingerichtet, für das nun aber der Titel *epískopos* in lateinischer Übersetzung gebraucht wurde, um eine Verwechslung mit dem katholischen Bischofsamt und dem von ihm vorausgesetzten Weihesakrament auszuschließen: „Superintendent" oder „Superattendent".

4.3.1.3 In einigen reformierten Kirchen ist Superintendent oder auch Landessuperintendent die Amtsbezeichnung für das höchste geistliche Amt. Hier entspricht das Amt des Superintendenten demjenigen des Landesbischofs in Kirchen mit episkopalbehördlicher Kirchenleitung.

4.3.2 Visitation und Ordination, d. h. also ganz klar episkopale Funktionen, gehören bis heute zu den besonderen Aufgaben evangelischer Superintendentinnen und Superintendenten. Zugleich üben sie das Amt eines Seelsorgers, einer Seelsorgerin der Pfarrerinnen und Pfarrer, Vikarinnen und Vikare ihres Kirchenkreises oder Sprengels aus. Die dem Superintendenten wie dem Bischof, Präses oder Kirchenpräsidenten erteilte Befugnis zur Ordination ist eine geistliche Aufgabe, die an die Ordination gebunden ist. Das episkopale Amt der Visitation ist dagegen in der evangelischen Kirche keine ausschließlich geistlichen Amtsträgern vorbehaltene Aufgabe.

4.3.2.1 Die Visitation verbindet Elemente eines brüderlichen Besuchsdienstes mit solchen einer Verwaltungsprüfung. Über ihr eigentliches Wesen,

d. h. darüber, wieweit es sich um eine Aufgabe der geistlichen oder der äußeren Kirchenleitung handelt, gehen die Auffassungen auseinander.

4.3.2.2 An der Visitation sind jedenfalls auch nichtordinierte Personen beteiligt, neben Mitgliedern des Kreissynodalvorstandes (bzw. des entsprechenden Gremiums) weitere Personen, die von der Leitung der Regionalsynode beauftragt werden. Allerdings handeln diese Personen nicht eigenständig, sondern unter der Leitung des Superintendenten oder Dekans.

4.3.2.3 In reformierten Kirchen obliegt die Visitation dem Moderamen der Regionalsynoden, also überhaupt einem kirchenleitenden Gremium und nicht einem einzelnen geistlichen Amtsträger. Hier kommt besonders klar zum Ausdruck, daß die Episkopé im Sinne der Visitation nach evangelischem Verständnis nicht die alleinige Aufgabe eines vom „Kirchenvolk" unterschiedenen geistlichen Amtes ist, sondern ein Handeln der Kirche in ihrer Gesamtheit, in welchem sie ihre Verantwortung für die schriftgemäße Evangeliumsverkündigung in Wort und Sakrament wahrnimmt, welche der gemeinschaftliche Auftrag der Kirche im Sinne des Priestertums aller Gläubigen ist.

5. Der Dienst der Episkopé – notwendiges Zeichen der Einheit?

5.1 Differenzierter Konsens?

5.1.1 Eine genaue Untersuchung der Funktionen und Formen der Episkopé in der evangelischen Kirche zeigt, daß nicht nur zwischen Episkopé und Bischofsamt unterschieden werden muß, sondern daß zwischen einem evangelischen Verständnis von synodaler Episkopé und den Konzeptionen anderer Kirchen weitaus größere Unterschiede bestehen, als Dokumente der Konsensökumene bisweilen den Anschein erwecken. Die vorliegende Untersuchung führt jedenfalls zu anderen Ergebnissen als das Dokument des Ökumenischen Arbeitskreises evangelischer und katholischer Theologen „Lehrverurteilungen – kirchentrennend?" aus dem Jahr 1986.

5.1.1.1 Wohl besteht ein ökumenischer Grundkonsens, „dass es in der Kirche ein besonderes Amt gibt, das nicht einfach aus dem gemeinsamen Priestertum der Glaubenden ableitbar ist, ferner, dass dieses Amt seinen Ursprung in einer göttlichen Setzung hat, die in der bleibenden Aufgabe der Verkündigung und Lehre des Evangeliums und der Verwaltung der Sakramente besteht [...] und insofern eine Art Fortsetzung der Sendung der Apostel selbst darstellt" (U. Kühn). Er trägt aber nicht weit, weil schon umstritten ist, ob diese Grundüberzeugung evangelischerseits im Sinne der neulutherischen Stiftungstheorie oder der Übertragungstheorie zu verstehen ist.

5.1.1.2 Die vorliegende Untersuchung stützt die These, daß der Auftrag Christi, aller Welt das Evangelium zu verkündigen, nicht nur an die Kirche als ganze, sondern an alle einzelnen Getauften ergeht. Nicht das ordinierte Amt als solches, sondern Wort und Sakrament stehen der Gemeinde gegenüber. Das Amt dient dem allgemeinen Priestertum dadurch, daß es dieses Gegenüber bezeugt. Das römisch-katholische oder das orthodoxe Amtsverständnis ist damit wohl nicht in Einklang zu bringen.

5.1.2 Wie R. Frieling richtig feststellt, demonstriert die ökumenische Amstdebatte „eine ‚Aporie', d. h. die Unlösbarkeit eines logischen Problems wegen immanenten Widerspruchs. Das mühsame Ringen, die alte Kontroverstheologie zugunsten einer ökumenischen Konvergenztheologie zu überwinden, ist sicherlich unerläßlich. Doch es ist wohl aussichtslos, alle bisherigen Kontroversen in eine ‚versöhnte Verschiedenheit' oder in einen ‚differenzierten Konsens' zu überführen. Gut, wenn es wenigstens teilweise gelingt; aber das Problem ‚unversöhnter Gegensätze' ist das eigentliche Problem und muß nüchtern gesehen und angepackt werden."

5.2 Heilungsbedürftiger Defectus ordinis?

5.2.1 Was bedeutet dies konkret für den evangelisch-katholischen Dialog zur Ämterfrage? Seit dem II. Vatikanum hat es in dieser Frage durchaus theologische Annäherungen gegeben. Ein Grund dafür liegt in dem Umstand, daß „Lumen gentium" eine Ämterlehre entfaltet, die den Anschluß an die altkirchliche Zuordnung und inhaltliche Bestimmung von Episkopat, Presbyterat und Diakonat sucht (LG 18–29).

5.2.1.1 Aus evangelischer Sicht ist es erfreulich, daß „Lumen gentium" das Wesen des Bischofsamtes in erster Linie nicht von der Jurisdiktionsvollmacht, sondern vom Dienst der Verkündigung und der Sakramentsverwaltung her bestimmt. An die Stelle der Unterscheidung von potestas ordinis und potestas iuris tritt die Lehre vom dreifachen Amt des Bischofs (Verkündigung des Evangeliums, Hirtendienst und Feier des Gottesdienstes bzw. der Eucharistie), wobei der Dienst der Verkündigung an der Spitze steht.

5.2.1.2 Auch dadurch, daß Episkopat und Presbyterat im Sinne der auf Hieroynmus zurückreichenden Traditionslinie in ihrer inneren Einheit gesehen werden, ergeben sich neue Gesprächsmöglichkeiten mit den Kirchen der Reformation, die wie Hieronymus davon ausgehen, daß *epískopos* und *presbyteros* im altkirchlichen Sprachgebrauch synonym verwendet wurden. Wenn LG 21 und 26 erklären, die Fülle des Weihesakramentes (plenitudo sacramenti Ordinis) sei im Bischofsamt gegeben, ließe sich darin zumindest insofern eine Entsprechung zur lutherischen Lehre vom kirchlichen Amt erkennen, als dieses in analoger Weise das Predigtamt bzw. das Pfarramt als das *eine* Amt der Kirche bestimmt. Die reformierte Tradition redet freilich von den – nicht hierarchisch gestuften – Ämtern der Kirche im Plural. Unierte evangelische Kirchen sprechen heute von dem *einen* Amt, das in sich gegliedert und nicht mit dem Predigtamt identisch ist.

5.2.2 In jedem Fall springen die gravierenden Unterschiede ins Auge: Während vor allem nach reformatorischer Lehre das ministerium ecclestiasticum das Predigt- oder Pfarramt ist, ist dies nach der Lehre des II. Vatikanischen Konzils das davon unterschiedene Bischofsamt.

5.2.2.1 Die Priester (presbyteri) sind lediglich Helfer (adiutores) des Bischofs, die an der Fülle *seines* Amtes Anteil haben. Diese haben „die Aufgabe ihres Dienstamtes in mehrfacher Abstufung verschiedenen Trägern in der Kirche rechtmäßig weitergegeben" (LG 28).

5.2.2.2 Exegetisch muß der spezifischen Art und Weise, in der „Lumen gentium" das römisch-katholische Bischofsamt auf Christus und die Apostel zurückführt, widersprochen werden. Christus, so die katholische Sichtweise, habe bereits zu seinen Lebzeiten eine Art Kollegium eingesetzt, das aus den Aposteln bestand. Wie diese ihre eigenen Nachfolger bestellten, so sei es auch heute die Aufgabe des Episkopats, sich selbst immer wieder zu ergänzen. Das Bischofskollegium als ganzes ist nach „Lumen gentium" an die Stelle des Apostelkreises getreten. Eben dies bedeutet nach katholischem Verständnis apostolische Sukzession, auch wenn heute katholischerseits durchaus zugestanden wird, daß sich historisch eine lückenlose Kette von Handauflegungen bis zurück zu den Aposteln im Sinne einer „pipeline-Theorie" nicht behaupten läßt. Gerade an dieser Stelle ist die Differenz zum evangelischen Verständnis des Priestertums *aller* Gläubigen, welches auch den Auftrag und die Vollmacht der Episkopé einschließt, offenkundig.

5.2.2.3 Verschärfend kommt hinzu, daß nach katholischer Lehre Frauen von der Nachfolge der Apostel ausgeschlossen sind, weil dies angeblich dem Willen Christi widerspreche.

5.2.2.4 Und schließlich darf nicht außer acht gelassen werden, daß die Bischöfe nach katholischem Verständnis ihren Dienst nur in der Einheit mit dem Papst versehen können, dem als Nachfolger Petri ein besonderes Amt für die Gesamtkirche aufgetragen sei. Ausdrücklich erklärt „Lumen gentium" zu Beginn des Abschnitts über das Bischofsamt, die Lehrentwicklung des I. Vatikanums fortführen zu wollen (LG 19). Die Aufwertung des Episkopats durch das II. Vatikanum ist also in Kontinuität mit der Weiterentwicklung der Lehre vom Primat des Papstes durch das I. Vatikanum zu sehen.

5.2.3 Bedenkt man dies alles, dürfte in der Frage, ob der katholischerseits erhobene Vorwurf, das Amt in der evangelischen Kirche leide an einem „defectus ordinis" aufgrund von umsichtigen Forschungen zur Reformationsgeschichte und entsprechenden ökumenischen Bemühungen um einen „differenzierten Konsens" entschärft oder gar zurückgenommen werden kann, Nüchternheit angebracht sein.

5.2.3.1 Fortbestehende Gegensätze sollten nicht in wohlmeinender Absicht verschleiert werden. Der Ordination eignet nach evangelischem Verständnis nun einmal kein sakramentaler Charakter. Sie ist zwar wie die Sakramente ein performativer Sprechakt, aber nicht jeder performative Sprechakt ist ein Sakrament. Der performative Sprechakt der Ordination besteht aus den Elementen der Berufung (vocatio), der Sendung (missio) und der Segnung. Auf Berufung und Sendung liegt in den evangelischen Kirche alles Gewicht der Ordinationshandlung. Auch die unter Handauflegung erfolgende Segenshandlung vermittelt keine besondere Amtsgnade, wie dies z. B. von lutherischer Seite in dem bilateralen Dokument „Kirchengemeinschaft in Wort und Sakrament" oder neuerdings in dem Dokument „Communio Sanctorum" behauptet wird.

5.2.3.2 Der Einwand, daß Melanchthon oder Calvin gelegentlich die Ordination als Sakrament bezeichnet oder gegen ein solche Bezeichnung zumindest keine Einwände erhoben haben, verfängt nicht, da beide Reformatoren lediglich zum Ausdruck bringen wollen, daß die Ordination auf Befehl und Verheißung Gottes geschieht. Ganz in diesem Sinne kann Melanchthon auch das Gebet und das Almosengeben oder auch das Kreuz und die Trübsal der Christen ein Sakrament nennen, „denn die haben auch Gottes Zusage" (ApolCA 13,16); ein Umstand, der in ökumenischen Dialogen zur Ämterfrage oftmals übersehen wird.

5.2.3.3 Die auch bei der Ordination in den evangelischen Kirchen stattfindende Anrufung des Heiligen Geistes ist nicht als Übertragung eines besonderen Amtscharismas zu verstehen, das über die mit der Taufe verheißene Geistverleihung hinausginge. Aus theologisch gutem Grund wird eine derartige Interpretation z. B. im bilateralen Dialog zwischen Reformiertem Weltbund und römisch-katholischer Kirche vermieden.

5.2.4 Die Entwicklung der letzten 150 Jahre hat im interkonfessionellen Gespräch eben nicht nur zu Annäherungen, sondern auf manchen Gebieten auch zu neuen essentiellen Unterschieden geführt. Die Papstdogmen des I. Vatikanum sind auf ihre Weise ebenso folgerichtig wie die in den evangelischen Kirchen z. T. erst nach dem II. Vatikanum erfolgte Einführung der Frauenordination.

5.2.5 Die evangelische Kirche sollte den Umstand, daß die römisch-katholische Kirche den Vorwurf des „sacramenti ordinis defectus" unvermindert aufrecht hält, positiv als Herausforderung begreifen, sich der biblischen und theologischen Grundlagen ihrer Lehre vom Priestertum aller Gläubigen und einer dieser entsprechenden Lehre vom Amt, von der Episkopé und der Leitung Kirche, sowie ihres Ordinationsverständnisses zu vergewissern. Erst dann lassen sich realistische Perspektiven für das weitere ökumenische Gespräch entwickeln. Dann aber dürfte auch deutlich werden, daß die sogenannte Stiftungstheorie keineswegs ein vielversprechender Weg ist, um den Vorwurf des defectus ordinis, den die evangelischen Kirchen mit Recht zurückweisen, aus der Welt zu schaffen.

5.3 Übernahme der episkopalen Sukzession durch die evangelischen Kirchen?

5.3.1 Auch die eingangs zitierte Lima-Erklärung zu Taufe, Eucharistie und Amt trägt nicht zur Lösung der bestehenden Probleme, die einer wechselseitigen Anerkennung der Kirchen und ihrer Ämter nach wie vor im Wege stehen, sondern zu ihrer Verunklarung bei.

5.3.1.1 Die Konzentration der Debatte um die apostolische Sukzession, die auch diejenigen evangelischen Kirchen für sich in Anspruch nehmen, welche nicht nur im Unterschied zur lutherischen Kirche Schwedens und zur anglikanischen Kirche keine historische bischöfliche Sukzession vorzuweisen haben, sondern nicht einmal dem Titel nach das Amt eines Bischofs kennen, auf die Streitfrage einer wie auch immer gearteten bischöflichen Sukzession, geht am Kern des Problems vorbei. Daran krankt seit längerem die gesamte ökumenische Bewegung.

5.3.1.2 Aus der Sicht einer der reformatorischen Theologie verpflichteten Lehre vom Amt der Kirche handelt es sich bei der Frage des historischen Episkopats bestenfalls um ein theologisches Problem an der Oberfläche. Keineswegs müssen die evangelischen Kirchen „vielleicht (!) das Zeichen der bischöflichen Sukzession wieder neu entdecken", wie ihnen das Lima-Dokument in gewundener, gleichwohl unmißverständlicher Formulierung anrät.

5.3.2 Evangelische Stellungnahmen, welche die Übernahme des Zeichens der episkopalen Sukzession durch die reformatorischen Kirchen in Erwägung ziehen, drohen das reformatorische Grundverständnis des ordinierten Amtes zu verdunkeln. Das gilt schon allein deshalb, weil die episkopale Sukzession, wie sie die Lima-Erklärung bejaht, ein für die reformatorische

Theologie schlechterdings unannehmbares Ordinationsverständnis impliziert.

5.3.2.1 Diesem widerspricht auch die im Lima-Dokument vorausgesetzte dreigliedrige Struktur des ordinierten Amtes aus Bischof, Presbyter und Diakon, die mit dem gegliederten Amt in der evangelischen Kirche keinesfalls gleichzusetzen ist, welches vom ordinierten Amt in der Gemeinschaft mit nichtordinierten Ämtern ausgeübt wird. Man kann sich auf evangelischer Seite nicht ernsthaft die Frage stellen, ob die gestufte dreigliedrige Ämterstruktur der genannten Kirchen von den evangelischen Kirchen übernommen werden sollte, ohne sich von zentralen Aussagen reformatorischer Theologie über das Wesen der Kirche zu verabschieden.

5.3.2.2 Klarer noch und eindeutiger als die Reformation selbst hat die Barmer Theologische Erklärung von 1934 einen Grundgedanken der Reformation zur Geltung gebracht: „Die verschiedenen Ämter in der Kirche begründen keine Herrschaft der einen über die anderen, sondern die Ausübung des der ganzen Gemeinde anvertrauten und befohlenen Dienstes" (Barmen IV). Barmen IV hat eine deutliche Nähe zur synodalen Leitungsstruktur, wogegen die Überordnung des Bischofsamtes in der dreigliedrigen Ämterstruktur einer evangelischen Ämterordnung im Sinne von Barmen IV nicht entspricht.

5.3.3 Im lutherisch-anglikanischen Dialog gibt es Bestrebungen, die lutherischen Kirchen in die bischöfliche Sukzession nach anglikanischem Verständnis einzugliedern. Ich halte es jedoch für ein fundamentales Mißverständnis evangelischer Freiheit in Fragen der Kirchenordnung, wenn sich manche lutherische Kirchen, z. B. im lutherisch-anglikanischen Dialog, auf einen derartigen Weg begeben wollen.

5.3.3.1 Auch sollten bei allen bilateralen ökumenischen Bemühungen stets die möglichen Konsequenzen für die innerevangelische Ökumene, insbesondere für die Kirchengemeinschaft der Leuenberger Konkordie mitbedacht werden. Bei allen verbleibenden Unterschieden in der Ämterfrage setzen doch die Kirchen-, Kanzel- und Abendmahlsgemeinschaft in der Gemeinschaft evangelischer Kirchen in Europa einen gemeinsamen reformatorischen Grundsinn des Amtes voraus. Allerdings ist es wünschenswert, daß die verbleibenden Differenzen in den Fragen des ordinierten Amtes und des Dienstes der Episkopé zum Gegenstand weiterer innerevangelischen Lehrgespräche gemacht wird. Andernfalls besteht die Gefahr, daß einseitige Vorstöße, insbesondere der lutherischen Kirchen, die innerevangelische Einheit sprengen könnte.

5.3.3.2 Man mag es drehen und wenden wie man will: Mit der Übernahme des hierarchisch gegliederten dreifachen Amtes und der bischöflichen

Sukzession würde die evangelische Kirche die Behauptung eines Defektes akzeptieren, der letztlich das geistliche Recht der Reformation in Abrede stellte.

5.3.4 Die Grundfrage lautet nicht, ob es in der evangelischen Kirche ein ordiniertes Amt gibt oder ob sie notwendigerweise ein Amt der Episkopé braucht, sondern allein, ob es für die volle, sichtbare Einheit der Kirchen, die immer wieder als Ziel der Ökumene herausgestellt wird, notwendig ist, daß dieses Amt die Gestalt des dreifachen Amtes und des historischen bzw. an ein gestuftes Weihesakrament gebundenen Episkopats hat. Diese Notwendigkeit läßt sich auf der Grundlage reformatorischer Theologie schlechterdings nicht behaupten.

5.3.5 Zu bestreiten ist auch, daß die Episkopé an sich das entscheidende Zeichen der Einheit wäre, wie es z. B. die Lima-Erklärung unterstellt. Im Sinne reformatorischer Theologie ist vielmehr mit I. U. Dalferth festzustellen: „Die *notae unitatis ecclesiae* sind keine anderen als die *notae ecclesiae*, und diese sind nur *Kennzeichen* der Kirche, weil und insofern sie die *Vollzüge sind, anhand derer durch Gott selbst die Kirche konstituiert wird:* die reine Verkündigung des Evangeliums und die evangeliumsgemäße Verwaltung der Sakramente (CA 7)."

5.3.6 Es ist die der Kirche als ganzer aufgetragene Verkündigung des Evangeliums in Wort und Sakrament Grund und Zeichen der Einheit. Das eine Amt der Kirche schließt das Amt der Episkopé als ein notwendiges ein. Dieses Amt ist jedoch nicht Garant der Einheit der Kirche, sondern hat lediglich eine dienende Funktion, indem sie auf ihre Weise der Kirche hilft, bei ihrer Sache zu bleiben.

6 Braucht die Kirche ein Amt der Einheit?

Thesen zum Papstamt aus reformierter Sicht

6.1 Die ökumenische Diskussion über das Papstamt

In seiner Enzyklika „Ut unum sint" hat Papst Johannes Paul II. 1995 dazu eingeladen, mit ihm über das Papstamt und seinen möglichen Dienst an der Einheit der Kirche in einen ökumenischen Dialog zu treten. Diese Einladung ist uneingeschränkt zu begrüßen.[1] Die Bitte des Papstes, einander „jenseits fruchtloser Polemiken" anzuhören[2], hat auch bei den lutherischen und den reformierten Kirchen Gehör gefunden. Das harte Urteil, welches die Reformatoren, insbesondere auch Calvin und die reformierten Bekenntnisschriften, über den Papst glaubten fällen zu müssen, er sei der Antichrist,[3] wird heute kaum mehr vertreten. Einzelne reformierte Kirchen wie die Kirchen von Schottland und die Presbyterianische Kirche in den USA haben sich davon ausdrücklich distanziert.[4] Der Wandel, der sich in der Interpretation und Ausübung des Papstamtes seit dem II. Vatikanischen Konzil vollzogen hat, ist der evangelischen Theologie nicht entgangen. Das ökumenische Engagement der Päpste seit Johannes XXIII. findet auch in den Kirchen der Reformation Respekt und Anerkennung.

1 Dieses Kapitel fußt auf folgenden Texten: U. Körtner, Amt der Einheit?; ders., Papstamt.
2 Johannes Paul II., Enzyklika „Ut unum sint", Nr. 96 (Kathpress Sonderpublikation Nr. 3/95, 119).
3 Vgl. J. Calvin, Inst. IV,7,24; Westminster-Konfession 25,6.
4 Vgl. L. Vischer, Amt der Einheit, S. 189.

Gleichzeitig erkennen die protestantischen Kirchen heute selbstkritischer als früher das strukturelle Problem ihrer Ekklesiologie und ihrer presbyterial-synodalen Kirchenverfassung, die Einheit der universalen Kirche sichtbar und wirksam in Erscheinung treten zu lassen. Innerhalb der Ökumene wird inzwischen eine intensive Diskussion über die Sinnhaftigkeit und möglicherweise bestehende Notwendigkeit eines Amtes der Einheit geführt.[5] Vor allem die Lutheraner haben das Papstamt nie grundsätzlich abgelehnt, freilich nur sofern es als menschliche, kirchliche Ordnung begründet wird. Melanchthons Traktat „Von der Gewalt und Obrigkeit des Papstes" (1537) gehört sogar zu den lutherischen Bekenntnisschriften.[6] Im bilateralen lutherisch-römisch-katholischen Dialog der vergangenen Jahrzehnte sind verschiedentlich Vorstöße unternommen worden, eine ökumenische Gemeinschaft der reformatorischen Kirchen zwar nicht unter dem Papst, wohl aber mit dem Papst anzudenken. Die konkrete Gestalt des Papstamtes und seine theologische Begründung setzt solchen Denkversuchen bislang allerdings unüberwindliche Grenzen.

Wie wichtig das Thema der Einheit auch aus Sicht der reformierten Tradition ist, zeigt schon die programmatische Überschrift zum ersten Kapitel des vierten Buches von Calvins „Institutio": „Von der wahren Kirche, mit der wir die Einheit (unitas) halten müssen, weil sie die Mutter aller Frommen ist."[7] Zwischen der Ekklesiologie Calvins und derjenigen des II. Vatikanischen Konzils bestehen Konvergenzen, die A. Ganoczy herausgearbeitet hat.[8] Sie eröffnen im ökumenischen Gespräch über die Einheit der Kirche neue Verständigungsmöglichkeiten.

Das bedeutet freilich keineswegs, daß sie sich auf dem Weg zur Anerkennung des Papstamtes befänden. Wie schon

5 Zum Stand des ökumenischen Gespräches siehe I.Riedel-Spangenberger, Im Wesentlichen einig?; Johann-Adam-Möhler-Institut (Hg.), Papstamt.

6 BSLK 471–498.

7 J.Calvin, Inst. IV,1 (Übersetzung nach O. Weber).

8 Vgl. A. Ganoczy, Ecclesia ministrans. Siehe auch U. Körtner, Reformiert und ökumenisch, S. 33ff.

bei Calvin[9] wird das Papsttum z. B. auch in der Confessio Helvetica Posterior als unbiblisch und evangeliumswidrig abgelehnt. Die Kritik am Papsttum richtet sich nicht etwa nur gegen zeitbedingte Mißstände im 16. Jahrhundert, sondern ist grundsätzlicher Natur. Das Zweite Helvetische Bekenntnis lehrt in Artikel 17, „daß Christus der Herr sei und der einzige allgemeine Hirte bleibe. So vollführt er vor Gott dem Vater und in der Kirche selbst alle Ämter des Priesters und Hirten bis an der Welt Ende. [...] Daher ist kein Statthalter nötig, der ja für einen Abwesenden eintritt. Christus aber ist in der Kirche gegenwärtig und ihr lebendigmachendes Haupt. [...] Er hat seinen Aposteln und den Nachfolgern der Apostel schärfstens Führergewalt und Herrschaft in der Kirche verboten."[10]

Auch Stellungnahmen reformierter Theologen aus jüngerer Zeit vertreten die Ansicht, daß das Papsttum sowohl in seiner historischen als auch in seiner heutigen Gestalt mit dem Neuen Testament unvereinbar ist.[11] Im bisherigen offiziellen römisch-katholisch/reformierten Dialog ist das Papstamt nur verhalten angesprochen und lediglich der nach wie vor bestehende Dissens notiert worden.[12]

Anders als im Fall der Rechtfertigungslehre geht es im ökumenischen Dialog über das Papstamt nicht nur um die Aufarbeitung von Kontroversen und Lehrverurteilungen der Vergangenheit, sondern um die Überwindung einer Kluft, die einerseits durch die beiden Papstdogmen des I. Vatikani-

9 Zur grundsätzlichen Kritik Calvins am Papstamt siehe Inst. IV,4–11, bes. IV,6, zu ihren ekklesiologischen Voraussetzungen und zur Ämterlehre Calvins IV,1–3.

10 E. F. K. Müller (Hg.), Bekenntnisschriften, S. 197, Z. 11–17; Übersetzung nach P. Jacobs (Hg.), Reformierte Bekenntnisschriften, S. 214.

11 Neben dem in Anm. 4 genannten Aufsatz von L. Vischer siehe A. Heron, Papsttum; J.-L. Leuba, Papacy; J. Moltmann, Papsttum.

12 Vgl. die Dokumente „Die Gegenwart Christi in Kirche und Welt" (1977) und „Auf dem Weg zu einem gemeinsamen Verständnis von Kirche" (1990). Die Texte finden sich in: H. Meyer u. a. (Hg.), Dokumente wachsender Übereinstimmung, Bd. I, S. 487–517; Bd. II, S. 623–673.

schen Konzils und ihre volle Bestätigung durch das II. Vatikanum und andererseits durch die Einführung der Ordination von Frauen zum geistlichen Amt in vielen evangelischen Kirchen, die darin einen wesentlichen Aspekt der Ekklesiologie sehen, noch vertieft worden ist.

Selbst wenn die Sinnhaftigkeit eines universalen Amtes der Einheit heute auch auf reformierter Seite diskutiert wird, ergibt sich keine grundsätzlich neue theologische Bewertung des römisch-katholischen Papsttums. Aus reformierter Sicht würde seine Eignung zum Amt der Einheit einen radikalen Wandel seiner Funktionsbestimmung und seiner theologischen Begründung voraussetzen, für den es nicht die geringsten Anzeichen gibt. Auch die Enzyklika „Ut unum sint" bietet substantiell nichts Neues, sondern bekräftigt die hinlänglich bekannte römische Auffassung vom „Petrusdienst". Die in der Enzyklika nochmals ausgesprochene „Überzeugung der katholischen Kirche, in Treue zur apostolischen Überlieferung und zum Glauben der Väter im Amt des Bischofs von Rom das sichtbare Zeichen und den Garanten der Einheit bewahrt zu haben" stellt für die protestantische Tradition nicht etwa nur eine gewisse „Schwierigkeit" dar, wie Papst Johannes Paul II. sich ausdrückte, sondern ein bis auf weiteres unüberwindliches Hindernis, wenngleich man evangelischerseits der ehrlichen und selbstkritischen Einschätzung Paul VI., das Papsttum sei das *größte* Hindernis auf dem Weg zur Einheit,[13] gar nicht einmal ungeteilt beipflichten wird. Ein Hindernis ist und bleibt es, insofern die mit ihm verbundene Ekklesiologie der evangelischen Lehre von der Kirche, genauer gesagt von ihrer *Einheit*, widerspricht, die gemäß dem Nicänischen Glaubensbekenntnis zu den Attributen der wahren Kirche zählt.[14]

Hoffnungen auch nur auf eine Abschwächung der dogmatisierten Lehre vom Papstamt müssen wohl als Utopie einer evangelischen Rückkehrökumene, einer unitatis redintegratio evangelica, eingestuft werden, die ebenso wie der offizi-

13 Paul VI., Ansprache an die Mitglieder des Sekretariates für die Einheit der Christen (28.4.1967), AAS 59, 1967, 498.

14 Vgl. BSLK 27,7.

elle römisch-katholische Ökumenismus von mangelndem Wirklichkeitssinn zeugt. Im übrigen werden von reformierten Theologen kritische Anfragen auch an die konkrete Ausübung des Papstamtes durch seinen gegenwärtigen Inhaber gerichtet. J. Moltmann sieht gar in ihr und nicht einmal so sehr in den ekklesiologischen Auffassungsunterschieden „das wesentliche Hindernis auf dem Weg zu einer glaubwürdigen Bezeugung der Einheit der Christenheit in der Weltgesellschaft“[15].

6.2 Dogmenhermeneutik und Dogmenkritik

Von römisch-katholischen Theologen wie H. J. Pottmeyer oder P. Weß wird heute die Möglichkeit erwogen, zu einer dem Wesen der Kirche und der ökumenischen Situation entsprechenden Form der Ausübung des päpstlichen Primates zu gelangen, indem die verbindlichen Dogmen des I. Vatikanums anders formuliert werden, ohne dabei ihren verbindlichen Charakter zu relativieren oder gar zu leugnen.[16] Allerdings zeigt sich, daß die auf dem I. Vatikanum siegreiche maximalistische Interpretation und der mit ihr verbundene Zentralismus derart tief mit einer der Reformation widersprechenden Ekklesiologie verbunden ist, daß es auch auf dem II. Vatikanum nicht gelungen ist, ein am Gedanken des Volkes Gottes ausgerichtetes Kirchenverständnis mit den Dogmen von 1870 in Einklang zu bringen.

In wünschenswerter Klarheit stellt Weß fest, daß es „ohne eine inhaltliche – nicht nur verbale – Verbesserung der Dogmen des I. Vatikanums und ihrer folgerichtigen [!] Auslegung im II. Vatikanum nicht möglich“ sein wird, die Kollegialität der Bischöfe mit dem Primat des Papstes zu versöhnen.[17] Die Alternative zwischen zentralistischem Pa-

15 J. Moltmann, Papsttum, S. 472.

16 Vgl. H. J. Pottmeyer, Die Rolle des Papsttums, S. 15; P. Weß, Papstamt.

17 P. Weß, Zeichen und Werkzeug, S. 127f. (Vgl. auch ders., Papstamt, S. 15ff.)

palismus und demokratischem Konziliarismus, die einseitig entweder zur Überordnung des Papstes über das Bischofskollegium oder zur Unterordnung des Papstes unter das Kollegium führt, versucht Weß durch eine biblisch begründete Synthese zu überwinden, welche auf der Grundlage einer trinitarischen Ekklesiologie die Gemeinschaft von Papst und Bischofskollegium in der Leitung der Kirche neu formuliert.

Bemerkenswert ist aus evangelischer Sicht nicht nur die kollegiale Gestalt, die das Papstamt nach dem Lösungsvorschlag von Weß erhält, sondern auch die Feststellung, daß der Papst „Prinzip und Fundament" der Einheit der Kirche „nicht im eigentlichen Sinn" ist – „das ist und bleibt Gott durch Jesus Christus im Heiligen Geist" –, sondern das – allerdings notwendige – „wirksame Zeichen und Werkzeug" der Einheit.[18] Weß ist davon überzeugt, daß eine Konvergenz zwischen seinem biblischen Modell eines kollegialen Papstamtes und der evangelischen Amtstheologie D. Bonhoeffers besteht. Darüber ist zu reden.

Hilfreich für das ökumenische Gespräch sind nicht nur die Ergebnisse, zu denen Weß gelangt, sondern auch seine dogmenhermeneutischen Überlegungen und seine Frage nach der schriftgemäßen Begründung des Papstamtes. Im Anschluß an Rahner argumentiert Weß, daß die bleibende Geltung kirchlicher Dogmen durch die Unterscheidung zwischen überzeitlich wahrem Inhalt und zeitbedingter Form unzureichend ist, weil Form und Inhalt „ungeschieden amalgamiert"[19] sein können, so daß Irrtümer, die der zeitbedingten Formulierung eines Dogmas zugeschrieben werden, die Wahrheit und Geltung seines Inhalts tangieren. Notwendig seien daher unter Umständen inhaltliche Korrekturen und Revisionen, freilich nicht zum Zweck der Dogmenkritik, sondern mit dem Ziel einer „echte[n] Verbesserung" des Dogmas.[20] Der Tragweite seiner Auffassung von Dogmenhermeneutik ist sich Weß durchaus bewußt: „Die kirchliche

18 P. Weß, Zeichen und Werkzeug, S. 133f. Vgl. Enzyklika „Ut unum sint", Nr. 137.

19 K. Rahner, Dogmen- und Theologiegeschichte, S. 19f.

20 P. Weß, Zeichen und Werkzeug, S. 130.

Lehre vom Papstamt durch eine teilweise Korrektur zu verbessern, bedeutet nicht, sie zu leugnen, aber sie zu relativieren."[21] Solche Relativierung sei freilich der einzige Weg, um „widersprüchliche Positionen in Grundsatzfragen auf einer höheren Ebene in einer Synthese zu versöhnen"[22].

So begrüßenswert der Vorstoß von Weß auch ist, so muß doch nach evangelischer Auffassung das Verhältnis von Schrift und Dogma, von Dogmenhermeneutik und Dogmenkritik radikaler bestimmt werden. Das reformatorische Schriftprinzip, welches Luther auf die Formel des „sola scriptura" gebracht hat, bedeutet keineswegs, das biblische Zeugnis biblizistisch gegen die Lehre und Tradition der Kirche zu stellen, wohl aber, daß der Schrift im hermeneutischen Zirkel zwischen der Ur-Kunde des Glaubens und seiner jeweiligen Interpretation der Primat zukommt. Wie die gegenwärtige, so ist auch die überlieferte Lehre der Kirche im Lichte des biblischen Zeugnisses nicht nur vertieft zu interpretieren und gegebenenfalls zu verbessern, sondern unter Umständen auch einer radikalen Kritik zu unterziehen und zu verwerfen.

Aus evangelischer Sicht stellt sich genau diese Frage im Blick auf das römisch-katholische Papstamt und seine neuzeitliche Dogmatisierung. Solange lediglich die Synthese widersprüchlicher Lehraussagen der Kirche auf einer höheren Ebene angestrebt wird, kann das biblische Zeugnis nicht uneingeschränkt zur Geltung kommen. Nicht nur ein monarchisches, sondern auch ein kollegial verstandenes Papstamt, wie es Weß skizziert, entbehrt einer überzeugenden biblischen Grundlage.

Im Anschluß an H.-J.Schulz begründet Weß sein Modell unter Hinweis auf die sachliche Parallelität der Aussagen über die Vollmacht des Bindens und Lösens in Mt 16,19 und Mt 18,18.[23] Demnach hat Petrus dieselbe Funktion wie die ganze Gemeinde. Aus diesem exegetischen Sachverhalt kann man eine Neuordnung des Verhältnisses zwischen Papst und

21 Ebd.
22 Ebd.
23 Vgl. H.-J. Schulz, Bekenntnis statt Dogma, S. 254.

Bischofskollegium freilich nur dann ableiten, wenn man die römisch-katholische Ableitung des Papstamtes aus dem Neuen Testament voraussetzt. Diese aber wird weiterhin von evangelischer Seite mit exegetischen Argumenten bestritten.[24] Nach übereinstimmender evangelischer exegetischer Auffassung gibt es zwar eine besondere petrinische Tradition, doch hat Petrus im Neuen Testament wie jeder andere Apostel eine einmalige Stellung und Funktion. Daß diese in einem besonderen Amt ihre Fortsetzung finden solle, ist im Neuen Testament nirgendwo im Blick. Historisch, aber auch theologisch gibt es keine folgerichtige und geradlinige Entwicklung vom ältesten Christentum zum späteren Papstamt und seinen Primatsansprüchen. Dieser Grunddissens zwischen evangelischer und römisch-katholischer Theologie wird auch durch die exegetische Argumentation von Weß nicht überwunden. Seine „biblische Lösung" beantwortet eine Frage, die sich aus evangelischer Sicht so überhaupt nicht stellt.

Daher stößt auch die von Weß wahrgenommene Konvergenz zwischen seinem Modell eines kollegialen Papstamtes und der Amtstheologie D. Bonhoeffers rasch an ihre Grenzen. Daß eine solche besteht, soll gar nicht bestritten werden und ist ein erfreuliches Zeichen im ökumenischen Gespräch über Grundfragen der Ekklesiologie. Nach übereinstimmender evangelischer Auffassung gründet das besondere Amt der Wortverkündigung und Sakramentsverwaltung im Priestertum aller Gläubigen (vgl. 1Petr 2,5). Es ist also die Einzelnen in besonderer Weise erteilte Beauftragung, welche eigentlich der Kirche als Ganzer und allen Glaubenden aufgrund ihrer Taufe gilt. In dieser Auffassung bestehen heute auch Konvergenzen, wenngleich keine völlige Übereinstimmung, im ökumenischen Gespräch.[25]

Das Amt des Dienstes an Wort und Sakrament kann unterschiedliche Gestalt annehmen und bleibt eingebunden in

24 Vgl. dazu u. a. W. Pratscher, Einheit; E. Schlink, Ökumenische Dogmatik, S. 593ff.

25 Zur innerprotestantischen und zur ökumenischen Diskussion siehe u. a. A. Burgsmüller/R. Frieling (Hg.), Amt und Ordination.

eine Vielzahl von Ämtern, welche es schriftgemäß in der Kirche gibt. Das gegliederte Amt der Kirche hat eine geschichtliche Gestalt, die am soziokulturellen Wandel Anteil hat. Schon im Neuen Testament lassen sich unterschiedliche Gemeinde- und Ämterstrukturen erkennen. Weder aus dem Neuen Testament noch aus der Kirchengeschichte kann man daher eine unveränderliche und für alle Zeiten verbindliche Ordnung von Ämtern ableiten. Schriftgemäßheit bedeutet, daß die konkrete Gestalt der Kirche und ihrer Ämter dem Gesamtzeugnis der Schrift und dem Geist des Evangeliums zu entsprechen hat.

Im Amt des Dienstes an Wort und Sakrament findet das Amt der Apostel seine geschichtliche und vom Heiligen Geist gewirkte Fortsetzung, ohne mit diesem einfach identisch zu sein. Die Apostel waren eine geschichtlich einmalige Größe, welche aufgrund ihres Auferstehungszeugnisses und ihrer unmittelbaren Berufung durch den auferstandenen Christus insofern für die Kirche aller Orten und Zeiten bleibende Bedeutung hat, als alle Evangeliumsverkündigung von ihrer kirchengründenden, in der Heiligen Schrift bezeugten Christusbotschaft abhängig bleibt. Kirchengründend nicht nur im historischen, sondern auch im normativen Sinne bleiben die Apostel auch darin, daß sie für spätere Zeiten Anordnungen getroffen und Menschen zum Dienst der Verkündigung und der Kirchenleitung eingesetzt haben.

In gewisser Hinsicht kann man durchaus von einem evangeliumsgemäßen „Petrusdienst" sprechen, freilich so, daß das über Petrus Gesagte für jeden ordinierten Pastor gilt und keineswegs nur auf eine einzige, hierarchisch-zentralistisch hervorgehobene kirchliche Instanz zutrifft.[26] In diesem Sinne ist der Gedanke eines Petrusdienstes auch für die evangelische Theologie nachvollziehbar. Allerdings geht aus dem Neuen Testament keineswegs eindeutig hervor, daß der historische Petrus je einen universalen „Petrusdienst für die Einheit der Kirche" ausgeübt hat. Die römisch-katholische

26 Vgl. J. Calvin, Inst. IV,3,6: „Kurzum, was die Apostel an dem ganzen Erdkreis geleistet haben, das soll jetzt jeder einzelne Hirt (Pastor) an seiner Herde tun, der er zugeordnet ist."

Annahme, für die Einheit der Kirche sei das Papstamt *wesentlich*, da diese einzig durch das Papstamt als ihr „immerwährendes und sichtbares Prinzip und Fundament“[27] und somit einzig legitime Gestalt des „Petrusdienstes“ gewährleistet werde, weshalb die Anerkennung seiner besonderen Vollmacht und Autorität für die Zugehörigkeit zu der einen, heiligen, katholisch-weltumspannenden und apostolischen Kirche als *notwendige Voraussetzung* gilt, läuft sowohl der lutherischen als auch der reformierten Lehre von der Kirche diametral entgegen. Während manche lutherischen und anglikanischen Theologen bereit sind, zwischen einer Notwendigkeit zur sichtbaren Einheit und einer Notwendigkeit zum Kirchesein von Kirche zu unterscheiden,[28] um sich zu einer „differenzierten Bejahung“[29] sowohl des universalen Primates eines Amtes der Einheit im allgemeinen wie auch unter bestimmten Voraussetzungen des päpstlichen Primates im besonderen vorzutasten, ist die ekklesiologische Unterscheidung zwischen „kirchen-konstitutiv“ und „einheitskonstitutiv“ aus reformierter Sicht schwerlich begründbar.

6.3 Thesen zur Frage eines Amtes der Einheit

W. Kasper sieht im Papstamt, seinem Jurisdiktionsprimat und seinem unfehlbaren Lehramt „zwar nicht die Mitte des Glaubens und des Lebens der katholischen Kirche, aber doch das sichtbarste Symbol ihrer Einheit, für das sie dankbar ist und das wesentlich zu ihr gehört“[30]. Was aber unter dem Einssein, der unitas, der Kirche zu verstehen ist und in welche Relation diese Ungeteiltheit zur Vielfalt nicht nur der Ortskirchen, sondern auch der historisch gewordenen Konfessionen steht, ist eine der Grundfragen ökumenischer Theologie. Daher lautet meine erste These:

27 LG 23.
28 Für das Luthertum vgl. H. Meyer, Papstamt, S. 91. Zum Stand der anglikanischen Diskussion siehe H. Chadwick, Papstamt.
29 H. Meyer, Papstamt, S. 92.
30 W. Kasper, Petrusamt, S. 113.

1. Bevor sich die Frage beantworten läßt, ob die Kirche ein Amt der Einheit braucht, ist die Frage zu beantworten, was überhaupt unter der Einheit der Kirche zu verstehen ist. Solange die Leitvorstellung einer ökumenischen Ekklesiologie unklar ist, kann auch die Frage eines Amtes der Einheit nicht sinnvoll gestellt werden.

1.1 Die Einheit der Kirche ist ein Gegenstand des Glaubens, sofern alle Konfessionen mit den altkirchlichen Bekenntnissen sich zu der einen Kirche Jesu Christi bekennen. Tatsächlich existiert aber nicht eine einzige Kirche, sondern eine Vielfalt von Kirchen, die untereinander in verschiedenem Umfang Gemeinschaft miteinander haben, teilweise aber durch Trennendes an der völligen Gemeinschaft gehindert werden, welche in der gemeinsamen Eucharistie ihre sichtbare Gestalt fände. Angesichts der Vielfalt der Konfessionen stellt sich zunächst die Frage, inwiefern die Einheit der einen Kirche Jesu Christi, wie sie im gemeinsamen Bekenntnis aller Kirchen bekannt wird, allererst herzustellen oder aber als in Christus selbst vorgegebene zu entdecken und einander zu gewähren ist.

1.2 Als Grundidee der Ökumene gilt die *sichtbare* Einheit der Kirche. Was aber unter dieser immer wieder beschworenen sichtbaren Einheit, was also unter Einheit und was unter ihrer Sichtbarkeit zu verstehen ist, bleibt bis heute unklar. Derzeit gibt es kein konsensfähiges Einheitsmodell, das von allen Konfessionen geteilt würde. Neben einem Modell der organischen Einheit, welches auf eine einheitliche Kirchenorganisation abzielt, gibt es die Modelle der konziliaren Gemeinschaft, der Einheit in versöhnter Verschiedenheit und der ekklesialen Gemeinschaft, welche teilweise erheblich divergieren, teilweise aber sich nur schwer voneinander abgrenzen lassen.[31]

2. Nach reformatorischer Lehre ist die Einheit der Kirche als das gemeinsame Sein der Glaubenden in Christus zu bestimmen. Dieses aber läßt sich nicht statisch fassen, sondern hat Ereignischarakter. Es ereignet sich als Versammlung der Glaubenden, deren Subjekt Christus selbst ist. Er ist es, der die Gemeinschaft der Glaubenden und so auch die Einheit der Kirche schafft und erhält, indem er Menschen zum Glauben ruft und um sich versammelt. Als sichtbares Zeichen der verborgenen Einheit der Kirche hat die gemeinsame Feier des Gottesdienstes, d. h. die gemeinsame Teilhabe an der Verkündigung des Evangeliums wie an den Sakramenten zu gelten.

2.1 Nach reformatorischer Auffassung ist jede Einheitsvorstellung verfehlt, welche nicht die *Dialektik von Sichtbarkeit und Unsichtbarkeit*

31 Vgl. U. Körtner, Versöhnte Verschiedenheit, bes. S. 61ff.

bzw. Verborgenheit der Kirche bedenkt. Die im Apostolikum und im Nicaeno-Constantinopolitanum genannten Erkennungszeichen der in Christus gegründeten einen Kirche, nämlich ihre Einzigkeit, Heiligkeit, Katholizität bzw. Ökumenizität und Apostolizität, beziehen sich auf die unsichtbare, besser gesagt: verborgene Gemeinschaft der Glaubenden, nicht aber auf deren äußere Organisation.

2.2 Nach Confessio Augustana 7 – auf die CA (variata) berufen sich auch reformierte Bekenntnisschriften[32] – sind die reine, unverfälschte Predigt des Evangeliums und die evangeliumsgemäße Darreichung der Sakramente die *notwendigen und zugleich hinreichenden* Kennzeichen der wahren Kirche, welche die in, mit und unter der sichtbaren gottesdienstlichen Versammlung die Versammlung aller verborgen bleibenden Gläubigen ist. „Denn dies ist genug zu wahrer Einigkeit der christlichen Kirche, daß da einträchtig nach reinem Verstand das Evangelium gepredigt und die Sakramente dem göttlichen Wort gemäß gereicht werden" (CA 7).[33] Auch wenn die reformierte Ekklesiologie der äußeren Gestalt der Kirche größeres Augenmerk als die lutherischen Bekenntnisschriften schenkt, so sind doch auch für jene Wort und Sakrament die hinreichenden Erkennungszeichen, wie Calvin in Übereinstimmung mit der Confessio Augustana lehrt: „Denn überall, wo wir wahrnehmen, daß Gottes Wort lauter gepredigt und gehört wird und die Sakramente nach der Einsetzung Christi verwaltet werden, läßt sich auf keinerlei Weise daran zweifeln, daß wir eine Kirche Gottes vor uns haben. Denn die Verheißung des Herrn kann nicht trügen: ‚Wo zwei oder drei versammelt sind in meinem Namen, da bin ich mitten unter ihnen' (Matth. 18,20)."[34]

3. Wie Christus selbst die Einheit der Kirche begründet, so wird diese durch das Zeugnis des Evangeliums bewahrt, welches der Kirche in der Heiligen Schrift gegeben ist.

32 Z. B. Dillenburger Synode 1578 (in: E. F. K. Müller [Hg.], Bekenntnisschriften, S. 723, Z. 31ff); Consensus Bremensis 1595 (bei E. F. K. Müller, a. a. O., 740,27ff); Kasseler Generalsynode 1607 (a. a. O., 821,36); Confessio Sigismund 1614 (a. a. O., 836,32). Die CA variata fand außerdem in die von J. F. Salvard erstellte „Harmonia Confessionum Fidei, Orthodoxarum et Reformatarum Ecclesiarum" (Genf 1581) Aufnahme.

33 BSLK, S. 61. Der lateinische Text lautet: „Et ad veram unitatem ecclesiae satis est consentiere de doctrina evangelii et de administratione sacramentorum."

34 Inst. IV,1,9 (Übersetzung nach O. Weber; im Orig. gesperrt). Vgl. auch Inst. IV,1,10.

3.1 Von Ernst Käsemann stammt die bekannte These, der neutestamentliche Kanon begründe als solcher nicht die Einheit der Kirche, sondern die Vielzahl der Konfessionen.[35] Nach Käsemann wird die Einheit der Kirche „wie das Evangelium nicht von den beati possidentes, sondern von den Ungesicherten und Angefochtenen in und trotz der Konfessionen, mit und gegenüber auch dem nt.lichen Kanon bekannt, sofern sie die das Evangelium Hörenden und Glaubenden sind"[36]. Käsemanns Sichtweise dürfte aber zu einseitig sein. Wohl ist ihm darin zuzustimmen, daß der neutestamentliche Kanon die Vielfalt der Konfessionen begründet, doch ist seiner Negation zu widersprechen, daß er nicht auch zugleich der Einheit der Kirche diene. Zwar wird man nicht sagen können, daß der Kanon die Einheit *begründet*, wohl aber, daß er sie *bewahrt*.[37]

3.2 Diese Sichtweise entspricht offenbar schon derjenigen der neutestamentlichen Schriften selbst. Nach Eph 2,20; Apk 21,12 sind die ersten Zeugen des Evangeliums, nämlich die Apostel (und Propheten), das Fundament der Kirche, insofern das apostolische Evangelium die für die Kirche aller Zeiten maßgebliche Christusbotschaft ist. Wohlgemerkt wird nicht das Zeugnis eines einzelnen Apostels, auch nicht dasjenige des Petrus, welcher offenbar der erste Zeuge der Auferstehung Jesu gewesen ist (vgl. 1Kor 15,5), sondern das Zeugnis *aller* Apostel als Grund der Kirche benannt. Zwischen ihrer Christusverkündigung bestehen nun sowohl Gemeinsamkeiten wie Unterschiede. Gerade mit diesen Unterschieden sind aber die Apostel „das Paradigma für Weite und Grenze der Kircheneinheit. Die alte Kirche hat die Unterschiede der neutestamentlichen Schriften, ihrer Evangeliumsüberlieferungen, ihrer Theologien, ihrer Ansätze für die Kirchenordnung als innerhalb der Einheit stehend anerkannt, indem sie sie in *einem* Schriftenkanon zusammenfaßte"[38].

3.3 Aus dem Gesagten ergibt sich, daß die reine Verkündigung des Evangeliums, von welcher CA 7 spricht, *als Schriftauslegung* stattzufinden hat, welche die Vielfalt wie die innere Einheit des Kanons für die Gegenwart zur Geltung bringt.

4. Christus begründet und erhält die Einheit der Kirche allein durch sein Wort. Dies geschieht durch die Indienstnahme von besonderen Ämtern, zu denen Menschen berufen werden. Diese Ämter haben teil an dem einen Amt Jesu Christi, das in seiner Vielfalt wesenhaft eins ist.

35 E. Käsemann, Kanon.
36 E. Käsemann, Kanon, S. 223.
37 So auch W. Härle, Dogmatik, S. 134.
38 E. Schlink, Ökumenische Dogmatik, S. 597.

Sind die reine, als Schriftauslegung stattfindende Verkündigung des Evangeliums und die evangeliums- bzw. schriftgemäße Darreichung und Feier der Sakramente die notwendigen und hinreichenden Zeichen der Einheit der geglaubten und bekannten einen Kirche Jesu Christi, so ist das gegliederte Amt der Kirche als Ganzes Dienst an Wort und Sakrament. Dieses Amt ist für das Kirchesein und die Einheit der Kirche notwendig und hinreichend.[39] Ohne dieses Amt kann die Kirche nicht bestehen. Es ist der Kirche aufgetragen, dieses Amt und sämtliche damit verbundenen Dienste schriftgemäß in Freiheit und Verantwortung zu gestalten.

4.1 Nach übereinstimmender evangelischer Auffassung gründet das besondere Amt der Wortverkündigung und Sakramentsverwaltung im Priestertum aller Gläubigen (vgl. 1Petr 2,5). Es ist also die Einzelnen in besonderer Weise erteilte Beauftragung, welche eigentlich der Kirche als Ganzer und allen Glaubenden aufgrund ihrer Taufe gilt. In dieser Auffassung bestehen heute auch Konvergenzen, wenngleich keine völlige Übereinstimmung, im ökumenischen Gespräch.

4.2 Das Amt des Dienstes an Wort und Sakrament kann unterschiedliche Gestalt annehmen und bleibt eingebunden in eine Vielzahl von Ämtern, welche es schriftgemäß in der Kirche gibt. Die Vielfalt von gleichrangigen Diensten leitet sich her von dem einen, dreifachen Amt Christi als Hohepriester, König und Prophet. Darauf verweist im protestantischen Bereich vor allem die reformierte Tradition.[40] Abzulehnen ist allerdings ein unhistorischer Ämterbiblizismus. Das gegliederte Amt der Kirche hat eine geschichtliche Gestalt, die am soziokulturellen Wandel Anteil hat. Schon im Neuen Testament lassen sich unterschiedliche Gemeinde- und Ämterstrukturen erkennen. Weder aus dem Neuen Testament noch aus der Kirchengeschichte kann man daher eine unveränderliche und für alle Zeiten verbindliche Ordnung von Ämtern ableiten. Schriftgemäßheit bedeutet, daß die konkrete Gestalt der Kirche und ihrer Ämter dem Gesamtzeugnis der Schrift und dem Geist des Evangeliums zu entsprechen hat.[41]

4.3 Im Amt des Dienstes an Wort und Sakrament findet das Amt der Apostel seine geschichtliche und vom Heiligen Geist gewirkte Fortsetzung, ohne mit diesem einfach identisch zu sein. Die Apostel waren

39 Vgl. auch CA 5.
40 Vgl. J. Calvin, Inst. IV,3.
41 So hat z. B. Calvin das Bischofsamt nicht völlig abgelehnt. Vgl. CO 15,333. Tatsächlich kennen einige reformierte Kirchen das Amt eines Bischofs. Im Laufe der Zeit sind neue Ämter entstanden, die in der älteren reformierten Ekklesiologie keinen Platz hatten, z. B. das Amt eines vollamtlichen Präsidenten.

eine geschichtlich einmalige Größe, welche aufgrund ihres Auferstehungszeugnisses und ihrer unmittelbaren Berufung durch den auferstandenen Christus insofern für die Kirche aller Orten und Zeiten bleibende Bedeutung hat, als alle Evangeliumsverkündigung von ihrer kirchengründenden, in der Heiligen Schrift bezeugten Christusbotschaft abhängig bleibt. Kirchengründend nicht nur im historischen, sondern auch im normativen Sinne bleiben die Apostel auch darin, daß sie für spätere Zeiten Anordnungen getroffen und Menschen zum Dienst der Verkündigung und der Kirchenleitung eingesetzt haben. „Die Kirche hat diesem Vorbild zu folgen, indem sie auf ihren Wegen sich weiter um die rechte Ordnung ihres Dienstes bemüht und Berufungen in den Dienst der Verkündigung und Leitung vollzieht."[42] In der Art und Weise, wie dies konkret geschieht, gibt es aber eine geistgewirkte, evangeliumsgemäße Freiheit und Vielfalt.

4.4 In gewisser Hinsicht kann man durchaus von einem evangeliumsgemäßen „Petrusdienst" sprechen, freilich so, daß das über Petrus Gesagte für jeden ordinierten Pastor gilt und keineswegs auf eine einzige, hierarchisch-zentralistisch hervorgehobene kirchliche Instanz zutrifft.[43] In diesem Sinne ist der Gedanke eines Petrusdienstes auch aus reformierter Sicht nachvollziehbar,[44] erklärt doch z. B. das Gallikanische Bekenntnis von 1559: „Wir glauben, daß alle wahren Pastoren, an welchem Ort sie auch sein mögen, dieselbe [...] Macht haben unter dem einzigen allgemeinen Bischof Jesus Christus und daß darum keine Gemeinde irgendwelche Gewalt oder Herrschaft über eine andere beanspruchen darf."[45]. Allerdings geht aus dem Neuen Testament keineswegs eindeutig hervor, daß der historische Petrus je einen universalen „Petrusdienst für die Einheit der Kirche" ausgeübt hat. Calvin argumentiert unter Berufung auf Mk 16,15, daß allen Aposteln in gleicher Weise der ganze Erdkreis als Wirkungsbereich zugewiesen worden sei.[46]

4.5 Die römisch-katholische Annahme, für die Einheit der Kirche sei das Papstamt *wesentlich*, da diese einzig durch das Papstamt als ihr „immerwährendes und sichtbares Prinzip und Fundament"[47] und somit

42 E. Schlink, Ökumenische Dogmatik, S. 597.

43 Vgl. J. Calvin, Inst. IV,3,6: „Kurzum, was die Apostel an dem ganzen Erdkreis geleistet haben, das soll jetzt jeder einzelne Hirt (Pastor) an seiner Herde tun, der er zugeordnet ist."

44 Vgl. A. Heron, Papsttum, S. 156.

45 Confessio Callicana 1559, 30. Vgl. L. Vischer, Amt der Einheit, S. 190.

46 J. Calvin, Inst. IV,3,4.

47 LG 23.

einzig legitime Gestalt des „Petrusdienstes" gewährleistet werde, weshalb die Anerkennung seiner besonderen Vollmacht und Autorität für die Zugehörigkeit zu der einen, heiligen, katholisch-weltumspannenden und apostolischen Kirche als *notwendige Voraussetzung* gilt, läuft der reformierten Lehre von der Kirche einschließlich der reformierten Lehre von den Ämtern in der Kirche diametral entgegen. Während manche lutherischen und anglikanischen Theologen bereit sind, zwischen einer Notwendigkeit zur sichtbaren Einheit und einer Notwendigkeit zum Kirchesein von Kirche zu unterscheiden,[48] um sich zu einer „differenzierten Bejahung"[49] sowohl des universalen Primates eines Amtes der Einheit im allgemeinen wie auch unter bestimmten Voraussetzungen des päpstlichen Primates im besonderen vorzutasten, ist die ekklesiologische Unterscheidung zwischen „kirchen-konstitutiv" und „einheits-konstitutiv" aus reformierter Sicht schwerlich begründbar.

5. Was das Amt der Einheit betrifft, lautet also die entscheidende Frage im ökumenischen Gespräch nicht, unter welchen Bedingungen die übrigen Kirchen das Papstamt der römisch-katholischen Kirche als ein besonderes Amt der Einheit anerkennen können, sondern vielmehr, welches die notwendigen und hinreichenden Bedingungen dafür sind, daß die Kirchen wechselseitig ihre unterschiedlichen Gestalten des Amtes anerkennen können, so daß die geglaubte Einheit der unsichtbaren Kirche in der gemeinsamen Feier der Eucharistie, d. h. in der Interkommunion ihren sichtbaren Ausdruck finden kann.

5.1 Die Frage nach einer möglichen Anerkennung des Papstamtes als Amt der Einheit durch die reformatorischen Kirchen greift als solche zu kurz. Die entscheidende Frage lautet nicht, unter welchen Bedingungen das Papstamt evangelischerseits anerkannt werden kann, sondern inwieweit seine Anerkennung eine bleibende Vorbedingung einer katholischen Anerkennung des evangelischen Amtes ist.

5.2 Insofern die Beantwortung dieser Frage vom Papstamt selbst abhängt, besteht in der Frage der wechselseitigen Anerkennung des kirchlichen Amtes zwischen evangelischen Kirchen und römisch-katholischer Kirche eine Asymmetrie.

6. Das römische Papstamt, wie es sich geschichtlich entwickelt hat, dient nicht der Einheit der Kirche, sondern bleibt bis auf weiteres ein Hindernis auf dem Weg zur vollen ökumenischen Gemeinschaft, da es

48 H. Meyer, Papstamt, S. 91.
49 H. Meyer, Papstamt, S. 92.

einer wechselseitigen Anerkennung des Amtes und somit auch der sichtbaren eucharistischen Gemeinschaft zwischen den Kirchen im Wege steht.

6.1 Diese Feststellung sagt selbstverständlich nichts über das ernsthafte ökumenische Bemühen der letzten Päpste aus und soll den Beitrag, welchen Johannes Paul II. zum ökumenischen Gespräch geleistet hat, keineswegs in Abrede stellen. Dieser sei vielmehr ausdrücklich und dankbar anerkannt. Nicht von konkreten Amtsinhabern, sondern von dem Papstamt als solchem redet die These.

6.2 Im ökumenischen Gespräch wird heute nach Annäherungen gesucht, indem man die Frage erörtert, ob Lehrverurteilungen vergangener Epochen den heutigen Gesprächspartner noch treffen. Insbesondere in der Frage der Rechtfertigung glauben die getrennten Kirchen heute, wenn nicht schon einen wirklichen Konsens, so doch gewichtige Konvergenzen feststellen zu können. Das Papstamt jedoch, welches bei den Reformatoren auf schärfsten Widerspruch gestoßen ist, hat seit dem 16. Jahrhundert eine Entwicklung durchlaufen, welche im Kern die sachliche Differenz zwischen den reformatorischen Kirchen und der römisch-katholischen Kirche vergrößert hat.

6.3 Die theologische Legitimität des römischen Papstamtes ist schon in historischer und exegetischer Hinsicht zu bestreiten. Daran hat sich auch durch die Lehrentscheidungen des II. Vatikanischen Konzils nichts geändert. Die römische Kirche führt das Papstamt auf den Apostel Petrus zurück. Nun ist exegetisch zuzugeben, daß nicht nur Mt 16,18 sondern auch die übrige synoptische Tradition Hinweise auf eine besondere Beziehung zwischen dem irdischen Jesus und Petrus gibt. Vor allem aber hat mit Petrus der Glaube an den Auferstandenen und die kirchengründende Verkündigung seiner Auferstehung begonnen. Historisch läßt sich jedoch keine Vorrangstellung des Petrus im Sinne einer besonderen Leitungsfunktion nachweisen, die dieser gegenüber den übrigen Aposteln eingenommen hätte. Eher noch läßt sich vermuten, daß sie der Herrenbruder Jakobus, welcher Petrus in der Leitung der Jerusalemer Gemeinde ablöste, als Leiter der Gesamtkirche verstanden hat. Bei aller Anerkennung der Sonderstellung, die Petrus gehabt hat, bleibt doch für den neutestamentlichen Apostelbegriff grundlegend, daß der Auferstandene eine Mehrzahl gleichrangiger Apostel berufen hat. Nachdem Petrus die Jerusalemer Gemeinde verlassen hat, werden die neutestamentlichen Nachrichten über ihn spärlich. Es ist nicht ganz unwahrscheinlich, daß Petrus – wie in Antiochien (Gal 2,1ff) und vielleicht auch in Korinth (1Kor 1,12) – gegen Ende seines Lebens in Rom missionarisch tätig war, wo er der Überlieferung als Märtyrer gestorben ist. Daß er aber Bischof der römischen Gemeinde war, ist unwahrscheinlich, weil die römische Ordnung der Frühzeit ausweislich des 1 Clem keine episkopale, sondern eine presbyteriale war.[50]

6.4 Historisch betrachtet war der kirchliche Hegemonialanspruch des Bischofs von Rom kein Garant der Einheit, sondern eine Quelle beständigen Streites, wie nicht nur der Streit zwischen den altkirchlichen Patriarchaten und das Schisma zwischen Ost- und Westkirche zeigen, sondern auch die Tatsache von Doppelwahlen und Gegenpäpsten.[51]

6.5 Obwohl es dankbar anzuerkennen gilt, daß es im Gefolge des II. Vatikanischen Konzils zwischen der römisch-katholischen Kirche und den reformatorischen Kirchen zu erheblichen Annäherungen gekommen ist, bestehen nach wie vor, und zwar gerade in der für alle anderen kontroverstheologischen Fragen wesentlichen Lehre vom Amt fundamentale Unterschiede. Während sich in der Lehre von der Rechtfertigung wichtige Übereinstimmungen abzeichnen, hat sich das römische Amtsverständnis durch die Dogmatisierung der Jurisdiktionsgewalt und der Unfehlbarkeit des Papstes im Jahre 1870 von demjenigen der reformatorischen Kirchen weiter entfernt.[52] Diese Dogmatisierung betrifft nicht nur indirekt alle übrigen kirchlichen Ämter, sondern schränkt die Möglichkeiten, im ökumenischen Gespräch konfessionsübergreifende Gemeinsamkeiten zu entdecken, ebenso wie diejenigen einer Korrektur oder Revision früherer Lehrentscheidungen weitestgehend ein.[53] Wenn auch das II. Vatikanische Konzil und in seinem Gefolge der neue CIC von 1983 das bischöfliche Kollegialitätsprinzip stärker betonen,[54] so ist darin doch keine wirkliche Korrektur der bisherigen Lehre vom Papstamt zu sehen, von welcher das katholische Amtsverständnis insgesamt und somit auch das Eucharistieverständnis abhängen.[55]

7. Grundsätzlich könnte man die Frage diskutieren, ob das Amt eines an der Spitze der Weltkirche bzw. der weltweiten Gemeinschaft der Kirchen stehenden Bischofs als sichtbares Zeichen der Einheit zwar nicht von der Heiligen Schrift geboten und also für das Kirchesein der Kirche

50 Vgl. zum ganzen E. Schlink, Ökumenische Dogmatik, S. 593ff.

51 Siehe dazu W. Wischmeyer, Kathedra Petri.

52 1. Vatikanisches Konzil: „Pastor aeternus“ (DH 3050–3075, hier 3065ff).

53 Man beachte, daß alle, die dem Infallibilitätsdogma widersprechen, mit dem Anathema belegt werden (DH 3075).

54 Vgl. „Lumen Gentium“ (LG) 2 u. 3, bes. LG 22f (DH 4146f); CIC, Buch II.

55 Ausdrücklich werden der Primat des Papstes und das Unfehlbarkeitsdogma in LG 22 f. u LG 25 (DH 4149) bekräftigt.

in keiner Weise notwendig, jedoch als Adiaphoron aus Gründen einer gewissen Zweckmäßigkeit möglich wäre. Für den Fall, daß man diese Frage positiv beantworten und ein entsprechendes Amt schaffen wollte, wäre das römische Papstamt für diese Funktion aus den genannten dogmatischen und kirchenrechtlichen Gründen nach reformiertem Urteil ungeeignet.

7.1 Wie aus unseren obigen Ausführungen ersichtlich ist, gäbe es auch keine exegetischen oder historischen Gründe, welche triftigerweise dafür sprächen, das Amt eines Repräsentanten der Weltkirche dauerhaft an den Bischofssitz von Rom zu binden. Die vom II. Vatikanischen Konzil bekräftigte und in der Enzyklika „Ut unum sint" abermals wiederholte katholische Lehre, wonach der römische Bischof „als Nachfolger des Petrus das immerwährende und sichtbare Prinzip und Fundament für die Einheit (unitatis … perpetuum ac visibile principium et fundamentum) der Vielheit sowohl von Bischöfen als auch von Gläubigen" ist (LG 23), d. h. aber auch die Anerkennung der Dogmen des I. Vatikanums durch die übrigen Kirchen, in welcher abgeschwächten Form auch immer, erweist sich aus reformierter Sicht als gänzlich unannehmbar. Damit soll nicht für alle Zeiten ausgeschlossen sein, daß sich bei lebendiger Weiterentwicklung der Kirchengeschichte neue Verstehensmöglichkeiten erschließen, welche ein gemeinsames Verständnis des Evangeliums und des Amtes der Einheit im Sinne von CA VII und CA V erschließen, doch unter den gegenwärtigen geschichtlichen Bedingungen wäre kein Konsens, sondern allenfalls ein sich verbietender theologischer Kompromiß denkbar, der die eigene Wahrheitserkenntnis entweder verleugnet oder doch hinter zweideutigen Formeln verbirgt.[56]

7.2 Die Sinnhaftigkeit eines Amtes der Einheit wird heute grundsätzlich auch von reformierten Theologen und Kirchen anerkannt. Sie ergibt sich im Zusammenhang des Desiderates eines allgemeinen oder universalen Konzils, auf das einst die Reformatoren ihre Hoffnung setzten und das mit der ökumenischen Bewegung und dem Weltrat der Kirchen noch keineswegs eingelöst ist. Keinesfalls könnte es sich aber bei einem solchen Amt der Einheit nach reformierter Auffassung um ein monokratisches Amt handeln. Denkbar wäre ein Kollegialorgan, dem der Papst als Oberhaupt der römisch-katholischen Kirche gleichberechtigt neben den Repräsentanten der anderen Kirchen angehörte und in welchem die konziliare Gemeinschaft der Kirchen ihren symbolischen Ausdruck fände.[57]

56 Vgl. auch W. Härle, Dogmatik, S. 145.

57 Vgl. auch R. Frieling, Braucht die Kirche ein Amt der Einheit?, S. 101f.

7.3 Daß die Gemeinschaft der Kirchen exklusiv durch den Bischof von Rom *gewährleistet* wird, wie erneut die Enzyklika „Ut unum sint" behauptet, widerspricht der reformierten Lehre von der Kirche und ihrer Einheit. Gleichwohl richten sich auch von reformierter Seite an die konkrete Ausübung des Papstamtes ökumenische Erwartungen, weil von ihr heute alle Kirchen mitbetroffen sind.

6.4 Was der Papst nach reformierter Ansicht für die Einheit der Christenheit tun kann

In seiner Enzyklika „Ut unum sint" schrieb Johannes Paul II., er vernehme die an ihn gerichtete Bitte, „eine Form der Primatsausübung zu finden, die zwar keineswegs auf das Wesentliche ihrer Sendung verzichtet, sich aber einer neuen Situation öffnet". Ganz so, wie der Vorgänger Benedikts XVI. formulierte, wurde diese Bitte von reformierter Seite gewiß nicht an ihn herangetragen. Zwar wünschten sich die reformierten Kirchen, der Papst würde seine Amtsausübung der heutigen ökumenischen Situation anpassen, jedoch nicht, weil sie in der gleichen Weise wie die katholische Kirche annehmen, der Bischof von Rom habe nach dem Heilsplan Gottes eine universale Mission für die gesamte Christenheit oder gar die Menschheit. Der Wunsch nach einer Form der Primatsausübung, die sich einer neuen geschichtlichen Situation öffnet, ohne auf das Wesentliche zu verzichten, kann aus reformierter Sicht nur so verstanden werden, daß der päpstliche Geltungsanspruch auf die römisch-katholische Kirche beschränkt wird. Die reformierten Kirchen sind sich aber darüber völlig im Klaren, daß ein derartiger Autoritätsverzicht, d. h. konkret der Verzicht darauf, daß die nicht-römischen Kirchen die Dogmen von 1870 anerkennen sollen, für die römisch-katholische Kirche bis auf weiteres undenkbar bleibt. Sie nehmen dankbar zur Kenntnis, daß die römisch-katholische Kirche heutzutage versichert, sie betreibe keine Rückkehrökumene, welche die Eingliederung der übrigen Kirchen in die römisch-katholische anstrebe. Es muß aber um der Redlichkeit des Dialoges willen nochmals klar gesagt werden, daß weder ein „Zurück nach Rom" noch ein „Vorwärts nach einem moderaten Rom“ den Zielvorstellung der reformierten Kirchen entspricht.[58] Jede Vorstellung von einer korporativen Wiedervereinigung oder kirchlich-organischen Union ist aus reformierter Sicht unrealistisch.

Wenn es also keinesfalls eine Gemeinschaft *unter* dem Papst geben kann, so besteht doch in der Ökumene und in der globalisierten Welt von heute de facto eine Gemeinschaft *mit* dem Papst, der dieser nach reformierter Ansicht besser als bisher Rechnung tragen könnte. Die trotz der nach wie vor bestehenden Trennung faktisch gegebene Gemeinschaft der Kirchen zeigt sich zunächst freilich nur *via negationis*. So wird heute betont, der Papst sei in erster Linie Bischof von Rom und übe einzig in dieser Funktion einen universalen Petrusdienst aus. In Wirklichkeit hat die Entwicklung der letzten Jahrzehnte, und zwar gerade unter Johannes Paul II. in die entgegengesetzte Richtung geführt. „Indem die Päpste die *stabilitas loci* in Rom aufgaben und einer lokalen Kirche nach der anderen pastorale Besuche abstatteten, wurden sie auf neue Weise zum *episcopus universalis*.“[59] Dieses Bild wird durch die modernen Massenmedien verstärkt, die sich auch Benedikt XVI. professionell zunutze macht. Wie sein Vorgänger übt er sein Amt zwar nicht mehr als mit Befehlsgewalt ausgestatteter universaler Monarch aus, erhebt aber denselben Anspruch auf der Ebene des Symbols. Welche Konsequenzen dies für die römisch-katholische Kirche nach innen hat, soll hier nicht weiter untersucht werden. Von reformierter Seite kann der medial verstärkte Universalitätsanspruch in dieser Form jedenfalls nicht akzeptiert werden.

Die Schicksalsgemeinschaft der reformierten Kirchen mit dem Papst zeigt sich sodann darin, daß die Verkündigung des Papstes den Anspruch, für die gesamte Christenheit repräsentativ zu sein, in der Öffentlichkeit auch so wahrgenommen wird. Tatsächlich widerspricht sie jedoch in wesentlichen

58 Nach Ansicht von R. Frieling, Braucht die Kirche ein Amt der Einheit?, S. 103 trifft das auf alle nicht-römisch-katholischen Kirchen zu.

59 L. Vischer, Amt der Einheit S. 195.

Punkten der Verkündigung anderer, jedenfalls der reformierten Kirchen. Die Folge ist, daß diese sich immer wieder gezwungen sehen, sich zu Stellungnahmen des Papstes zu äußern, die für sie keine Priorität haben oder umgekehrt auf Prioritäten aufmerksam zu machen, die der Papst offensichtlich nicht erkennen kann. Das betraf während des Pontifikats von Johannes Paul II. z. B. die Beziehung von Mann und Frau, die Geburtenregelung und Bevölkerungspolitik und ihre Bedeutung für eine Politik der Nachhaltigkeit, d. h. einer verantwortungsvollen Bewirtschaftung nicht erneuerbarer Ressourcen im Kontext der ökologischen Krise. Zu erwähnen sind aber auch divergierende Auffassungen zur Stellung der Frau in der Kirche und zur Frauenordination.

Nun hat jede Kirche das unumstrittene Recht, ihre eigenen Positionen zu vertreten. Ja, man wird sogar noch einen Schritt weiter gehen und die Frage stellen müssen, ob nicht eine Ökumene des wechselseitigen Einspruchs an die Stelle einer Ökumene des Konsenses treten muß, deren Aporien in letzter Zeit deutlich geworden sind.[60] Eine Ökumene des Einspruchs bzw. der Differenz wäre zu verstehen als *mutuum consolatio fratrum et sororum* der Kirchen, welche ihre Bereitschaft zur Selbstkorrektur und evangeliumsgemäßen Reform einschließt. Zur *ökumenischen* Methode wird der Einspruch freilich erst dann, wenn man nicht nur an einer anderen Teilkirche im Dienst der Liebe wie der Wahrhaftigkeit Kritik übt, sondern vor allem bereit ist, „den geäußerten Einspruch einer anderen Teilkirche zum Zweck der Selbstkorrektur in der eigenen Kirche zu Gehör zu bringen“[61].

Sofern die Verkündigung des Papstes dieser ökumenischen Methode folgen würde, könnte sie auch aus reformierter Sicht einen wichtigen Dienst an der konziliaren Gemeinschaft der Kirchen erfüllen. Sie wird aber für die nicht-römischen Kirchen derzeit immer wieder dadurch zum Problem, daß die vom Papst vertretenen Positionen nicht zur Diskus-

60 Vgl. dazu R. Schenk, Ökumene des Einspruchs; siehe außerdem oben Kapitel 1.

61 R. Schenk, Ökumene des Einspruchs, S. 236. Vgl. auch E. Herms, Die ökumenischen Beziehungen, S. 22f.

sion gestellt werden. „Der Heilige Stuhl erhebt den Anspruch, die Stimme *der* Kirche zu repräsentieren. Die Tatsache, daß es neben dieser einen Stimme auch andere gewichtige Stimmen gibt, wird zwar nicht geleugnet, aber doch auch nicht ernst genommen.“[62] Wollen die übrigen, z. B. die reformierten Kirchen ihre Identität in der Spannung zwischen der Universalität der einen Kirche Jesu Christi und ihren partikularen Gestalten bewahren, sehen sie sich immer wieder genötigt, sich von den Botschaften des Papstes zu distanzieren. In dieser negativen Form wird ihre eigene Identität also durch den Bischof von Rom und seinen Primatsanspruch mitbestimmt.

Schwierigkeiten ergeben sich schließlich daraus, daß der Papst nicht nur das Oberhaupt seiner Kirche, sondern auch das Oberhaupt eines weltlichen Staates ist, was sich erkennbar auf seine geistliche Amtsführung auswirkt. Die völkerrechtliche Stellung des Heiligen Stuhles, die weder in der römisch-katholischen Theologie noch in bilateralen ökumenischen Dialogen hinreichend gewürdigt wird, versetzt die römisch-katholische Kirche in eine einzigartige privilegierte Lage, wenn es darum geht, kirchliche Positionen und Interessen im Bereich nationaler und internationaler Politik, z. B. auf Weltebene bei den Vereinten Nationen und ihren Organisationen, geltend zu machen. Bedauerlicherweise finden die diplomatischen Anstrengungen des Heiligen Stuhls jedoch noch immer „in nahezu hermetischer Isolierung von der ökumenischen Bewegung statt“[63]. Möglicherweise trägt der von Johannes Paul II. angebotene Dialog über sein Amt dazu bei, die internationale Zusammenarbeit der Kirchen auf politischem Gebiet zu verbessern.

Es wäre ein großer ökumenischer Fortschritt, wenn der neue Papst sein Amt in einer Weise ausüben könnte, die einen konstruktiven Beitrag zu einer neuen Ökumene des Einspruchs bzw. der Differenz leistete. Praktisch würde dies bedeuten, daß der Papst, gerade weil ihn die Weltöffentlichkeit und die Massenmedien als den Repräsentanten der Christen-

62 L. Vischer, Amt der Einheit, S. 197.
63 L. Vischer, Amt der Einheit, S. 198.

heit schlechthin betrachten, in seiner Verkündigung auf die Existenz und die Anliegen der übrigen Kirchen stärker Bedacht nähme und mit ihnen in einen echten Dialog über die Inhalte seiner Verkündigung träte. Dies hätte freilich zur Voraussetzung, daß die wechselseitige Anerkennung aller Kirchen als Kirchen und nicht etwa nur als christliche Gemeinschaften, die Elemente des Kircheseins bewahrt haben, auch seitens der römisch-katholischen Kirche nicht länger als Endziel der ökumenischen Bewegung, sondern als eine bereits jetzt mögliche Etappe auf dem Wege betrachtet würde.

Literatur

Andersen, W.: Art. Amt, geistliches II. Dogmatisch, EKL[3] I, 1986, Sp. 106–111

Anselm, R./Fischer, J./Frey, Chr./Körtner, U./Kreß, H./Rendtorff, T./Rössler, D./Schwarke, Chr./Tanner, K.: Pluralismus als Markenzeichen. Eine Stellungnahme evangelischer Ethiker zur Debatte um die Embryonenforschung, Frankfurter Allgemeine Zeitung, 23.1.2002, Nr. 19, S. 8

Anselm, R./Körtner, U. (Hg.): Streitfall Biomedizin. Urteilsfindung in christlicher Verantwortung, 2003

Arens, E.: Kirchlicher Kommunitarismus, ThRv 94, 1998, Sp. 487–500

Aristi, V. v./Blank J./u. a.: Das Papstamt. Dienst oder Hindernis für die Ökumene, 1985,

Arnold, M.: Handwerker als theologische Schriftsteller. Studien zu Flugschriften der frühen Reformation (1523–1525) (GTA 42), 1990

Asheim, I./Gold, V. R. (Hg.): Kirchenpräsident oder Bischof? Untersuchungen zur Entwicklung und Definition des kirchenleitenden Amtes in der lutherischen Kirche, 1968

Austin, J. L.: Zur Theorie der Sprechakte (How to do things with Words), [2]1979

Barth, H.-M.: Einander Priester sein. Allgemeines Priestertum in ökumenischer Perspektive (KiKonf 29), 1990

Barth, K.: „Unterricht in der christlichen Religion“, Bd. I (1924), hg. v. H. Reiffen (GA II), 1985

–: Die christliche Dogmatik im Entwurf, Bd. 1: Die Lehre vom Wort Gottes. Prolegomena zur christlichen Dogmatik (1927), hg. v. G. Sauter (GA II/14), 1982

–: Die kirchliche Dogmatik I/1, 1932

–: Die kirchliche Dogmatik I/2, [4]1948

–: Einführung in die evangelische Theologie, [3]1980

Barth, Th.: Elemente und Typen landeskirchlicher Leitung (JusEcc 53), 1995

–: Art. Kirchenleitung, RGG[4] IV, 2001, Sp. 1207–1208

Barthes, R.: La mort de l'auteur, in: ders., Oevres complètes. Edition établie et présentée par E. Marty, 1994, S. 491–495

Bayer, O.: Autorität und Kritik. Zu Hermeneutik und Wissenschaftstheorie, 1991

–: Promissio. Geschichte der reformatorischen Wende in Luthers Theologie (FKDG 24), [2]1989

–: Theologie (HST 1), 1994

Beintker, M.: Konsequenzen der „Disziplin Ecclésiastique" für Kirchenverfassung und Gemeindeordnung in Brandenburg-Preußen?, in: M. Stolpe/F. Winter (Hg.), Wege und Grenzen der Toleranz. Edikt von Potsdam 1685–1985, 1987, S. 51–68

Bernhardt, R.: Der Absolutheitsanspruch des Christentums. Von der Aufklärung bis zur Pluralistischen Religionstheologie, 1990

Bieritz, K.-H.: Lesungen, in.: H.-Chr. Schmidt-Lauber/M. Seitz (Hg.), Der Gottesdienst. Grundlagen und Predigthilfen zu den liturgischen Stücken, 1992, S. 106–116

Birmelé, A./Fahlbusch, E.: Art. Ökumenismus EKL[3] III, 1992, Sp. 861–873

Birmelé, A./Meyer, H. (Hg.): Grundkonsens – Grunddifferenz. Studie des Straßburger Instituts für ökumenische Forschung. Ergebnisse und Dokumente, 1992

Bonhoeffer, D.: Ethik, hg. v. I. Tödt u. a. (DBW 6), [2]1998

Brandt, R.: Art. Ordination IV. Dogmatisch, RGG[4] VI, 2003, Sp. 622–625

–: Peinlicher Ablaß, epd-Dokumentation 45/99, S. 49–50

Breuning, W.: Das Verständnis des katholischen Bischofsamtes nach dem II. Vatikanischen Konzil, in: W. Sanders (Hg.), Bischofsamt – Amt der Einheit. Ein Beitrag zum ökumenischen Gespräch, 1983, S. 9–30

Bultmann, R.: Das Evangelium des Johannes (KEK II), Göttingen [20]1978

–: Glauben und Verstehen. Gesammelte Aufsätze, 4 Bde., [5]1968ff

–: Welchen Sinn hat es, von Gott zu reden?, in: ders., Glauben und Verstehen, Bd. I, 1933, S. 26–37

Burgsmüller, A./Frieling, R. (Hg.): Amt und Ordination im Verständnis evangelischer Kirchen und ökumenischer Gespräche. Eine Dokumentation im Auftrag der Arnoldshainer Konferenz, 1974

Campenhausen, A. v.: Entstehung und Funktionen des bischöflichen Amtes in den evangelischen Kirchen in Deutschland, in: ders., Gesammelte Schriften (JusEcc 50), 1995, S. 8–26
Campenhausen, A. v.: Kirchenleitung, in: ders., Gesammelte Schriften (JusEcc 50), 1995, S. 27–49
Chadwick, H.: Papstamt und Einheit der Christen aus anglikanischer Perspektive, in: P. Hünermann (Hg.), Papstamt und Ökumene. Zum Petrusdienst an der Einheit aller Getauften, 1997, S. 70–79
Christen und Juden II. Zur theologischen Neuorientierung im Verhältnis zum Judentum. Eine Studie der EKD, 1991
Communio Sanctorum. Die Kirche als Gemeinschaft der Heiligen, Bilaterale Arbeitsgruppe der DBK u. der Kirchenleitung der VELKD, 2000
Congar, Y.: Die Tradition und die Traditionen, 1965
Dahling-Sander, C./Kratzert, T. (Hg.): Leitfaden Ökumenische Theologie, 1998
Dalferth, I. U.: Auf dem Weg der Ökumene. Die Gemeinschaft evangelischer und anglikanischer Kirchen nach der Meißener Erklärung, 2002
–: Jenseits von Mythos und Logos. Die christologische Transformation der Theologie, 1993
–: Sprachlogik des Glaubens. Texte analytischer Religionsphilosophie und Theologie zur religiösen Sprache (BEvTh 66), 1974
Demmer, K.: Ökumenische Klippen im bioethischen Gespräch? Fragen zum Positionspapier „Pluralismus als Markenzeichen“, ThG 46, 2003, S. 242–253
Dieckhoff, A. W.: Luthers Lehre von der kirchlichen Gewalt. Historisch dargestellt, 1865
Dingel, I.: Art. Kirchenverfassung III. Reformation, RGG[4] IV, 2001, Sp. 1320–1327
Dinkel, Chr.: Kirche gestalten. Schleiermachers Theorie des Kirchenregiments (SchlAr 17), 1996
Ebeling, G.: Dogmatik des christlichen Glaubens, Bd. I, [2]1982
–: Kirchengeschichte als Geschichte der Auslegung der Heiligen Schrift (1947), in: ders., Wort Gottes und Tradition, Tübingen [2]1966, S. 9–27
–: Luther. Einführung in sein Denken (UTB 1090), [4]1981
–: Wort Gottes und Hermeneutik (1959), in: ders., Wort und Glaube [I], 1960, S. 319–348
Eco, U.: Lector in fabula. Die Mitarbeit der Interpretation in erzählenden Texten, 1987
–: Nachschrift zum Namen der Rose, 1984

–: Zwischen Autor und Text. Interpretation und Überinterpretation. Mit Einwürfen von R. Rorty, J. Culler, Chr. Brooke-Rose und S. Collini, 1996

Endreß, M. (Hg.): Zur Grundlegung einer integrativen Ethik (stw 1205), 1995

Engemann, W.: „Unser Text sagt ...". Hermeneutischer Versuch zur Interpretation und Überwindung des „Texttods" der Predigt, ZThK 93, 1996 S. 450–480

Fahlbusch, E.: Abschied von der Konfessionskunde? Überlegungen zu einer Phänomenologie der universalen Christenheit, in: G. Maron (Hg.), Evangelisch und ökumenisch. Beiträge zum 100-jährigen Bestehen des Evangelischen Bundes, 1986, S. 456–493

–: Kirchenkunde der Gegenwart (ThW 9), 1979, S. 13ff.274ff

Fischer, J.: Bioethik in theologischer Perspektive, in: ders., Medizin- und bioethische Perspektiven. Beiträge zur Urteilsbildung im Bereich von Medizin und Biologie, 2002, S. 77–104

–: Theologische Ethik. Grundwissen und Orientierung (Forum Systematik 11), 2002

–: Über moralische und andere Gründe. Protestantische Einwürfe zu einer philosophischen Debatte, ZThK 95, 1998, S. 118–157

–: Wahrnehmung als Aufgabe und Proprium christlicher Ethik, in: ders., Glaube als Erkenntnis. Zum Wahrnehmungscharakter des christlichen Glaubens, 1989, S. 91–118

Fischer, J./Grotefeld, S./Schaber, P. (Hg.): Moralischer Realismus. Theologische Beiträge zu einer philosophischen Debatte (Forum Systematik 21), 2004

Fish, S.: Is There a Text in This Class? The Authority of Interpretive Communities, 1980

Fleinert-Jensen, F.: Das Kreuz und die Einheit der Kirche. Skizze zu einer Kreuzestheologie in ökumenischer Perspektive, 1995

Franck, G.: Ökonomie der Aufmerksamkeit. Ein Entwurf, 1998

Frauenordination und Bischofsamt. Eine Stellungnahme der Kammer für Theologie der EKD (EKD-Texte 44), 1992

Frey, Chr.: Die Ethik des Protestantismus von der Reformation bis zur Gegenwart. Unter Mitarb. v. M. Hoffmann, 1989

–: Pluralismus und Ethik. Evangelische Perspektiven, in: R. Anselm/U. Körtner (Hg.), Streitfall Biomedizin. Urteilsfindung in christlicher Verantwortung, 2003, S. 161–178

–: Was können und dürfen Menschen tun? Überlegungen aufgrund eines christlichen Menschenbildes, in: ders., Konfliktfelder des Lebens. Theologische Studien zur Bioethik, 1998, S. 197–210

Frey, J./Rohls, J./Zimmermann, R. (Hg.): Metaphorik und Christologie (TBT 120), 2003

Frieling, R.: Amt. Laie – Pfarrer – Priester – Bischof – Papst (BenshH 99), 2002
–: Art. Ökumene, TRE 25, 1995, S. 46–77
–: Bischofsamt: „esse“ oder „bene esse“?, MdKI 54, 2003, S. 7–11
–: Braucht die Kirche ein Amt der Einheit?, Amt und Gemeinde 49, 1998, S. 98–104
Fries, H./Rahner, K.: Einigung der Kirchen – reale Möglichkeit (QD 100), erw. Sonderausgabe 1985
Frost, H.: Strukturprobleme evangelischer Kirchenverfassung. Rechtsvergleichende Untersuchung zum Verfassungsrecht der deutschen evangelischen Landeskirchen, 1972
Ganoczy, A.: Ecclesia ministrans. Dienende Kirche und kirchlicher Dienst bei Calvin, 1968
Im Geist der Liebe mit dem Leben umgehen. Argumentationshilfe für aktuelle medizin- und bioethische Fragen (EKD-Texte 71), 2002
Globig, Chr.: Frauenordination im Kontext lutherischer Ekklesiologie. Ein Beitrag zum ökumenischen Gespräch (KiKonf 36), 1994
Goertz, H.: Allgemeines Priestertum und ordiniertes Amt bei Luther (MThSt 46), 1997
Gräßer, E.: Zwei Heilswege? Zum theologischen Verhältnis von Israel und Kirche, in: P.-G. Müller/W. Stenger (Hg.), Kontinuität und Einheit (FS F. Mußner), 1981, S. 411–429
Greshake, G.: Priestersein, [5]1991
Gutachten des Päpstlichen Rates für die Förderung der Einheit der Christen zur Studie „Lehrverurteilungen – kirchentrennend?“. Studiendokument, 1992
Güttgemanns, L.: Qu'est-ce-que la Poétique Générative?, LingBibl 17/18, 1972, S. 53–68
Harbeck-Pingel, B.: Ethische Wahrnehmung. Eine systematisch-theologische Skizze (Beiträge zur Theologie und Religionsphilosophie 2), 1998
Härle, W.: Dogmatik, 1995
–: Roma locuta ..., DtPfrBl 99, 1999, S. 407–409
Haudel, M.: Vergessene Kriterien. Hermeneutische Kriterien für die Weiterentwicklung des Koinonia-Konzepts, ÖR 43, 1994, S. 292–304
Hauerwas, S.: A Community of Character. Toward a Constructive Social Ethic, 1981
–: In Good Company. The Church as Polis, 1995
–: Selig sind die Friedfertigen. Ein Entwurf christlicher Ethik, hg. u. eingel. v. R. Hütter (Evangelium und Ethik 4), 1995

Hauschild, W.-D.: Art. Presbyter/Presbyterium III. Presbyterialsynodale Kirchenordnungen, RGG[4] VI, 2003, Sp. 1614–1616
Haverkamp, A. (Hg.): Theorie der Metapher, [2]1996
Heckel, M.: Staat und Kirche nach den Lehren der evangelischen Juristen Deutschlands in der ersten Hälfte des 17. Jahrhunderts (JusEcc 6), 1968
Hennig, G.: „Aus der Traum“ – oder: welche Ökumene meinen wir (nicht)?, ThBeitr 30, 1999, S. 50–59
Herms, E.: Die ökumenischen Beziehungen zwischen den evangelischen und der römisch-katholischen Kirche im Spätsommer 1998. Stand, Aussichten, Wünschbarkeiten, epd-Dokumentation 37/98, S. 1–23
–: Einheit der Christen in der Gemeinschaft der Kirchen. Die ökumenische Bewegung der römischen Kirche im Lichte der reformatorischen Theologie. Antwort auf den Rahner-Plan, 1994
–: Stellungnahme zum dritten Teil des Lima-Dokumentes „Amt“, KuD 31, 1985, S. 65–96
Heron, A.: Das ordinierte Amt in reformierter Sicht, Ev.-reform. Kirchenblatt für Bayern 84, 1983, S. 11–16
–: Das Papsttum und die Ökumene. Eine Stellungnahme aus reformierter Sicht, in: V. v. Aristi/J. Blank u. a., Das Papstamt. Dienst oder Hindernis für die Ökumene, 1985, S. 150–160
Heyer, F.: Konfessionskunde, mit Beiträgen von H. Chadwick u. a., 1977
Hilberath, B. J.: Rechtfertigen und Rechthaben, ThQ 178, 1998, S. 244–245
Höfling, J. W. F.: Grundsätze evangelisch-lutherischer Kirchenverfassung, Erlangen [3]1853
Honecker, M.: Einführung in die Theologische Ethik. Grundlagen und Grundbegriffe, 1990
–: Themen und Tendenzen der Ethik, ThR 63, 1998, S. 74–133
–: Visitation, ZEvKR 17, 1972, S. 337–358
Horkheimer, M.: Meine Begegnung mit Paul Tillich. Eine Antwort in Form eines Briefes, in: P. Tillich, Impressionen und Reflexionen (GW XIII), 1972, S. 568–569
Houtepen, A.: Koinonia und Konsensus. Auf dem Weg zur Gemeinschaft in einem Glauben, in: G. Müller-Fahrenholz (Hg.), Bangalore 1978. Sitzung der Kommission für Glauben und Kirchenverfassung. Berichte, Reden, Dokumente (ÖR.B 35), 1979, S. 201–204
–: Ökumenische Hermeneutik. Auf der Suche nach Kriterien der Kohärenz im Christentum, ÖR 39, 1990, S. 279–296

Hünermann, P. (Hg.): Papstamt und Ökumene. Zum Petrusdienst an der Einheit aller Getauften, 1997

Hütter, R.: Evangelische Ethik als kirchliches Zeugnis. Interpretationen zu Schlüsselfragen theologischer Ethik in der Gegenwart (Evangelium und Ethik 1), 1993

–: Theologie als kirchliche Praktik. Zur Verhältnisbestimmung von Kirche, Lehre und Theologie (BEvTh 117), 1997

Huizing, K.: Ästhetische Theologie, Bd. I: Der erlesene Mensch, 2000

–: Homo legens. Vom Ursprung der Theologie im Lesen (TBT 75), 1996

Huizing, K./Körtner, U./Müller, P.: Lesen und Leben. Drei Essays zur Grundlegung einer Lesetheologie, 1997

Irrgang, B.: Praktische Ethik aus hermeneutischer Perspektive (UTB 2020), 1998

Iser, W.: Der Akt des Lesens. Theorie ästhetischer Wirkung (UTB 636), [4]1994

Iser, W.: Der implizite Leser. Kommunikationsformen des Romans von Bunyan bis Beckett (UTB 163), [3]1994

Jacobs, P. (Hg.): Reformierte Bekenntnisschriften und Kirchenordnungen in deutscher Übersetzung, Neukirche 1949

Jahrbuch für Biblische Theologie 3, 1988 (Zum theologischen Problem des Kanons)

Jauß, H. R.: Ästhetische Erfahrung und literarische Hermeneutik, 1982

–: Zur Abgrenzung und Bestimmung einer literarischen Hermeneutik, in: M. Fuhrmann (Hg.), Poetik und Hermeneutik IX. Text und Applikation, 1981, 459–481

Joest, W.: Das Amt und die Einheit der Kirche, US 16, 1961, S. 236–249

Johann-Adam-Möhler-Institut (Hg.), Das Papstamt. Anspruch und Widerspruch. Zum Stand des ökumenischen Dialogs über das Papstamt, 1996

Johannes v. Damaskus, Drei Verteidigungsschriften gegen diejenigen, welche die heiligen Bilder verwerfen, hg. u. eingel. v. G. Feige, Leipzig [2]1996

Jonas, H.: Das Prinzip Verantwortung. Versuch einer Ethik für die technologische Zivilisation, 1979

Josuttis, M.: Für einen evangelischen Fundamentalismus, PTh 85, 1996, S. 74–85

Jüngel, E.: Amica Exegesis einer römischen Note, ZThK.B 10, 1998, S. 252–279

–: Das Evangelium von der Rechtfertigung des Gottlosen als Zentrum des christlichen Glaubens, [3]1999
–: Glauben und Verstehen, in: ders., Wertlose Wahrheit. Theologische Erörterungen III (BEvTh 107), 1990, S. 16–77
–: Um Gottes willen – Klarheit! Kritische Bemerkungen zur Verharmlosung der kriteriologischen Funktion des Rechtfertigungsartikels – aus Anlaß einer ökumenischen „Gemeinsamen Erklärung zur Rechtfertigungslehre", ZThK 94, 1997, S. 394–406
Käsemann, E.: Begründet der neutestamentliche Kanon die Einheit der Kirche? (1951), in: ders., Exegetische Versuche und Besinnungen I, [6]1970, S. 214–223
Kasper, W.: Das Petrusamt als Dienst der Einheit. Die Lehre des I. und II. Vatikanischen Konzils und die gegenwärtige Diskussion, in: V. v. Aristi/J. Blank u. a., Das Papstamt. Dienst oder Hindernis für die Ökumene, 1985, S. 113–138
–: Das Verhältnis von Schrift und Tradition. Eine pneumatologische Perspektive, ThQ 170, 1990, S. 161–190
–: Glaube und Geschichte, Mainz 1970
–: Kein Grund zur Resignation. Die katholische Kirche und die ökumenischen Beziehungen, HerKorr 57, 2003, S. 605–610
–: Neue Akzente im dogmatischen Verständnis des priesterlichen Dienstes, Conc (D) 5, 1969, S. 164–170
Kaufmann, Th./Ohst, M.: Gerechtfertigter Ablaß? Antwort an Peter Neuner, epd-Dokumentation 43/99, S. 47–49
–: Unvereinbar oder inhaltsleer. Der päpstliche Ablaß widerlegt die Rede vom Rechtfertigungskonsens, ZdZ/LM 2, 1999, H.9, S. 20–21
Die Kirche Jesu Christi. Der reformatorische Beitrag zum ökumenischen Dialog über die kirchliche Einheit, in: W. Hüffmeier/Chr.-R. Müller (Hg.), Wachsende Gemeinschaft in Zeugnis und Dienst. Reformatorische Kirchen in Europa, Texte der 4. Vollversammlung der Leuenberger Kirchengemeinschaft in Wien, 3. bis 10. Mai 1994, 1995, S. 19–58
Kirchengemeinschaft in Wort und Sakrament, Bilaterale Arbeitsgruppe der DBK u. der Kirchenleitung der VELKD, 1984
Kirchner, H.: Wort Gottes, Schrift und Tradition (BenshH 89), 1998
Klumbies, P.-G.: Diakonie und moderne Lebenswelt. Neutestamentliche Perspektiven, 1998
Knuth, H. C.: Bericht des Catholica-Beauftragten der VELKD, epd-Dokumentation 45/99, S. 11–20
Körtner, U.: Braucht die Kirche ein Amt der Einheit? Das Papstamt aus reformierter Sicht, in: S. Hell/L. Lies (Hg.), Papstamt. Hoff-

nung, Chance, Ärgernis. Ökumenische Diskussion in einer globalisierten Welt, 2000, S. 97–114

–: Das Papstamt – notwendiges Zeichen und Werkzeug der Einheit? Evangelische Anmerkung zu einem Diskussionsbeitrag von Paul Weß, ThG 43, 2000, S. 303–309 (wieder abgedruckt in: P. Weß, Papstamt jenseits von Hierarchie und Demokratie. Ökumenische Suche nach einem bibelgemäßen Petrusdienst. Mit Beiträgen von Ulrich H. J. Körtner und Grigorios Larentzakis (Studien zur systematischen Theologie und Ethik 35), 2003, S. 35–42

–: Der gerechtfertigte Mensch. Die reformatorische Anthropologie aus heutiger Sicht, in: ders., Freiheit und Verantwortung. Studien zur Grundlegung theologischer Ethik (SThE 90), 2001, S. 57–68

–: Der inspirierte Leser. Zentrale Aspekte biblischer Hermeneutik, 1994

–: Die Gemeinschaft des Heiligen Geistes. Zur Lehre vom Heiligen Geist und der Kirche, 1999

–: Evangelische Sozialethik. Grundlagen und Themenfelder (UTB 2107), 1999

–: Gestalten des Wortes, in: H.-Chr. Schmidt-Lauber/M. Meyer-Blanck/K.-H. Bieritz (Hg.), Handbuch der Liturgik. Liturgiewissenschaft in Theologie und Praxis der Kirche, [3]2003, S. 706–719

–: Gut gedacht – schlecht gemacht. Zum Desiderat einer ökumenischen Rechtfertigungshermeneutik, in: A. Beutel/T. Kaufmann/H. Timm (Hg.), Wider den Augsburger Rechtfertigungsvertrag. Voten evangelisch-protestantischer Hochschullehrer, epd-Dokumentation 43/99, S. 50–54

–: Paradox Catholicity. The Unity of Identity and Difference as a Core Problem of Christian Ecumenism, in: W. M. Alston/M. Welker (Hg.), Reformed Theology. Identity and Ecumenicity, 2003, S. 398–411

–: Reformiert und ökumenisch. Brennpunkte reformierter Theologie in Geschichte und Gegenwart (STS 7), 1998

–: Theologie des Wortes Gottes. Positionen – Probleme – Perspektiven, 2001

–: Theologie in dürftiger Zeit. Ein Essay, (KT 75), 1990

–: Versöhnte Verschiedenheit. Ökumenische Theologie im Zeichen des Kreuzes, 1996

–: Versöhnte Verschiedenheit. Die Einheit von Identität und Differenz als Grundproblem christlicher Ökumene, BThZ 15, 1998, S. 77–96

–: Vielfalt und Verbindlichkeit. Christliche Überlieferung in der pluralistischen Gesellschaft (ThLZ.F 7), 2002

–: Von der Konsensökumene zur Differenzökumene. Krise und Verheißung der ökumenischen Bewegung an der Schwelle zum dritten Jahrtausend, KuD 47, 2001, S. 290–307
–: Was ist das Evangelische an der evangelischen Ethik? Begriff und Begründungsprobleme evangelischer Ethik im ökumenischen Kontext, in: ders. (Hg.), Christliche Ethik – evangelische Ethik? Das Ethische im Konflikt der Interpretationen, 2004, S. 91–115
–: Zur Einführung: Hermeneutik und Ästhetik. Zur Bedeutung einer theologischen Ästhetik für die Lehre vom Wort Gottes, in: ders. (Hg.), Hermeneutik und Ästhetik. Die Theologie des Wortes im multimedialen Zeitalter, 2001, S. 1–18
–: Zwischen den Zeiten. Studien zur Zukunft der Theologie, 1997
Kommission für Glaube und Kirchenverfassung (Hg.): Die Diskussion über Taufe, Eucharistie und Amt 1982–1990. Stellungnahmen, Auswirkungen, Weiterarbeit, 1990
Krämer, H.: Integrative Ethik (stw 1204), 1995
Kraus, D. (Hg.): Evangelische Kirchenverfassungen in Deutschland. Textsammlung mit einer Einführung, 2001
Kraus, W.: Das Volk Gottes. Zur Grundlegung der Ekklesiologie bei Paulus (WUNT 85), 1996
Krawietz, W./Welker, M. (Hg.): Kritik der Theorie sozialer Systeme. Auseinandersetzung mit Luhmanns Hauptwerk (stw 996), 1992
Kremers, H./Lubahn, E.: Mission an Israel in heilsgeschichtlicher Sicht, 1985
Krieg, G. A.: Die Rede vom Ende der Rede. Frühe Dialektische Theologie und prinzipielle Homiletik, ZThK 94, 1997, S. 224–252
Kugelmann, L.: Diskussionsbericht über die kontroverse Rezeption der Amtslehre des Lima-Dokuments in der evangelischen Kirche und Theologie, in: W. Pannenberg (Hg.), Lehrverurteilungen – kirchentrennend?, Bd. III: Materialien, 1990, S. 264–285
Kühn, U.: Eine ökumenische Schlüsselfrage. Erwägungen zum kirchlichen Amt im Lima-Papier, EK 17, 1984, S. 306–309
–: Ordination, in: H.-Chr. Schmidt-Lauber/M. Meyer-Blanck/K.-H. Bieritz (Hg.), Handbuch der Liturgik. Liturgiewissenschaft und Theologie und Praxis der Kirche, [3]2003, S. 335–354
–: Zum evangelisch-katholischen Dialog. Grundfragen einer ökumenischen Verständigung (ThLZ.F 15), Leipzig 2004
Küng, H.: Projekt Weltethos, 1990
Künneth, W.: Art. Kanon, TRE 17, 1988, S. 562–570
Landau, P.: Art. Kirchenverfassungen, TRE 19, 1990, S. 110–165
Lange, E.: Predigen als Beruf. Aufsätze, hg. v. R. Schloz, 1976

Lathrop, G.: Art. Bibel V. Praktisch-theologisch: RGG[4] I, 1998, Sp. 1432–1434
Lauster, J.: Prinzip und Methode. Die Transformation des protestantischen Schriftprinzips durch die historische Kritik von Schleiermacher bis zur Gegenwart (BHTh 46), 2004
Lehmann, K./Pannenberg, W. (Hg.): Lehrverurteilungen – kirchentrennend? Bd. I, [3]1988
Lehrverurteilungen im Gespräch. Die ersten offiziellen Stellungnahmen aus den evangelischen Kirchen in Deutschland, hg. von der Geschäftsstelle der Arnoldshainer Konferenz, dem Kirchenamt der EKD und dem Lutherischen Kirchenamt der VELKD, 1993
Leuba, J.-L.: Papacy, Protestantism and Ecumenism, ER 46, 1994, S. 467–474
Lindbeck, G. A.: The Nature of Doctrine, 1984 (dt. Übersetzung: Christliche Lehre als Grammatik des Glaubens. Religion im postliberalen Zeitalter, 1994)
Lindemann, A.: Die Kirche als Leib. Beobachtungen zur „demokratischen" Ekklesiologie bei Paulus, ZThK 92, 1995, S. 140–165
–: Israel im Neuen Testament, WuD 25, 1999, S. 167–192
Loader, J. A.: Stromab – Gedanken zur Hermeneutik biblischer Texte im Kontext der neueren angelsächsischen Diskussion, in: U. Körtner (Hg.), Hermeneutik und Ästhetik. Die Theologie des Wortes im multimedialen Zeitalter, 2001, S. 34–56
Löhe, W.: Kirche und Amt. Neue Aphorismen (1851), in: ders., Gesammelte Werke 5/1, hg. v. K. Ganzert, 1954, S. 521–588
Lohfink, G.: Wem gilt die Bergpredigt? Beiträge zu einer christlichen Ethik, 1988
–: Wie hat Jesus Gemeinde gewollt? Zur gesellschaftlichen Dimension des christlichen Glaubens, [7]1987
Lohfink, N.: Der niemals gekündigte Bund. Exegetische Gedanken zum christlich-jüdischen Gespräch, 1989
Lohse, B.: Luthers Theologie in ihrer historischen Entwicklung und in ihrem systematischen Zusammenhang, 1995
Luhmann, N.: Ethik als Reflexionstheorie der Moral, in: ders., Gesellschaftsstruktur und Semantik. Studien zur Wissenssoziologie, Bd. 3 (stw 1093), 1993, S. 358–447
–: Paradigm lost: Über die ethische Reflexion der Moral. Rede anläßlich der Verleihung des Hegel-Preises 1989 (stw 797), 1990
–: Soziale Systeme. Grundriß einer allgemeinen Theorie (stw 666), 1987
–: Soziologie der Moral, in: ders./S. H. Pfürtner (Hg.), Theorietechnik und Moral (stw 206), 1978, S. 8–116

Lührmann, D.: Auslegung des Neuen Testaments, 1984
–: Glaube im frühen Christentum, 1976
Lüning, P.: Offenbarung und Rechtfertigung. Eine Studie zu ihrer Verhältnisbestimmung anhand des anglikanisch/römisch-katholischen Dialogs (KKTS 70), 1999
Lutherischer Weltbund: Das bischöfliche Amt im Rahmen der Apostolizität der Kirche. Eine lutherische Erklärung 2002, Genf 2003
Maron, G.: Vom Hindernis zur Hilfe. Die Frau in der Sicht Martin Luthers, in: ders., Die ganze Christenheit auf Erden. Martin Luther und seine ökumenische Bedeutung, hg. v. G. Müller u. G. Seebaß, 1993, S. 95–105
Marquard, O.: Frage nach der Frage, auf die die Hermeneutik die Antwort ist, in: ders., Abschied vom Prinzipiellen. Philosophische Studien, 1981, S. 117–146
Maurer, W.: Art. Evangelisch, RGG[3] II, 1958, Sp. 775–776
–: Historischer Kommentar zur Confessio Augustana, Bd. 2: Theologische Probleme, 1978
–: Verwaltung und Kirchenleitung, in: ders., Die Kirche und ihr Recht. Gesammelte Aufsätze zum evangelischen Kirchenrecht (JusEcc 23), 1976, S. 526–553
Mehlhausen, J.: Art. Presbyterial-synodale Kirchenverfassung, TRE 27, 1996, S. 331–340
–: Kirche zwischen Staat und Gesellschaft. Zur Geschichte des evangelischen Kirchenverfassungsrechts in Deutschland (19. Jahrhundert), in: G. Rau/H.-R. Reuter/K. Schlaich (Hg.), Das Recht der Kirche, Bd. II: Zur Geschichte des Kirchenrechts, 1995, S. 193–271
Mengin, E.: Das Recht der französisch-reformierten Kirche in Preußen, 1929
Merklein, H.: Entstehung und Gehalt des paulinischen Leib-Christi-Gedankens, in: ders., Studien zu Jesus und Paulus (WUNT 43), 1987, S. 319–344
Meyer, H.: „Einheit in versöhnter Verschiedenheit“ – „Konziliare Gemeinschaft“ – „Organische Union“. Gemeinsamkeit und Differenz gegenwärtig diskutierter Einheitskonzeptionen, ÖR 26, 1977, S. 377–400
–: Ein evangeliumsgemäßes Papstamt. Kritik und Forderung aus reformatorischer Sicht, in: V. v. Aristi/J. Blank u. a., Das Papstamt. Dienst oder Hindernis für die Ökumene, 1985, S. 65–111
–: Ökumenische Zielvorstellungen (Ökum. Studienhefte 3), 1996

–: Sündige Kirche? Bemerkungen zum ekklesiologischen Aspekt der Debatte um eine katholisch/evangelische „Grunddifferenz", ÖR 38, 1989, S. 397–410
–: Zur Gestalt ökumenischer Konsense, in: W. Beinert/K. Feiereis/H.-J. Röhrig (Hg.), Unterwegs zum einen Glauben. FS L. Ullrich (EThSt 74), 1997, S. 621–630
Meyer, H./Urban, H. J./Vischer, L. (Hg.): Dokumente wachsender Übereinstimmung, Bd. I, 1983; Bd. II, 1992
Meyer, H.Ph.: Die Visitation als Aufsicht mit dem Wort und mit Mitteln des Rechts, ZEvKR 18, 1973, S. 164–177
Meyer-Blanck, M.: Vom Symbol zum Zeichen. Symboldidaktik und Semiotik (Vorlagen NF 25), 1995
Moltmann, J.: Hat das Papsttum eine ökumenische Zukunft?, Conc 31, 1995, S. 472–473
Morris, Ch.: Grundlagen der Zeichentheorie, 1988
Müller, E. F. K. (Hg.): Die Bekenntnisschriften der reformierten Kirche, 1903, Nachdruck 1987
Müller, G.-L.: Art. Weihesakrament III. Systematisch-theologisch. LThK[3] X, 2001, Sp. 1009–1011
Müller, P.: „Verstehst du auch, was du liest?" Lesen und Verstehen im Neuen Testament, 1994
Mußner, F.: Traktat über die Juden, [2]1988
Neuner, P.: Ist das noch Ablaß? Der Jubiläumsablaß steht der gemeinsamen Erklärung nicht im Wege, ZdZ/LM 2, 1999, H. 9, S. 22–23
–: Ökumenische Theologie. Die Suche nach der Einheit der christlichen Kirchen, 1997
Neuser, W. H.: Leuenberger Konkordie und Gemeinsame Erklärung zur Rechtfertigungslehre, epd-Dokumentation 43/99, S. 38
–: Die Entstehung der Rheinisch-Westfälischen Kirchenordnung, in: J. F. Goeters/R. Mau (Hg.), Die Geschichte der Evangelischen Kirche der Union, Bd. I: Die Anfänge der Union unter landesherrlichem Kirchenregiment (1817–1850), 1992, S. 241–256
Ochel, J. (Hg.): Der Dienst der ganzen Kirche Jesu Christi und das Problem der Herrschaft (Barmen IV), Bd. 1: Vorträge aus dem Theologischen Ausschuß der Evangelischen Kirche der Union, 1999; Bd. 2: Votum des Theologischen Ausschusses der Evangelischen Kirche der Union, Gütersloh 1999
Ohlig, K.-H.: Woher nimmt die Bibel ihre Autorität? Zum Verhältnis von Schriftkanon, Kirche und Jesus, 1970
Ohst, M.: Art. Kirchenverfassung IV. Neuzeit, 2. Evangelische Kirche, RGG[4] IV, 2001, Sp. 1329–1332
–: Art. Konstitutionalismus, kirchlicher, RGG[4] IV, 2001, Sp. 1638

Otto, R.: Das Heilige. Über das Irrationale in der Idee des Göttlichen und sein Verhältnis zum Rationalen, 1917 (Sonderausgabe 1971)

Pannenberg, W.: Das kirchliche Amt in der Sicht der lutherischen Lehre, in: ders. (Hg.), Lehrverurteilungen – kirchentrennend?, Bd. III: Materialien zur Lehre von den Sakramenten und vom kirchlichen Amt, 1990, S. 286–305

–: Systematische Theologie, Bd. 3, 1993

Pannenberg, W./Schneider, Th. (Hg.), Verbindliches Zeugnis, Bd. I: Kanon – Schrift – Tradition, 1992; Bd. II: Schriftauslegung – Lehramt – Rezeption, 1995; Bd. III: Schriftverständnis und Schriftgebrauch, 1999

Pasztor, J. D.: Zukunft und Katholizität der reformierten Theologie, in: M. Welker/D. Willis (Hg.), Zur Zukunft der Reformierten Theologie, 1998, S. 39–62

Pesch, O. H.: Das Zweite Vatikanische Konzil. Vorgeschichte – Verlauf – Ergebnisse – Nachgeschichte, 1993 (Taschenbuchausgabe [5]2001)

–: Die Enzyklika „Ecclesia de Eucharistia". Gesichtspunkte zur Lektüre und Beurteilung, StZ 2003, S. 507–522

Petri, H./Raem, H.-A.: Art. Ökumenismus, TRE 25, 1995, S. 77–86

Pfürtner, S. H.: Zur wissenschaftstheoretischen Begründung der Moral, in: N. Luhmann/S. H. Pfürtner (Hg.), Theorietechnik und Moral (stw 206), 1978, S. 176–267

Pirson, D.: Art. Kirchenverfassung V. Gegenwart, 1. Evangelische Kirche, RGG[4] IV, 2001, Sp. 1343–1349

Pottmeyer, H. J.: Die Rolle des Papsttums im Dritten Jahrtausend (QD 179), 1999

Pottmeyer, H. J./Alberigo, G./Josua, J.-P. (Hg.): Die Rezeption des II. Vatikanischen Konzils, 1986

Pratscher, W.: Einheit ist kein statischer Zustand. Überlegungen aus neutestamentlicher Sicht, Amt und Gemeinde 49, 1998, S. 105–107

Prenter, H.: Die göttliche Einsetzung des Predigtamtes und das allgemeine Priestertum bei Luther, in: ders., Theologie und Gottesdienst. Gesammelte Aufsätze, 1977, S. 207–221

Preul, R.: Kirchentheorie. Wesen, Gestalt und Funktionen der Evangelischen Kirche, 1997

Rahner, K.: Dogmen- und Theologiegeschichte von gestern für morgen, in: ders., Schriften zur Theologie, Bd. 13, 1978, S. 11–47

–: Schrift und Tradition (1963), in: ders., Schriften zur Theologie, Bd. 6, 1965, S. 121–138
Raiser, K.: Das Problem des Synkretismus und die Suche nach einer ökumenischen Hermeneutik, in: ders., Wir stehen noch am Anfang, 1994, S. 153–167
Raiser, K.: Hermeneutik der Einheit, ÖR 45, 1996, S. 401–415
–: Jenseits von Tradition und Kontext. Zum Problem einer ökumenischen Hermeneutik, ÖR 40, 1991, S. 425–435
–: Ökumene im Übergang. Paradigmenwechsel in der ökumenischen Bewegung, 1989
Ratschow, C. H.: Art. Konfession/Konfessionalität, TRE 19, 1990, S. 419–426
Ratzinger, J.: Zur Frage nach dem Sinn des priesterlichen Dienstes, GuL 41, 1968, S. 347–376
Zur Rechtfertigungslehre (ZThK.B 10), Tübingen 1998, mit Beiträgen von L. Grane, R. Schwarz, Th. Kaufmann, J. Ringleben, W. Härle, D. Wendebourg, J. Wallmann u. E. Jüngel
Recki, B.: Ästhetik der Sitten. Die Affinität von ästhetischem Gefühl und praktischer Vernunft bei Kant (PhA 81), 2001
Reich, J.: Ein Fest der Forschung. Die Karte des Erbguts liegt vor. Wir müssen lernen sie zu lesen, DIE ZEIT Nr. 27, 29.6.2000, S. 1
Rendtorff, R./Henrix, H. (Hg.): Die Kirchen und das Judentum. Dokumente von 1945–1985, [2]1989
Renesse, M. v.: Handeln im dunklen Raum, ZEE 46, 2002, S. 56–57
Ricœur, P.: Die Interpretation. Ein Versuch über Freud, [4]1993
–: Philosophische und theologische Hermeneutik, in: ders./E. Jüngel, Metapher. Zur Hermeneutik religiöser Sprache, 1974, S. 24–45
Riedel-Spangenberger, I.: Im Wesentlichen einig? Die Primatsausübung des Papstes im ökumenischen Gespräch, HerKorr 49, 1995, S. 658–664
Ris, G.: Der „kirchliche Konstitutionalismus“ (JusEcc 33), 1988
Ritschl, D.: Paradigmenwechsel für eine ökumenische Ekklesiologie?, in: P. Neuner/D. Ritschl (Hg.), Kirchen in Gemeinschaft – Gemeinschaft der Kirche. Studie der DÖSTA zu Fragen der Ekklesiologie (ÖR.B 66), 1993, S. 201–214
Rittner, R. (Hg.): In Christus berufen. Amt und allgemeines Priestertum in lutherischer Perspektive (Bekenntnis, Bd. 36), 2001
Robra, M.: Ökumenische Sozialethik, 1994
Rössler, D.: Die Moral des Pluralismus. Anmerkungen zur evangelischen Ethik im Kontext der neuzeitlichen Gesellschaft, in: R.

Anselm/U. Körtner (Hg.), Streitfall Biomedizin. Urteilsfindung in christlicher Verantwortung, 2003, S. 179–193

Rothen, B.: Die Klarheit der Schrift. Teil 1: Martin Luther. Die wiederentdeckten Grundlagen, Göttingen 1990

Sattler, D.: Ablass-Streit in neuer Zeit. Beobachtungen zur Wiederbelebung einer alten konfessionellen Kontroverse, Cath 54, 2000, S. 14–38

–: Art. Ökumenische Bewegung II, 2. Katholische Kirche, RGG[4] IV, 2003, Sp. 524–526

Sauter, G.: Rechtfertigung – eine anvertraute Botschaft. Zum unentschiedenen Streit um die „Gemeinsame Erklärung zur Rechtfertigungslehre", EvTh 59, 1999, S. 32–48

Schenk, R.: Eine Ökumene des Einspruchs. Systematische Überlegungen zum heutigen ökumenischen Prozeß aus einer römisch-katholischen Sicht, in: H. Otte/R. Schenk (Hg.), Die Reunionsgespräche im Niedersachsen des 17. Jahrhunderts. Royas y Spinola – Molan – Leibniz (SKGNS 37), 1999, S. 225–250

Schenkel, D.: Die kirchliche Frage und ihre protestantische Lösung, 1862

Schillebeeckx, E.: Das kirchliche Amt, 1981

Schlaich, K.: Der rationale Territorialismus. Die Kirche unter dem staatsrechtlichen Absolutismus um die Wende vom 17. zum 18. Jahrhundert, in: ders., Gesammelte Aufsätze. Kirche und Staat von der Reformation bis zum Grundgesetz, hg. v. M. Heckel u. W. Heun (JusEcc 57), 1997, S. 204–266

–: Die Kirche als Anstalt und Verein. Zur Kollegialtheorie des 18. Jahrhunderts, in: G. Rau/H.-R. Reuter/K. Schlaich (Hg.), Das Recht der Kirche, Bd. II: Zur Geschichte des Kirchenrechts, 1995, S. 174–192

Schleiermacher, F.: Die christliche Sitte nach den Grundsätzen der evangelischen Kirche im Zusammenhange dargestellt, hg. v. L. Jonas, [2]1884

–: Die Praktische Theologie nach den Grundsätzen der evangelischen Kirche, hg. v. J. Frerichs (SW I/13), 1850 (Nachdr. 1983)

–: Hermeneutik. Nach den Handschriften neu bearbeitet und eingeleitet von H. Kimmerle, 1959

–: Kurze Darstellung des theologischen Studiums zum Behuf einleitender Vorlesungen ([2]1830), hg. v. H. Scholz, [5]1982

Schlink, E.: Ökumenische Dogmatik. Grundzüge, [2]1985

Schlögel, H.: Wie weit trägt die Einheit? Ethische Begriff im evangelisch-katholischen Dialog (EThD 9), 2004

Schneider, Th./Wenz, G. (Hg.): Gerecht und Sünder zugleich? Ökumenische Klärungen (Dialog der Kirchen 11), 2001

Schoberth, W.: Pluralismus und die Freiheit evangelischer Ethik, in: ders./I. Schoberth (Hg.), Kirche – Ethik – Öffentlichkeit. Christliche Ethik in der Herausforderung, 2002, S. 249–264
Schockenhoff, E.: Einheit im Handeln? Zur Frage einer ethischen Grunddifferenz zwischen den Konfessionen, ThPh 78, 2003, S. 232–265
Schön, U.: Denkwege auf dem Gebiet der Theologie der Religionen, VF 34, 1989, S. 61–87
Schöpsdau, W.: Trinitarische Ekklesiologie – ein Weg zur Heilung der Risse?, MdKI 45, 1994, S. 23–27
–: Wie der Glaube zum Tun kommt. Wege ethischer Argumentation im evangelisch-katholischen Dialog und in der Zusammenarbeit der Kirchen (BensH 102), 2004
Schulz, H.-J.: Bekenntnis statt Dogma. Kriterien der Verbindlichkeit kirchlicher Lehre (QD 163), 1996
Schulz, S.: Das Evangelium nach Johannes (NTD 4), Göttingen [2]1975
Schwager, R. (Hg.): Christus allein? Der Streit um die pluralistische Religionstheologie (QD 160), 1996
Schweitzer, A.: Kultur und Ethik, Sonderausgabe 1960
–: Kultur und Ethik in den Weltreligionen, hg. v. U. Körtner u. J. Zürcher, 2001
Slenczka, N.: Die Diskussion um das kirchliche Amt in der lutherischen Theologie des 19. Jahrhunderts, in: R. Rittner (Hg.), In Christus berufen. Amt und allgemeines Priestertum in lutherischer Perspektive (Bekenntnis, Bd. 36), 2001, S. 114–152
Söding, Th.: „Ihr aber seid Christi Leib“ (I Kor 12,27). Exegetische Beobachtungen an einem zentralen Motiv paulinischer Ekklesiologie, Cath 45, 1991, S. 135–162
Stahl, F. J.: Die Kirchenverfassung nach Lehre und Recht der Protestanten, [2]1862, Nachdruck 1965
Stein, W.: Das kirchliche Amt bei Luther (VIEG 73), 1974
Stock, K.: Gottes wahre Liebe. Theologische Phänomenologie der Liebe, 2000
–: Grundlegung der protestantischen Tugendlehre, 1995
Stolz, F.: Grundzüge der Religionswissenschaft (UTB 1980), [2]1997
Stuhlmacher, P.: Vom Verstehen des Neuen Testaments. Eine Hermeneutik (NTD Ergbd. 6), 1979
Szondi, P.: Einführung in die literarische Hermeneutik, hg. v. J. Bollack u. H. Stierlin, 1975
Tanner, K.: Der lange Schatten des Naturrechts. Eine fundamentalethische Untersuchung, 1993
–: Für plausible Normen, EK 27, 1994, S. 480–482

Taufe, Eucharistie und Amt. Konvergenzerklärung der Kommission für Glauben und Kirchenverfassung des Ökumenischen Rates der Kirchen, mit einem Vorwort von W.H. Lazareth u. N. Nissiotis, (1982) [8]1984

The Porvoo Common Statement, London/Helsinki 1992; deutsche Übersetzung in: epd-Dokumentation 23/1995

Thönissen, W.: Eine problematische Weichenstellung. Lutherische Empfehlungen zum Verständnis der Ordination, HerKorr 59, 2005, S. 136–140

Thurian, M. (Hg.): Churches respond to Baptism, Eucharist and Ministry, Bd. I–VI, Genf 1986–1988

Tillich, P.: Das religiöse Fundament moralischen Handelns, in: ders., Gesammelte Werke III, 1965, S. 13–83

–: Symbol und Wirklichkeit. Mit einem Nachwort von J. Ringleben (KVR 1151), [3]1986

–: Systematische Theologie, Bd. I, Stuttgart [5]1977

–: Systematische Theologie, Bd. II, Stuttgart [5]1977

Timm, H.: Sage und Schreibe. Inszenierungen religiöser Lesekultur, 1995

Track, J.: Der theologische Ansatz Paul Tillichs. Eine wissenschaftstheoretische Untersuchung seiner „Systematischen Theologie“ (FSÖTh 31), 1975

–: Ein guter Grund. Erklärung zur Rechtfertigungslehre unterschriftsreif, EK 32, 1999, H.7, S. 42–44

–: Überlegungen zur ökumenischen Hermeneutik, in: W. Härle/R. Preul (Hg.), Ökumene (MJTh 12), Marburg 2000, S. 33–70

A Treasure in Earthen Vessels. An Instrument for an Ecumenical Reflection on Hermeneutics, *http://wcc-coe.org/wcc/what/faith/treasure.html*. Deutsche Übersetzung: D. Heller (Hg.), Ein Schatz in zerbrechlichen Gefäßen. Eine Anleitung zu ökumenischem Nachdenken über Hermeneutik, 1999

Trillhaas, W.: Ethik, [3]1970

Troeltsch, E.: Die Soziallehren der christlichen Kirchen und Gruppen, Neudruck der Ausgabe 1912, 2 Bde. (UTB 1811/1812), 1994

Trowitzsch, M.: Die nachkonstantinische Kirche, die Kirche der Postmoderne – und Martin Luthers antizipierende Kritik, BThZ 13, 1996, S. 3–35

Ulrich, H. G. (Hg.): Evangelische Ethik. Diskussionsbeiträge zu ihrer Grundlegung und ihren Aufgaben (TB 83), 1990

VELKD: Allgemeines Priestertum, Ordination und Beauftragung nach evangelischem Verständnis. Eine Empfehlung der Bischofskonferenz der VELKD (Texte aus der VELKD 130/2004), Hannover 2004

Vischer, L.: Art. Evangelisch, EKL[3] I, 1986, Sp. 1198–1199

–: Das Amt der Einheit und das gemeinsame Zeugnis der Kirchen heute, ÖR 47, 1998, S. 188–201

–: Kirche – Mutter aller Gläubigen, in: M. Welker/D. Willis (Hg.), Zur Zukunft der Reformierten Theologie, 1998, S. 295–321

Vorster, H.: Gotteskindschaft und Hermeneutik der Freiheit. Überlegungen zur Überwindung ökumenischer Blockaden anhand des Galaterbriefs, ÖR 47, 1998, S. 435–452

Wagner, H.: Dogmatik (Studienbücher Theologie 18), 2003

–: Schlußgedanken, in: ders. (Hg.), Einheit – aber wie? Zur Tragfähigkeit der Formel vom „differenzierten Konsens" (QD 184), 2000, S. 136–137

Wagner, H. (Hg.): Einheit – aber wie? Zur Tragfähigkeit der Formel vom „differenzierten Konsens" (QD 184), 2000

Wainwright, G.: Art. Gottesdienst III. Dogmatisch: RGG[4] III, 2000, Sp. 1200–1202

Warning, R. (Hg.): Rezeptionsästhetik. Theorie und Praxis (UTB 303), [3]1988

Weber, M.: Die protestantische Ethik, 2 Bde., hg. v. J. Winckelmann, [6]1981ff

Weder, H.: Neutestamentliche Hermeneutik, 1986

Weerda, J.: Art. Reformierte Kirche I. Konfessionskundlich, RGG[3] V, 1961, Sp. 885–890

Weinrich, M.: Ökumene am Ende? Plädoyer für einen neuen Realismus, 1995

Welker, M./Willis, D. (Hg.): Zur Zukunft der Reformierten Theologie, 1998

Wendebourg, D.: Das Amt und die Ämter, ZEvKR 45, 2000, S. 5–38

Wenz, G.: Ekklesiologie und Kirchenverfassung. Das Amtsverständnis von CA V in seiner heutigen Bedeutung, in: R. Rittner (Hg.), In Christus berufen. Amt und allgemeines Priestertum in lutherischer Perspektive (Bekenntnis, Bd. 36), 2001, S. 80–113

–: Theologie der Bekenntnisschriften der evangelisch-lutherischen Kirche. Eine historische und systematische Einführung in das Konkordienbuch, Bd. 1, 1996; Bd. 2, 1997

Das Wesen und die Bestimmung der Kirche. Ein Schritt auf dem Weg zu einer gemeinsamen Auffassung. Ein Studiendokument von Glaube und Kirchenverfassung, dt. Ausgabe, hg. v. D. Heller, 2000

Weß, P.: Papstamt jenseits von Hierarchie und Demokratie. Ökumenische Suche nach einem bibelgemäßen Petrusdienst. Mit Beiträgen von Ulrich H. J. Körtner und Grigorios Larentzakis (Studien zur systematischen Theologie und Ethik 35), 2003

–: Zeichen und Werkzeug der Einheit. Zu einer kollegialen Gestalt des Papstamtes, ThG 43, 2000, S. 124–134

Wils, J. P./Mieth, D.: Grundbegriffe der christlichen Ethik (UTB 1648), 1992

Wischmeyer, O.: Thesen zum Verstehen des Neuen Testaments. Die Bedeutung der neutestamentlichen Hermeneutik für die Theologie, in: D. Hiller/Chr. Kress (Hg.), „Daß Gott eine große Barmherzigkeit habe". Konkrete Theologie in der Verschränkung von Glaube und Leben (FS G. Schneider-Flume), 2001, S. 57–76

Wischmeyer, W.: Die Kathedra Petri liegt bei der Gesamtheit der Bischöfe, Amt und Gemeinde 49, 1998, S. 108–110

Wittgenstein, L.: Philosophische Untersuchungen (stw 203), 1977

Wolf, E.: Zur Verwaltung der Sakramente nach Luther und lutherischer Lehre, in: ders., Peregrinatio. Studien zur reformatorischen Theologie und zum Kirchenproblem, 1954, S. 243–256

Zimmermann, R.: Bildersprache verstehen. Zur Hermeneutik der Metapher und anderer bildlicher Sprachformen (Übergänge 38), 2000

Ökumene persönlich

Durch die bewegte, leidvolle Geschichte des 20. Jahrhunderts erhielt die Suche nach Gemeinschaft der christlichen Kirchen untereinander besondere Bedeutung. Dieser Band vereint Geschichten von Menschen aus drei Kontinenten, die auf den Weg der Ökumene gefunden und durch ihr Lebenswerk dazu beigetragen haben, anderen einen Zugang zu diesem zu eröffnen.

Aus dem Inhalt:
H. Brandt: Nathan Söderblom; *Chr. Markschies:* Adolf Deißmann; *H.-R. Weber:* Suzanne de Diétrich; *Chr. Möller:* Joseph Wittig; *K. von Zedtwitz:* Augustin Kardinal Bea; *O. H. Pesch:* Papst Johannes XXIII.; *H. Löwe:* Wilhelm Stählin; *M. Welker:* Karl Barth; *A. Kallis:* Patriarch Athenagoras; *W. Thönissen:* Lorenz Kardinal Jaeger; *D. Ritschl (Basel):* Willem Visser't Hooft; *Chr. Schwöbel:* Edmund Schlink; *M. Deneken:* Kardinal Yves Congar; *K. Lehmann:* Karl Rahner; *P. Zimmerling:* Dietrich Bonhoeffer und George Bell; *F. Ludwig:* D.T. Niles; *L. Oberlinner:* Anton Vögtle; *F. Enns:* Phillip A. Potter.

Christian Möller / Christoph Schwöbel / Christoph Markschies / Klaus von Zedtwitz (Hg.)

Wegbereiter der Ökumene im 20. Jahrhundert

2005. 379 Seiten mit 19 Abbildungen, kartoniert
ISBN 3-525-55450-8

Beiträge zum ökumenischen Dialog

Fernando Enns

Friedenskirche in der Ökumene

Mennonitische Wurzeln einer Ethik der Gewaltfreiheit

Kirche – Konfession – Religion, Bd. 46.
2003. 364 Seiten, gebunden
ISBN 3-525-56550-X

In der Ökumene findet seit einigen Jahren die Beziehung zwischen Ethik und Kirchenverständnis besondere Aufmerksamkeit, nicht zuletzt im Rahmen der „Dekade zur Überwindung von Gewalt" des Ökumenischen Rats der Kirchen. Einen – bislang – ungehobenen Schatz an Erfahrungen mit diesem Themenkomplex bergen die freikirchlichen Mennoniten. Dass deren Ethik des Gewaltverzichts sich aus ihrem spezifischen Kirchenverständnis speist, ist Kern dieser Untersuchung. Enns zeigt auf, wie eng die mennonitische Tradition exegetische Einsichten, theologische Grundfragen und ethische Forderungen miteinander verknüpft und welch wertvoller Beitrag hieraus für den ökumenischen Dialog zu gewinnen ist.

Peter Zimmerling

Die charismatischen Bewegungen

Theologie - Spiritualität - Anstöße zumGespräch

2., durchgesehene Auflage 2002.
435 Seiten, gebunden
ISBN 3-525-56546-1

Seit ihren Anfängen in den 60er Jahren haben die charismatischen Bewegungen im deutschsprachigen Raum eine beachtliche Breitenwirkung entfaltet. Den von enthusiastischen Erfahrungen geprägten Anfängen folgte inzwischen auch eine theologische Reflexion der pneumatologischen Grundlagen der Bewegung. Die Untersuchung gibt einen kritischen Überblick und zeigt, inwiefern charismatisch geprägte Geist-Erfahrungen und pneumatologische Erkenntnisse eine Bereicherung in gegenwärtigen Diskussionen über Wesen und Wirken des Geistes darstellen.